墨香财经学术文库

"十二五"辽宁省重点图书出版规划项目

The Research
on Spatial Fiscal Issues
An Empirical Analysis and Theoretical
Exploration Based on the Samples of China

空间财政问题研究

基于中国样本的经验分析与理论探索

温　馨 ◎著

东北财经大学出版社
Dongbei University of Finance & Economics Press

大连

图书在版编目（CIP）数据

空间财政问题研究：基于中国样本的经验分析与理论探索 / 温馨著．—大连：东北财经大学出版社，2017.1
（墨香财经学术文库）
ISBN 978-7-5654-2520-2

Ⅰ．空… Ⅱ．温… Ⅲ．财政-研究-中国 Ⅳ．F812

中国版本图书馆 CIP 数据核字（2016）第 260035 号

东北财经大学出版社出版发行

　大连市黑石礁尖山街 217 号　邮政编码　116025

　网　　址：http：∥www.dufep.cn

　读者信箱：dufep @ dufe.edu.cn

大连图腾彩色印刷有限公司印刷

幅面尺寸：170mm×240mm　字数：177 千字　印张：13　插页：1
2017 年 1 月第 1 版　　　　　2017 年 1 月第 1 次印刷
责任编辑：孟　鑫　　　　　　责任校对：孙冰洁
封面设计：冀贵收　　　　　　版式设计：钟福建
定价：36.00 元

教学支持　售后服务　联系电话：（0411）84710309
版权所有　侵权必究　举报电话：（0411）84710523
如有印装质量问题，请联系营销部：（0411）84710711

本专著获"辽宁省教育厅社科重点项目"（编号 2016FRZD01）"辽宁科技大学博士科研启动基金"的资助

作者简介

　　温馨，经济学博士，毕业于东北财经大学，曾供职于商业银行和财政金融管理部门，现为辽宁科技大学国际金融与银行学院讲师。近年来，一直致力于财政金融前沿问题研究，先后参与国家社科基金一般项目1项、教育部哲学社会科学重大课题攻关项目1项、辽宁省高等学校创新团队支持计划项目1项，主持教育厅社科繁荣重点项目1项和辽宁科技大学哲学社会科学繁荣专项1项。在《财政研究》《财经问题研究》等核心期刊发表多篇学术论文。

前言

　　空间财政是近年出现在公共经济前沿研究领域的崭新课题。在本书给出的一般化定义中，空间财政是指一定地域范围内的财政行为主体之间基于空间依赖关系而产生的财政资源跨辖区配置活动以及对这些活动进行规制协调的统称。空间并非确指某种地理区域、行政辖区或经济区域，而是一个具有抽象内涵与具体外延的理论概念，特指某种经济行为所具有的内在空间属性与外在空间效应。空间属性与时间属性一样不可或缺，其对经济行为产生的外在影响即所谓的空间效应。从实证研究的角度来讲，空间效应可以用空间计量经济学术语表述为不同空间权重下的空间依赖关系，而在本书的理论研究中则意味着财政行为或者公共经济资源的空间配置面临不同的交易成本。进而，由于广义空间交易成本的存在和不一致，在非平滑的现实经济系统中，地区间的财政差异必然同时存在，且能够通过适当的实证方法加以测度、估计和检验，在理论分析中亦能够有效地进行模型化，并配合理论范式和研究方法上的创新。

　　作为初步的尝试和探索，本书主要选取了中国 31 个省级政府的公共经济统计数据作为经验分析的样本。这是由于，在中国这样幅员辽阔、地区差异较大的国家，财政行为的空间属性和空间效应都能够得到较充分的体现，结合中国国情和体制特点进行的理论建设更具有现实的解释力和实用性。在实证研究的基础上，本书开展了空间财政视角的理论建模和拓展应用，并在公共规制层面提出了"分区建制"的具体构想与实践建议。全文的核心思想在于，将财政行为所具有的空间属性和外在空间效应归结为广义空间交易成本下的地区间财政差异，在财政分权、财政竞争以及财政分区协同与合作的大背景下加以分析、控制、协调以及规制，在保持适度财政差异的基础上促进财政政策供给的区际均衡和基本公共服务的相对均等化。尽管本书的理论分析范式和实证研究方法与一般财政学和公共经济学研究有所区别，但就基础理论的承继关系和理论研究的落脚点来看，本书主要体现了包含空间影响的非均衡协调发展理念，具有相当程度的创新性与包容性。

全文共分 7 章：

第 1 章：导论。该章提出了研究的主题，阐述了研究背景、意义、逻辑层次与篇章结构等。

第 2 章：空间财政的理论内涵、研究对象与研究范式。该章较为系统地介绍和阐释了空间财政概念的基本内涵与构成要素；对研究对象进行广义与狭义上的界定和区分；在批判继承传统地方财政理论研究范式的基础上对空间经济学理论分析框架加以借鉴汲取，探索了包含空间交易成本的财政理论建模方法；最后简要介绍了空间统计、空间计量经济学等实证研究方法和工具，兼顾了与理论研究方法的结合。

第 3 章：中国财政分权的多维测度与空间分异。中国特色的财政分权是研究当代中国财政和公共经济问题的重要体制性背景，同时又是地区之间财政相对比较优势的体现。由于财政分权安排涉及财政管理运行的诸多方面且不同省份之间的财政体制差异较大，与单一测度方法相比，多维测度方法能够提供更为丰富的比较信息。在此基础上，本章综合运用经典统计分析和空间统计学方法，对我国省际分权指标进行了可视化分析，直观地反映出我国各个省区的财政分权水平及其空间相关性和异质性。

第 4 章：地区间财力差异的空间结构与成因探析。这一章主要由两部分组成，第一部分使用较为规范的财政数据，对地区间一般财政差进行空间上的分解与分析；第二部分从流动性税源空间配置的视角，将一般财政差异中所包含的局部差异进行归纳抽象，通过构建一个简单的空间滞后模型对其空间结构的可能成因亦即空间经济机制的存在性进行计量分析，得出的结论是：财政差异不仅表现为一般财政收支问题，而且很大程度上源自空间经济内生因素。

第5章：空间经济机制下的财政介入与财政竞争。本章结合中国的财税体制特点，首先对权威体制下的财政变量进行适当的理论抽象并引入核心边缘模型，以此作为基础模型分析税收和补贴对生产、消费以及市场均衡的影响；进而探讨了在分权安排下存在地区间财政竞争时的非对称收益，以及财政竞争对贸易自由度亦即相向不相等的空间交易成本的影响，讨论了公平视角下地区间公共物品溢出均衡时的门槛补贴条件及其与税收水平的动态关系；在数值模拟的基础上分析了税收、补贴与工资水平、产业份额变动之间的动态关系，初步解释了相机决策时点的选择问题以及市场分割与脱节等现象。

第6章：非对称财政调控的稳定性与非均衡协调。作为第5章的拓展，本章针对现实经济中可能普遍存在的地区经济和市场非对称、非均衡的状态，结合财政的职能与政策目标，探讨了在存在经济集聚力和分散力的市场中如何进行财政调控的问题，在对地区间财政博弈进行条件约束的基础上，重点讨论了对流动性要素进行空间配置时保证财政调控稳定性的理论条件，以及在财政差异突破稳定性条件时如何进行非均衡协调的问题，提出了构建补偿准则下的转移支付机制以及促进财政合作的理论构想，并对模型的适用性与可能拓展进行了说明。

第7章：分区建制构想下的财政协同与公共规制。本章在阐述分区建制构想的基础上，结合客观实际，深入分析了我国财政分区的内在动因与实践形式，进而提出了在财政分权、分区与区域市场经济联系的激励下促进财政协同合作的可能路径，并在规制层面进行必要的配合，即通过实施以"因素法"为主导的财政均等化措施硬化预算约束，同时加强对财政外部性的治理，规范预算软约束。

作者
2016年10月

目录

1 导论

　　"空间财政"是公共经济学领域较为新颖的一种概念提法，对于习惯了在时间序列中分析财政问题的人们来说显得有些陌生。然而，这一概念提法并非标新立异。由于普遍的时空关系具有不可分割性，以时间为线索的任何事件都需要依托空间的"场"而得以存在和发展，且因不同范围的时空差异以及人们对空间的认知处理方式不同而表现出一定的趋同或趋异特征。长期以来，由于经济学研究范式和思维习惯的沿袭，空间因素（或者说空间属性）几乎被不假思索地忽略掉了。因此，本书试图将空间因素纳入对财政现象、作用机制以及宏观规制等问题的研究中，从经验上和理论上做初步探讨，以期有所进展和裨益。虽然在研究范式和实证方法上与一般财政研究存在稍许差异，但从继承和创新的角度来看，本书的理论基础、研究方法与经典的财政学研究并不存在根本分歧，兼具一定的前沿性和跨学科特点。

1.1 问题的提出

空间财政概念的提出始于对财政竞争的实证研究，较早形成概念化表述的是 Revelli（2005）和崔亚飞（2010），主要指在传统理论模型的基础上引入空间计量方法和工具，定量研究财政行为的空间效应或空间外部性，为政府间财政行为的策略互动提供经验性证据的实证研究。然而，长期被主流经济学忽略的空间因素并没有在工具和方法的创新中被正式地纳入理论模型中，在对内生的经济集聚和外部性现象予以解释时，大多数研究仍将"空间"视为外生要素，这一局限同样体现在传统财政理论模型和空间财政的部分实证研究中。刘寒波（2012）突破了这一局限，从理论体系构建的角度比较系统地梳理、论述了在空间经济学研究范式下进行财政研究的方法、核心命题与主要内容，提出了空间财政的另一种定义，即研究财政资源空间配置和财政经济活动区位选择的公共经济理论，旨在研究财政与区域社会经济发展的相互关系，揭示财政行为、空间经济结构演变与区域经济发展之间的内在联系及其相互作用的机制。

尽管空间财政的各种定义在实证和理论研究方面各有侧重，但本质上是共通的。从概念的内涵联系上，本书给出这样的一般定义：所谓空间财政，是指一定地域范围内的财政行为主体之间基于空间依赖关系而产生的财政资源跨辖区配置活动以及对这些活动进行规制协调的统称。这里的"空间"是不定有界的地域范围，如经济地理上具有广泛联系的区域、行政规划管理上的不同层级的辖区等；空间依赖关系本质上体现着财政行为主体的空间属性并影响着财政行为的空间效应。定义所涉及的构成要素较多，相关概念和内涵将在第 2 章详细阐释。

1.2 研究背景和意义

1.2.1 跨辖区财政博弈的现实经济背景

资本、劳动力、知识和技术等生产要素集聚的地区往往经济发展水平较高，其财政收支能力水平通常高于经济欠发达和产业集聚度较低的地区，这种地区差距和结构性矛盾在现实经济中日益凸显。与此相应，为缩小地区差异和提升财政能力，在招商引资、基础设施建设等诸多方面，地方政府争相采取先征后返、协议减免等各种税收优惠措施，加大财政补贴扶持力度，提高地方公共服务水平，以实现减少税源流失和吸引税源、扩大税基的目标。从其主要表现上看，地区间财政博弈的形式主要是直接和间接的收支竞争、政治锦标赛式的模仿以及通过协议合作等方式进行的利益分享，具体表现则日益多样化。从根本上说，跨辖区的财政博弈就是不同层级的财政行为主体在一定资源禀赋条件下对可流动经济资源的再配置活动，它随着地区间经济结构的调整而不断变化，具有较强的时间和空间关联特征。因此，理论上亟需为财政资源空间配置的成因与影响提供现实的解释力，并对其可能的空间效应进行有效的估计。

1.2.2 财政资源空间配置的研究范式创新

从财政学的近代发展来看，规范分析主要基于庇古的福利经济学、萨缪尔森的公共支出理论、马斯格雷夫的三分支模型[①]、蒂布特的地方财政理论、布坎南等的公共选择理论、奥茨等的财政分权理论等等，在理论内涵日益丰富的同时，其研究内容也不断拓展和延伸。从主流经济学的观点看，这些研究所遵循的研究范式大都是新古典主义的，遵循着完全竞争条件下的边际分析方法和一般均衡框架。但是，现实经济中普遍存在着规模收益递增和垄断竞争条件下的经济集聚现象，难以在上述

[①] 即资源配置、收入分配和经济稳定三大财政职能。

框架下得到充分的解释。也就是说，完美的阿罗－德布鲁竞争均衡在不完美的世界中无法得到满足。对于非均质的块状经济而言，平滑经济模型所能提供的现实解释力非常有限。正如"空间不可能定理"所述，在规模收益不变和完全竞争的一般均衡分析框架下无法实现包含运输成本和区际贸易的竞争均衡（Starrett，1978）。相应地，如果不能将规模收益递增、垄断竞争以及交易成本等"现实经济中最显著的特征"（Krugman，1991）作为理论研究的微观基础和前提，就难以在经济聚集与扩散的内生作用机制中深入探讨财政资源的跨区配置问题。因此，经典财政理论的现实解释力亟需通过研究范式的创新而得到补充。

近年来，国内外学者在空间经济学框架下探讨公共经济与公共政策的文献成果大量涌现，不仅突破了传统财政理论模型的新古典主义局限，也弥补了长期依赖边际分析而缺乏数学表达严谨的微观理论模型的缺陷。在新的一般均衡框架下，财政资源跨辖区配置的理论假设更贴近现实经济，分析推导过程更详实充分，研究结论往往具有较强的现实解释力。可以说，空间经济学范式的应用和创新为空间财政理论研究提供了比较坚实的微观基础，进一步丰富了财政学和公共经济学的理论内涵。

1.2.3 空间计量经济学的发展和应用

在纯理论分析框架有所突破和更新的同时，实证研究的手段、工具也有所跟进，这也是空间财政研究与一般财政研究的经验分析方法有所区别之处。一般财政研究所使用的经验分析方法主要适用于时点统计或时间序列分析，对于空间因素的统计分析缺乏理论支持和有效手段。空间计量经济学的发展以及空间数据处理分析工具的进步为空间财政的实证研究提供了必要的技术手段。不同于一般惯用的时间序列数据，基于不同经济区位和地理位置而采集的样本数据往往具有比较明显的空间依赖特征，也就是说，这些样本数据会由于区位条件的影响（比如不同的经济、社会、历史、文化、自然等因素）而表现出时间和空间的双重关联性，这就打破了经典统计和计量经济学关于样本数据相互独立的基本假设，导致经典最小二乘估计方法的偏误甚至失效。空间计量经济学通过对经典计量经济学方法的修正，能够更好地处理经济地理数据的时空依赖关系，有效减少和回避了上述偏误问题。在空间计量理论不断深化的同时，统计分析软件也随之发展完善，为空间财政的实证研究提供了必要的技术支持。

1.2.4 研究意义

本书的积极意义在于，一方面从具体的空间依赖关系中对公共经济领域内较为常见的经济现象进行再认识和新解读，另一方面对空间经济学处理垄断竞争和规模收益递增的核心模型进行有针对性的修正，使之能够在理论抽象的层面应用于对空间财政作用机制的现实解释，从而能够求同存异地对经典财政学和公共经济学理论进行有益的补充。另外，以实证研究中的经验证据作为理论建模的线索能够做到有的放矢，并将抽象的理论模型应用于解决现实的地区性公共问题，避免了理论研究的空洞无用和束之高阁。

1.3 国内外相关研究文献综述

按照本书对空间财政研究对象的界定，广义上能够体现空间属性和空间效应的公共经济现象和财政行为都可以视为空间财政的研究对象，并且无需在研究范式和研究方法上刻意区分，因此对现有的大量文献都可以在空间财政的研究范畴内加以梳理归纳。但是，若追溯过多必庞杂繁芜，且偏离本书的研究主旨。因此，本书在文献综述部分仅对狭义空间财政研究的相关文献加以梳理。同时，由于本书的研究思路主要基于中国样本并尝试对中国特色的财政问题进行理论上的探索，因此在整理归纳的过程中比较侧重于对中国问题的考察。

1.3.1 对空间财政现象的实证研究

所谓空间财政现象，主要是指不同财政行为在不同空间范围内所产生的具体效应，往往能够基于经济理论并借助一定的统计和经济计量方法加以甄别、测度和分析。由于空间效应具有特殊性，比如受地理邻接性的影响、存在各种形式的空间依赖和多维特征等等，因此，这里主要概述运用空间计量经济学方法进行的实证研究。

（1）国外方面。空间计量经济学方法自 20 世纪 90 年代以来逐渐应用于公共财政领域的研究，主要集中于联邦制国家的地方政府间具有策略互动性的财政竞争方面，亦可视为对"以足投票"机制的存在性及经济后果进行的识别和检验。其研究内容主要包括：①税收竞争，即具有空间邻接关系的地方政府之间在宏观税负政策上或者利用个别税种（如所得税）作为政策工具开展的税收模仿或竞争，早期研究主要基于美国数据，如 Ladd（1992）、Case 等（1993）、Besley 和 Case（1995）；后续研究开始向比利时、德国、瑞士、西班牙、法国、英国、加拿大、意大利、荷兰、瑞典等欧美国家拓展，涌现了大量研究成果。②支出竞争。早期研究主要通过运用空间计量模型设定策略反应函数以识别财政支出的溢出效应或"免费搭车"效应，策略互动主要表现为辖区间财政支出的互补与替代，表现为策略反应函数的系数为正或者负，如 Case 和 Rosen 等（1993）、Kelejian 和 Robinson（1993）；后续研究陆续关注到了空间相邻关系的界定等技术性问题，如 Revelli（2002，2003，2006），研究分析了多种效应的可能影响以及不同类型的财政支出（如环保、教育、医疗等社会福利支出）所产生的空间影响，如 Fredriksson 和 Millimet（2002）、Freret（2006）、Redoano（2007）等。③标尺竞争及其他，主要是在财政竞争中考虑民主制度、政党竞争和选举投票的影响，以及对混合的财政收支竞争进行空间计量检验，如 Allers 和 Elhorst（2005）、Elhorst 和 Freret（2007）等。这些研究与国内研究相比，方法上并未做多少区分，但与中国国情差异较大，因此不再详述。

（2）国内方面。在运用空间计量方法研究财政行为的空间效应方面，我国的实证研究晚于西方，近几年才陆续涌现，尚未形成累积性的成果或共识。由于中国特色的政治经济体制显著区别于西方的联邦制国家，中国的财政分权、财税征管运行体制具有诸多方面的独特性，因此，在相关实证研究上，我国学者的研究视角与具体内容均与西方学者存在一定差异，归纳起来大致可以分为两类：

第一类是对财政收支的空间溢出、经济增长效应进行的实证研究。

靳春平（2007）对不同区域的财政政策具有空间差异性进行实证分析指出，财政政策对于两个经济条件差异较大的经济体的增长效应存在明显差异，相同规模的政府公共资本支出对于不同经济发展水平的地区所产生的增长效应显著不同，对于西部地区的经济增长效应要强于东部地区，且短期效应明显。邵军（2007）利用空间自回归和空间误差模型对地区财政支出总规模和分项支出的空间外部性进行研究发现，地区间财政支出总规模具有正的空间外部效应，而分项的建设支出和教育科技支出的空间外部效应差异较大，为最优分权规模和弱化经济规模的政绩考核提供了新的观察视角。骆永民（2008）通过对我国 31 个省市 1998—2005 年间财政分权的空间溢出效应建立空间滞后计量模型发现，财政分权对经济增长的促进作用十分显著且空间溢出效果明显，忽略空间效应将给财政决策带来偏差。骆永民（2008）另一项研究表明，传统回归模型因没有考虑空间相关性而低估了财政分权对政府效率的影响，相邻地域的政府效率具有较强的空间相关性。余可（2008）则将八类地方财政支出作为解释变量，真实人均 GDP 的五年移动平均值作为因变量、以省会城市间距离建立空间权重矩阵进行空间回归后发现，生产性支出对投资型拉动的地方经济增长具有显著的空间影响，除农业支出外的非生产性支出的经济增长效应不显著，而起到稳定作用的农业支出则与经济增长显著负相关。与此相类似的还有解垩和王晓峰（2009）、冯等田（2009）、张凯和徐蓓蓓等（2010）、李杨（2011）、丁波（2012）等等的研究。另有某些研究仍然基于中国财政分权的体制背景，但在研究视角上有所深入，研究对象更加具体。张宇麟、柳锐（2008）对我国省级财政政策的收敛性进行了空间计量研究，发现地区间除了人均财政收入以外的绝大部分政策变量存在显著的空间相关性，人均税收收入和人均所得税收入的收敛幅度小于人均 GDP，人均个人所得税收入同时受到相邻省份和经济发展水平相近省份财政政策的影响，而省际人均增值税收入发散，说明人均增值税收入的省际差距存在扩大趋势。刘小勇、丁焕峰（2011）基于动态空间面板模型对 1997—2006 年除西藏外的 30 个省市的区域公共卫生服务的收敛性进行了对比研究，发现包含空间效应的条件收敛速度低于传统估计，负的空间效应表明可能存在的"逐低竞争"和特殊考核机制下的"扭曲竞争",即地方官员更乐于将财政资金投入短平快的基本建设领域而忽视关系长期增长的民生支出领域,阻碍了地区之间公平物品和服务的收敛并降低了收敛速度。韩峰、柯善咨(2012)基于马歇尔的外部性,从空间经济学的综合视角,对我国制造业的空间集聚进行了追踪,他们通过纳入政府财政收入比重与各空间变量的交叉项,发现财政收入比重对制造业集聚的影响及其显著性产生明显变化,地方保护主义主要通过作用于各类空间外部要素来影响制造业的空间分布。曾淑婉(2013)对财政支出对全要素生产率的空间溢出效应进行了动态空间面板回归,结果显示财政支出对技术进步的空间溢出效应较大,而对技术效率的作用不显著,说明我国政府公共支出配置效率低下,同时财政支出对全要素的空间溢出效应呈现出"西高东低"的趋势,原因在于东部省份更多地吸引相邻欠发达地区的资金、人才和技术等生产要素,从而阻碍了相邻地区全要素增长,而中西部地区的基础设施建设、公共教育投入、社会保障制度的完善对相邻地区经济发展产生较强的正外部性,即中西部地区的财政支出空间正向溢出效应更明显。许海平和傅国华(2013)对财政收支分权的空间集聚及其对城乡收入差距的影响进行的空间计量研究表明,当前中国财政分权有利于缩小城乡收入差距,在其他变量保持固定条件下,财政分权程度每提高1个单位,城乡收入差距将减少0.687个百分点。邓慧慧等(2013)在对财政分权与公共服务、住宅价格的空间计量研究中发现,分税制改革后的地方预算外收入软约束和地区公共服务水平的失衡与房价高位运行存在跨时空的引致关系。

第二类是对跨辖区的税收竞争、支出竞争等策略性行为所进行的实证研究。早期的观点主要集中于对财政竞争的识别与解析方面,之后逐渐向标尺竞争、税收外部性、土地财政等内容拓展,形成了某些比较有代表性的理论观点。沈坤荣和付文林(2006)通过一个简单的空间滞后回归模型得出了经济发达地区更倾向于通过高税率、高公共支出手段吸引经济资源的结论,并且发现不同地区的竞争策略明显不同,预算外收入作为税收竞争中财政融资补充手段的作用正在弱化,公共服务竞争对经济增长所起的作用正在加大,地方政府通过税收手段进行公共服务融资，改善地区经济发展环境，可明显提高本地区经济增长率。李永友和沈坤荣（2008）利用1995—2005年的空间截面数据对辖区间财政的策略性竞争与外商直接投资的增长绩效进行了计量研究，对比后发现，辖区间税收竞争存在明显聚类特征，单个辖区的竞争对象主要为所在的东中西部板块内部，早期的竞争手段主要是粗放的税价竞争，与共同边界和地理邻近无关，而随着时间推移，尤其是经济较发达地区，竞争策略性则表现为公共财政支出的竞争，受到共同边界和地理邻近以及经济发展程度的影响更加显著。郭庆旺和贾俊雪（2009）利用空间计量模型考察了我国1986—2006年间省际财政总支出、各类支出项目（经济性、社会性和维持性支出）方面存在的显著策略互动行为及其形成和影响机制，研究表明，维护性支出的竞争主要集中于吸引外资能力接近的省份之间，表现为替代性策略，其他支出则表现为互补性策略；除社会性支出外的其他支出竞争均显著或不显著地抑制经济增长。李涛和周业安（2009）则从人均财政支出总量和主要支出科目的人均水平上对竞争策略性问题进行了研究。张晨峰（2011）则对发达与落后地区省际财政生产性支出相关性差异进行了空间计量研究以揭示省级政府财政支出的策略互动性，也得出了与上述研究相类似的结论。另外，雷根强（2009）还基于空间经济学理论背景对产业集聚对我国区域税收竞争的影响进行了空间计量研究，发现产业集聚产生的集聚租金使得中心区域的税率较外围区域高，经济中心区域与外围区域的税率差异是可以维持的。外围政府若采取降低制度内或者制度外税率进行恶性税收竞争将得不偿失，其提出应当根据自身经济发展水平和产业集聚程度，制定适宜的税收竞争策略。与单纯的财政收入和支出的竞争框架不同，王守坤和任保平（2008）基于争夺流动性税基的税收竞争和自上而下的标尺竞争双重框架，利用空间计量方法对我国省际1978—2006年间的财政策略性行为及其表现形式进行了识别，发现在GDP权重下竞争省份降低或上升1个百分点的预算税负比重将使本省份降低或上升1.11个百分点的预算税负，距离权重下则为2.03个百分点；东中西部之间的财政策略性行为呈现出跨区差异与俱乐部效应并存的状况，主要是东部策略性反应强、中部不显著、西部呈现俱乐部收敛效应，没有发现存在自上而下的标尺竞争的证据。与此不同，张晏和夏纪军等（2010）利用省际1987—2004 年面板数据对政府生产性支出进行的空间计量研究则发现，1994 年以后东部地区各类指标（基于地理相邻和 GDP 相邻）的溢出效应都显著低于中部地区，而西部地区均与中部无显著差异，这种溢出效应的跨时跨地区差异更支持标尺竞争理论，而与财政竞争理论的预测不一致。骆祖春和高波等（2011）通过对土地财政的标尺竞争进行空间计量发现，在某些外生经济变量不变的情况下，平均而言，一个省份相邻地区土地财政收入每增加 1%，会促使该省份增加土地财政收入0.53%左右，这种由地方政府控制的单纯地方财政更能体现出辖区间财政竞争的示范性与能动性，且竞争程度高于某些发达国家的实证结果。究其原因在于，中国"自上而下""向上负责"的标尺竞争与发达国家"向下负责"的标尺竞争存在根本差别。汪冲（2011）通过对 2003—2007 年 26 个省区 269 个城市的面板数据进行空间计量研究发现，我国不同层级政府间显著存在纵向的税收外部性，上级政府基于政治和行政权威面向辖区内下级政府实施的具有利维坦特征的税收驱赶和"挤压"影响普遍稳定地蕴含于政府治理机制中，并不受到空间地理范围的限制，这与西方理论认为的税基共享中的交互影响存在性质上的极大差异；而我国地方政府间横向的税收竞争不仅受到辖区内资本集聚状况和经济一体化、基础设施、知识技术外溢程度的影响，还在空间范围上表现出显著的非单调变化趋势。李涛等（2011）在对税收竞争和经济增长的空间计量研究中发现，高宏观税负实际上阻碍了经济发展，只不过这种负效应被其他因素带来的正增长效应抵消甚至超出；而在对主要税种的增长效应进行研究后发现，针对企业的实际税负的竞争是地方政府税收竞争的最重要的形式，不同地区之间的增值税和所得税竞争具有很强的增长效应等。

总的看来，由于空间计量经济学本身尚属方兴未艾的前沿学科，运用该方法对公共财政收支的空间影响进行实证研究也必然存在许多不成熟之处。撇开技术工具的运用不论，如周业安和李涛（2013）所指出的，现有的某些文献要么以描述性的研究形式泛泛论及各自的观点，要么没有真正揭示地方政府之间的策略互动性。尽管理论观点和研究结论上尚存有分歧，但是，一个基本的共识却可能已然形成，那就是通过空间计量经济学方法的引入，人们日益普遍地认识到财政行为可能产生的空间效应或者说空间财政的现象，这些现象不仅存在并且能够通过适当的理论方法得以观测和度量，这也许正是促进理论进步并逐渐形成累积性学术成果的重要基石。

1.3.2 对空间财政机制的理论研究

在本书的语境中，空间财政机制特指在空间经济学理论范式下对公共财政的作用及影响提供的理论解释。由于理论分析框架和研究范式较传统财政学研究有所突破和改进，并且建模条件更为接近现实经济，因此，空间财政机制的理论研究为公共财政问题提供了许多新的解释。

（1）国外方面。国外研究主要是通过构建不同的空间经济模型，为税收竞争、公共物品供给以及地区性福利改进等公共政策的制定提供理论依据。由于经济集聚力与分散力以及空间交易成本的存在，公共经济资源的配置存在诸多与传统财政学理论迥然相异的研究结论，主要表现在有关税收竞争的研究成果中，形成了一系列具有重要现实参考价值的研究结论：①在聚集均衡条件下，贸易自由化可能减轻税收竞争（Ludema & Wooton，2000；Kind et al.，2000；Andersson & Forslid，2003；Baldwin & Krugman，2004）；②当存在聚集租金时，区际可维持的税收差异大小取决于聚集租金的大小，而后者关于贸易自由度呈现出"驼峰状"形态（Ludema & Wooton，2000；Kind et al.，2000；Andersson & Forslid，2003；Baldwin & Krugman，2004）；③聚集均衡条件下实行共同税率的简单合作方式至少会损害一方的福利（Baldwin & Krugman，2004；Baldwin et al.，2003）；④以税收收入为地方公共物品筹资时，公共物品供给的规模经济就是一种聚集力，可以使规模较大的区域对要素具有更强的吸引力，且要素对公共物品的偏好越强，集聚力越大（Andersson & Forslid，1999，2003）；⑤政府或公共经济部门的行政效率、税收制度、收支规模与结构、转移支付方式、收入分配政策等等都会对经济集聚和均衡的稳定性产生重要影响（Lanaspa et al.，2001；

Brakman et al.，2002；Termansen，2005；Egger & Seidel，2007）。除此之外，在空间经济学理论框架下，学者们运用各种不同的理论模型（如核心-边缘（CP）模型、自由企业家（FE）模型、自由资本（FC）模型、知识创新与扩散（TP）模型等）向辖区福利、效率和公平、产业政策、地区性基础设施建设等公共经济问题不断拓展，渐成体系并积累了相当数量的开创性研究成果（Baldwin et al.，2003）。

（2）国内方面。除了对空间经济学理论进行一般介绍和描述外，进行中国化的理论探索尤其是通过空间经济理论建模进行公共财政问题研究，在我国尚不多见。比如，宋玉华（2006）基于空间经济学的垂直关联的核心-边缘模型对关税升级与垄断竞争产业发展进行了规范分析，佐证了关税升级有利于本国垄断竞争产业发展的有效关税保护理论。研究发现，当贸易成本较低时，只要达到一定的初始份额，低关税升级程度国家的制造业也有可能实现集聚式的发展，而在关税升级程度高的国家，这一初始份额更低，从而其制造业拥有更多的发展机会。研究还发现，关税升级对制造业的成功干预，很大程度上取决于贸易国是否采取针锋相对的干预措施，而关税升级的相对程度则决定了制造业份额在两国之间的分配。李杰（2009）基于一个局部溢出模型（L-S）对我国区际差异的成因进行了理论探析和实证，认为要实现区域协调的目标，必须打破产业聚集的现有格局下形成的循环因果关系，突破经济发展的路径依赖，即通过政策上的调控降低产业的区位黏性，采用贸易自由化和知识溢出一体化相结合的政策并予以落后地区适当的地方保护。谭真勇和谢里等（2009）根据 Renaud 的政治经济理论，将地方保护率引入 Krugman 的核心-边缘模型，揭示了地方保护行为对产业集聚的影响，即除非运输成本很低、迁移目的地的支出水平很高或市场份额足够大，使得规模经济效应足以抵消地方保护所产生的迁移机会成本，否则厂商不会有跨区域迁移的激励，产业难以实现跨地区集聚，依托比较优势的区域分工体系无法建立，地区重复建设和产业同构现象仍会继续存在。在对空间经济学理论进行中国化的过程中，比较有建设性和实践意义的研究来自梁琦和吴俊（2008），他们基于自由企业家（FE）模型构建了一个 2 区域 2 行业 2 要素的一般均衡空间经济模型，通过严谨的数学推导和数值模拟证明：财权和事权不一致会导致下级行政区向上级行政区持续的财政转移和需求转移，通过这种体制外的财政转移为基础设施融资能够促使产业稳定地向上级行政区集聚，因此，市级城市逐渐成为产业集聚中心并强化对要素和产业的吸引力，而外围失去现代化产业且沦为边缘农业区，从而进一步拉大了发展差距。

整体来看，国内现有研究主要是对某些具体问题进行探讨，比较零星分散且缺乏一般性和系统性。尽管如此，现有的尝试仍不失为理论探索上的借鉴，部分研究结论也的确为现实经济问题提供了直接而有价值的解释。

1.4　基本框架

1.4.1　逻辑层次

本书的逻辑思路主要体现为由个别到一般的归纳方法，包括两大组成部分和三个研究层次。两大组成部分对应着本书的实证研究和理论研究，三个研究层次则对应着空间财政现象、空间财政机制以及空间财政的体制构想。第一层次侧重于使用实证研究方法探讨宏观和个别的空间财政现象，第二层次主要在新的研究范式下探讨微观视角下的具有一般性的作用机制，第三层次则结合了前两个层次以及实证研究和理论研究的方法，综合宏观和微观两个视角、关注个别现象的一般剖析，比较系统地论述了空间财政研究在体制、制度或规制层面的拓展和应用。本书的逻辑层次与基本框架如图 1-1 所示，文字前的序号代表所在的章，二级序号（如 2-1、2-2）代表所在章的主要内容，横向的虚线双箭头（较粗）表示并列和递进的关系，纵向的虚线双箭头（较细）表示章节层次间的内在逻辑联系。横向括号下主要章节之间的横向联系主要是并列递进的逻辑顺序，出于图示的简洁性考虑，没有连线标示。但是，纵向联系已在图中标明，即由财政分权→财政竞争→财政分区与财政合作、由财政差异→财政调控→均等化与预算约束，其内在的逻辑关系不言而喻。

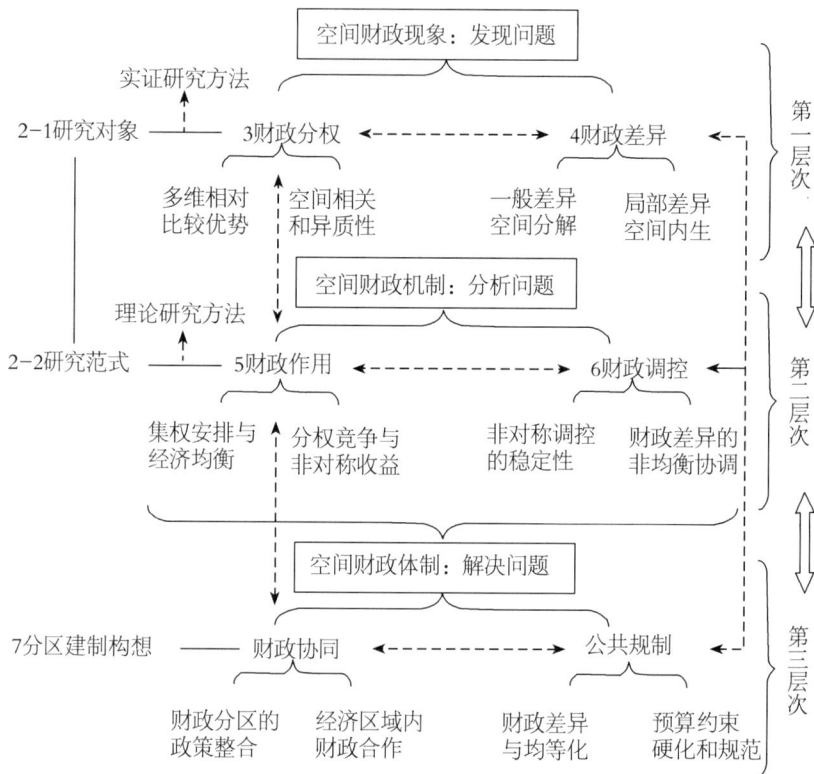

图 1-1　本书逻辑层次与基本框架

1.4.2　篇章结构

基于上述逻辑关系与基本框架（如图 1-1 所示），除导论部分外，第 2 章主要对全文的研究对象、研究方法和研究范式进行了明确界定；第 3 章和第 4 章是并列递进的关系，其中第 3 章可以看作其他章节的体制背景或制度框架，第 4 章所部分揭示的地区间财政差异则是理论研究的重要对象以及体制安排上需要重点解决的问题；第 5 章是理论研究的基础模型，第 6 章在其基础上对财政调控进行了扩展讨论，可以视为理论研究的扩展模型；第 7 章内在地整合了实证研究和理论研究的主要内容，使之在体制和规制层面拓展为一种分区建制的具体构想。第 2—7 章的具体内容如下：

第 2 章：空间财政的理论内涵、研究对象与研究范式。该章较为系统地介绍和阐释了空间财政概念的基本内涵与构成要素；对研究对象进行了广义与狭义上的界定和区分；在批判继承传统地方财政理论研究范式的基础上对空间经济学理论分析框架加以借鉴汲取，探索了包含空间交易成本的财政理论建模方法；最后简要介绍了空间统计、空间计量经济学等实证研究方法和工具，兼顾了与理论研究方法的结合。

第3章：中国财政分权的多维测度与空间分异。中国特色的财政分权是研究当代中国财政和公共经济问题的重要体制性背景，同时又是地区之间财政相对比较优势的体现。由于财政分权安排涉及财政管理运行的诸多方面且不同省份之间的财政体制差异较大，多维测度能够较单一测度提供更为丰富的比较信息。在此基础上，该章综合运用经典统计分析和空间统计学方法，将我国省际分权指标可视化，直观地反映出我国各个省区的财政分权水平与空间相关性和异质性。

第4章：地区间财力差异的空间结构与成因探析。这一章主要由两部分组成，第一部分使用较为规范的财政数据，对地区间一般财政差异进行空间上的分解与分析；第二部分从流动性税源空间配置的视角，对一般财政差异中所包含的局部差异进行归纳抽象，通过构建一个简单的空间滞后模型对其空间结构的可能成因亦即空间经济机制的存在性进行计量分析，得出的结论是：财政差异不仅仅表现为一般财政收支问题，而且很大程度上源自内生的空间经济因素。

第5章：空间经济机制下的财政介入与财政竞争。该章结合中国的财政税收体制特点，首先对权威体制下的财政变量进行适当的理论抽象并引入核心-边缘模型，以此作为基础模型分析税收和补贴对生产、消费以及市场均衡的影响；进而探讨了在分权安排下存在地区间财政竞争时的非对称收益，以及财政竞争对贸易自由度亦即相向不相等的空间交易成本的影响，讨论了公平视角下地区间公共物品溢出均衡时的门槛补贴条件及其与税收水平的动态关系；在数值模拟的基础上分析了税收、补贴与工资水平、产业份额变动之间的动态关系，初步解释了相机决策时点的选择问题以及市场分割与脱节等现象。

第6章：非对称财政调控的稳定性与非均衡协调。作为第5章的拓展，该章针对现实经济中可能普遍存在的地区经济和市场非对称、非均衡的状态，结合财政的职能与政策目标，探讨了在存在经济集聚力和分散力的市场中如何进行财政调控的问题，在对地区间财政博弈进行条件约束的基础上，重点讨论了对流动性要素进行空间配置的同时如何保证财政调控稳定性的理论条件，以及在财政差异突破稳定性条件时如何进行非均衡协调的问题，提出了构建补偿准则下的转移支付机制以及促进财政合作的理论构想，并对模型的适用性与可能拓展进行了说明。

第 7 章：分区建制构想下的财政协同与公共规制。该章在阐述分区建制构想的基础上，结合客观实际，深入分析了我国财政分区的内在动因与实践形式，进而提出了在财政分权、分区与区域市场经济联系的激励下促进财政协同合作的可能路径，并在规制层面进行必要的配合，即通过实施以"因素法"为主导的财政均等化措施硬化预算约束，同时加强对财政外部性与内部性的治理，规范预算软约束。

1.5 创新与不足

1.5.1 创新点

本书的首要创新点在于，比较正式和系统地提出了"空间财政"的理论概念与内涵，在经济哲学基础上首先确认了财政行为所具有的内在空间属性与外在空间效应，进而对空间财政的研究对象、研究范式与研究方法进行了辨析和阐释，这在国内相关研究中尚属首次。

从实证方法和理论框架来看，空间财政研究更为侧重于现实世界的时空多维特征、垄断竞争和规模经济特征——亦即"竞争性市场模型明显不能描述甚至无从描述"的技术特点，从而建立了包含空间交易成本的一般均衡理论模型。这与主流财政学研究所遵循的新古典主义市场竞争均衡分析、配合时间序列分析的实证方法存在显著区别。当然，按照本书对于空间财政研究对象、范式和方法的界定，两种研究体系或研究视角并非相互排斥，而是内在兼容的。这一点可以视为本书的第二个创新点。

最后，由理论研究向实际存在的现象和问题延伸，在体制和规制层面进行拓展和应用，谋求前瞻性的或者变通的解决之道。因为空间因素对于市场、政府均产生着不同情形下的内外影响，市场与政府的空间边界交互重叠和逾越，在不同空间范围内进行财政上的协同合作并基于适度的财政差异予以规制，不仅是促进渐进式改革的折中之道，更体现了非均衡协调发展的理论思想，由此形成了空间财政研究视角下的分区建制构想，亦可视为本书的第三个创新点。

1.5.2 不足之处

本书的重要不足在于，理论研究未能向更为深入的公共财政领域开拓，因此存在一定的局限性。一是理论分析框架的核心基础来自迪克西特、斯蒂格利茨模型（D-S 模型）和克鲁格曼模型（C-P 模型），虽然包含了规模经济但缺少范围经济。前者可以用于解释自然垄断的部分特征，但是由于范围经济的缺失，本书难以对真实世界的准公共物品供给提供充分的解释。在本书的理论模型中，存在财政博弈的地方性公共物品所具有的准公共物品性质实际上是通过具有一定的竞争性和排他性而体现的，也就是通过区别一般的纯公共物品而在理论上代表准公共物品，但是实际上难以与市场中的私人部门相融合，也就无法体现公共部门与私人部门共同提供准公共物品的情形，因此在第 5 章只体现为单纯的地方性公共物品（准公共物品）的空间溢出。二是对公共财政的理解和诠释局限于政府收支层面，忽略了市场中的国有资本及其来自市场和行政两个方面的垄断利润对空间均衡的影响。事实上，政府以资本所有者的身份对国有资本的市场盈利进行再分配的活动也是公共财政的重要组成部分，其作用不可小觑。正如"双元财政"或"第三财政"论①所认为的，我国财政客观上包含两种不同性质的活动，实际上包含着政府公共预算体系和国有资本经营预算体系两个预算体系，既彼此分离又相互联系，但是应当共同构成和归于"公共财政"的范畴。另外，即使在政府财力层面，本书的理论模型也未将土地财政、政府债务等不规范的

---

① "双元财政"主要是指公共财政与国有资本财政；"第三财政"是指合法的以企业利润形式存在的政府财力活动，而"第一财政"指行为相对合法和正常的政府财力活动，"第二财政"则指合法但行为严重扭曲的政府财力活动，如土地财政、政府性债务等。参见：张馨.论第三财政 [J]. 财政研究，2012（8）；张馨 . 再论第三财政 [J]. 财政研究，2013（7）；叶振鹏，张馨 . 双元结构财政——中国财政新模式 [M]. 北京：经济科学出版社，1995.

地方财政行为和公共预算软约束问题纳入分析框架。因此，就理论分析而言，在以空间交易成本为重要参量的公共财政问题讨论上，本书仍有较大的改进和拓展空间。

相对理论研究而言，本书在技术工具应用方面的不足则居于次要地位，表现为实证研究方法仍待改进。本书对空间统计学和空间计量经济学方法的使用仍处于比较基础的阶段，主要受制于相关理论研究进展和应用方兴未艾、实际获得和使用的空间计量分析软件相当有限、省以下财政统计数据不够完善周详，且囿于笔者的计算机应用和编程能力，导致本书所使用的空间数据主要是省级截面数据而未采用包含省以下层级的、较大的空间面板数据，空间数据结论的精度和解释力有待提升。当然，作为经验分析提供的理论线索，尚不至于产生太大的偏差偏误。

另外，本书尚存许多未尽之处有待完善。比如，第 7 章分区建制构想中的"制"主要侧重于现有制度框架下的政策供给与公共规制，对体制架构和制度建设涉及较少，在理论上有所妥协和保留。实际上，在空间财政的视角下比较理想的分区建制是类似我国军区划分或央行系统分行管理的大区制，能够有效促进地区间的财政协同与合作并减少行政层级，当然这是一个涉及相关法律和财税体制的系统性工程，并且需要经过长期反复的调研论证。尤其棘手的关键问题是，应当以怎样的财政比较优势和区域经济联系为标准进行财政分区，这又必然涉及公共经济资源空间配置的广义成本如何界定和测度、相关预算约束如何确立和规范等诸多实际问题。在这些方面，本书虽未充分拓展和探析，但这些不足和未尽之处也足见空间财政研究所具有的潜在深度和广度，具有比较丰富的理论指导意义和实践价值。

2 空间财政的理论内涵、研究对象与研究范式

本章重点阐述和解析空间财政的理论基础问题，从世界观与方法论相统一的角度诠释空间财政的研究对象、研究范式以及研究方法。在以蒂布特模型为范例的理论对比中，不难发现新旧两种理论范式的差异和共同点，进而可以通过建模条件和核心变量的修正，实现空间财政研究与传统地方财政研究的有机结合。从经济学研究方法的哲学基础来看，本章从实证主义、规范主义和实用主义内在统一、相互包容的角度，将研究方法视为研究范式的有机组成部分，两者并不是一一对应的关系。也就是说，相同研究范式下可以应用多种研究方法，而相同的研究方法也可能适于多种研究范式。因此，2.5 节简要说明了本书实证研究所使用的主要方法，作为理论研究范式的补充。

2.1 空间财政的基本阐释

2.1.1 一般化定义

从现有的相关文献来看，目前对"空间财政"的概念性描述主要有两种：一种是将其界定为以前沿的空间计量经济学方法为工具、以一般

地方财政理论为基础的实证研究（崔亚飞，2010），侧重于宏观分析技术工具的创新；另一种观点则是以空间经济学的一般均衡分析模型为框架探讨财政资源的空间配置和财政经济活动区位选择问题的理论研究（刘寒波，2012），侧重于微观经济理论基础的拓展。不难发现，两种概念性描述存在认识上的分歧和研究视角的分化，其深层次原因在于对"空间"的理解不统一，都没有解决如何定义"空间"这一核心问题。

为此，本书在综合上述观点和现有研究成果的基础上，首先提出空间财政的一般化概念：一定地域范围内的财政行为主体之间基于空间依赖关系而产生的财政资源跨辖区配置活动以及对这些活动进行规制协调的统称。相比而言，这一定义既涵盖了经验分析和规范分析所涉及的具体现象和作用机制，也包含了具有体制性特点的规制协调等内容，具有一定的全面性和整体性。但是，"空间"仅仅指一定的地域范围如经济区域或行政辖区吗？又该如何理解财政行为主体之间的空间依赖关系呢？这需要首先从概念的内涵和外延上进一步厘清以下几个方面。

2.1.2　核心问题

既然与一般财政研究有所区别，空间财政研究必须首先明确"空间"的含义。"空间"的界定、体现和处理必然成为空间财政研究的核心问题。抽象地说，空间是与时间相对的一种物质存在形式，能够描述对象之间无边际的立体程度，也可以说是物体之间的相对位置或者方位、方向；数学上的解释则是一种具有特殊性质及某些额外结构的集合，包括经济分析中时常使用到的拓扑空间、向量空间等；从社会科学角度看，空间不仅仅是一种物质性的存在，还是一种文化、政治、心理的多义现象。空间的构造、体验以及形成空间概念的方式，极大地塑造了个人生活和社会关系[1]。在哲学思想史上则存在着绝对空间与相对空间、先验空间与经验空间、自然空间与社会空间等多种理论划分。可见，"空间"在不同的学科语境下存在多种含义。

对应于财政和公共经济学研究，空间概念的外延必然从物理意义向

---

① 苏尚峰. 空间理论的三次论争与"空间转向"[J]. 人文杂志，2008（4）.

经济、数学和其他社会学科领域拓展，而经济学空间观念的演化则是这一概念形成的基本依托。按照本书的研究，空间观念是空间属性在意识形态上的体现，而各种空间效应则是与空间属性相对应的外在表现。因此，空间财政研究中的"空间"不仅包含了跨辖区的经济地理意义，更为重要的则是对财政行为空间属性和空间效应的归纳与体现①。

2.1.3 组成部分

空间财政研究主要由实证研究和理论研究两部分组成。实证研究着重从统计和计量方法上体现和处理空间关系，这一部分主要依托空间计量经济学工具而展开；理论研究从规范分析上体现空间的属性、作用和影响，着重对空间作用机制进行模型化解释，并为空间财政行为的规制设计提供理论依据，这一部分主要依托空间经济学理论框架而展开。从方法论和世界观的关系来说，实证研究是理论研究的线索和工具，理论研究是实证研究的依据和指导。可以说，空间财政的实证研究和理论研究是一体的两面，虽然区别明显，但内在逻辑上是紧密联系在一起的。

2.1.4 研究层次

空间财政现象、作用机制以及空间财政体制或规制，是空间财政研究的三个层次，也是空间财政研究的主要内容。空间财政现象包括实证研究中所涉及的地区财力的空间不均等现象、财政收支的空间溢出效应和经济增长效应以及辖区间的财政策略性行为，等等。换句话说，只要是能够外在地表现财政行为空间属性的财政现象，都可以被视为空间财政现象。空间作用机制则是空间财政现象发生的内在机制和原理，特别是能够对空间财政现象提供现实解释力的各种理论模型，并不局限于空间经济学理论框架下的财政研究。传统财政学理论以及其他经济学科理论也能够在一定程度上对空间财政现象做出合理的解释，只是本书在理论研究部分主要遵循空间经济学框架展开。空间财政体制和规制设计主要是基于现实的空间财政现象和空间作用机制所提供的理论解释，对空

---

① 空间观念和空间属性的相关内容将在下文中详细阐述。

间财政行为进行协调和统筹安排的一系列制度、规章和方法的设计，是对现实财政矛盾的调和以及对理论应用于实践的构想和检验。

2.1.5　构成要素

定义中涉及的重要构成要素，需要进一步予以说明：

①地域。地域通常指一定的地域空间，是反映时空特点和经济社会文化特征的概念，是自然因素与人文因素共同作用形成的综合体，一般有区域性、人文性和系统性三个特征，具体表现为一定的空间界限，地域内部的相似性和连续性，地域之间的差异性和联系性，具有一定的优势、功能和特色。空间财政研究所关注的地域范围是基于各种经济联系、功能定位、行政隶属等关系而形成的经济地理意义上的区域，其外延大于辖区概念。因此，地域范围既可以与单一辖区重叠，也可基于横向的同一层级的辖区，亦可基于纵向的不同层级的辖区，或者兼而有之，因研究对象的不同而不同。

②财政行为和财政行为主体。本书所指的财政行为是一个复合概念，包括了具体的财政收支行为、某一项财政政策以及财政体制安排。与此相应，财政行为主体可以是某个辖区政府、具体负责财政收支的公共部门、承担公共支出义务和享受公共服务的私人部门以及可视为外生权威的财政体制安排和法律规章等等。

③空间依赖。空间依赖是空间计量经济学的核心概念，通俗地讲，是指样本的观测值与所在区位相联系并且受到邻近地区观测值的影响，使得空间数据之间缺乏独立性。空间依赖一般分为两种情况，一种情况是真实的空间依赖，主要源自要素在空间边界之间的流动和空间边界导致的区位、距离对空间特征的影响；另一种是干扰的空间依赖，主要来自测量误差和操作失误。在空间财政研究中，税源的跨辖区流动、辖区间的财政策略性行为等就具备显著的空间依赖特征。

④财政资源。按照马斯格雷夫对财政职能的概括，本书认为，能够借以发挥资源配置、收入分配、经济稳定与增长三大职能的各种有形和无形的公共经济资源都可被视为财政资源，广义上包括各种人力、物力、财力以及知识、科技、文化习俗、社会制度等等，狭义上指能够转

化为财政收入的各项税源。

⑤辖区。辖区与地域存在概念上的重叠，特指存在隶属关系的行政区域。在我国主要指政府层级划分上的五类辖区，即中央、省、市、县和乡镇。其中，中央代表全国，是一个统一概念；其余四个层级的辖区比较具体和明确。另外，辖区概念与财政行为主体也存在着映射关系，即一个辖区内存在多个财政行为主体，一个财政行为主体的财政行为可能是跨辖区的。

⑥规制。一般观点认为，规制是市场经济条件下政府根据相应的规则对微观主体实行的干预，包括旨在克服市场失灵的法律制度以及以法律为基础的对微观经济活动进行的干预、限制或约束的行为。由于本书的研究对象主要是财政行为，对空间上的财政行为尤其是对无序的财政竞争等可能产生负外部性的政府行为进行规制正是本书的主要研究内容之一。因此，规制的概念在本书中还包括对政府失灵的干预。另外，目前我国尚缺乏对跨辖区的财政竞争与合作等行为进行管理和协调的制度和规章，作为公共政策和公共管理中比较灵活和具体的形式，规制的概念相比制度、体制更适合在本书中使用。

2.1.6 相关概念

除了空间依赖的概念以外，还有几个与其联系密切且字面意义接近的概念需要进一步说明，以免在下文中出现理解上的混淆，主要是：

①空间相关和空间滞后。空间相关，有时也称为空间自相关，是空间依赖的较弱形式，主要是指空间数据缺乏独立性，违背了经典计量样本独立不相关的假设。通过定义这种空间相关性，通常使用一个表示空间相邻关系的空间权重矩阵，并使之与解释变量或被解释变量相乘作为空间滞后算子，也就是一种空间滞后的形式。应用空间滞后算子进行回归是空间计量模型的基本形式之一，也称为空间滞后回归或空间自回归。

②空间异质性。空间异质性亦即空间差异性，是指每一个空间区位上的事物和现象都具有区别于其他区位上事物和现象的特点，用计量经济学术语表述即"空间上的非平稳"，违背了经典计量要求的所有样本

来自同一总体的假设①。

③空间溢出效应，也称为空间外溢效应，产业经济研究主要视其为特定区位企业产生的正的知识外部效应。本书认为，空间财政研究类似一种财政外部性研究，即研究特定区位上的财政行为对邻近区域微观经济主体行为及其对应的财政行为产生的影响。空间外溢可划分为局域外溢和全域外溢两种，存在知识技术、环境、要素禀赋外溢等多种表现形式，并且空间溢出效应的强度往往随地理距离的增加呈现减弱的趋势。

④空间外部性。一般观点认为，外部性的概念源自马歇尔提出的企业生产集聚带来的成本节约与规模扩大。随着相关研究的深入，空间外部性主要指同一产业内不同企业集聚产生的规模经济效应（地方化经济）和各类经济聚集产生的规模经济效应（城市化经济）。空间外部性更侧重于集聚产生的规模经济效应，而空间外溢不一定基于经济集聚。

2.2 空间财政的研究对象

由于经济学研究所体现的空间观念具有共通性和一般性，因此，空间财政研究也必然体现主流经济学处理空间问题的基本方法。与经济学研究所体现的时空观念相对应，一定时空范围内的经济行为都具备时间和空间双重属性，缺一不可。从这个意义上说，空间财政的研究对象就是财政行为在一定空间范围内所表现出的空间属性特征及其外在的具体效应。

2.2.1 经济学处理空间问题的渊源

经济学研究处理空间问题的方式方法体现着对待空间问题的基本态度和思维方式，本书称之为经济学语境下的空间观念。作为一种长期沿袭的学术传统，空间观念这一看似归属经济哲学范畴的问题恰恰是经济学处理空间问题的基本渊源②。

---

① 沈体雁，冯等田，孙铁山.空间计量经济学［M］.2版.北京：北京大学出版社，2011.

② 经济学早期的空间观念或许可以追溯至亚当·斯密在城市与乡村共存的地理背景下对财富增长问题的探究，以及后来的古典区位理论、外部性理论等。

从主流经济学分析范式来说，形成空间观念的微观基础可以理解为平滑均质世界中无限细分、均匀分布的点，包括家庭、厂商以及政府等具备"经济理性"的微观经济主体，它们在消费、生产等经济决策过程中形成了不同类型的供需均衡和市场结构。因此，不妨把这一语境中的"空间"理解为以微观主体为"点"、以经济决策过程为"线"、以均衡的市场结构为"面"的二维平滑空间。它实际上是完整统一的大市场观念，无限可分又无限延伸，难以划定明确的市场边界。

与此形成鲜明对照，空间经济学理论中的微观经济主体因具备一定差异性和不完全流动性而不再是同质均匀分布的点，平滑经济世界在垄断竞争和规模收益递增机制作用下出现分化，市场的边界在新的一般均衡框架下通过引入空间上的交易成本而得以刻画。可以说，主流经济学使用完美的纸张和相同的点线面描绘平滑的经济平面图，空间经济学则使用不规则的纸张和有差异的点线面描绘现实经济的动态立体图，其差别显而易见。

值得一提的是，新古典主义经济学的分支——传统的空间经济学（包括各种区位论、要素禀赋论等理论学说），也关注到了现实经济"条""块"分割的非平滑特征和分界现象。因此，将抽象的空间观念落实到具体的区域，形成了以"经济资源的空间配置、区域间经济发展交互作用过程和结构以及相关区域决策①"为研究对象的区域经济学理论，进一步丰富了主流经济学的空间内涵。一般观点认为，区域是一个客观存在的空间，是基于描述、分析、管理、计划或制定政策等目的而加以考虑的经济上尽可能完整的地区，可以按照内部的同质性或功能一体化原则划分，主要包括区域的空间结构、地域分工与联系、产业结构、经济联系和资源整合等研究内容，可以从空间结果上笼统地划分为经济区域化和职能区域化。其中，职能区域化的空间概念基于国家管理的行政单元，与公共经济学、规制经济学等学科在辖区政府干预市场失灵等问题上所持的空间视角是基本相同的。

与市场经济学不同，政治经济学则从资本和剩余价值空间循环的角

---

① 冯云廷.区域经济学［M］.大连：东北财经大学出版社，2006.

度看待空间，视其为一种"关系性空间"，而非绝对框架。这里的关系性空间是一个相对的空间概念，生产要素在此相对空间内流动能够克服空间的阻力，通过减少间接的生产成本以及流通成本从而加速资本的周转，实现更多更快的积累。亨利·列斐伏尔的《空间的生产》、大卫·哈维的关于"城市空间动力学说"的理论著作等进一步认为"关系性空间"作为人类社会实践一个重要方面以地租的形式出现，只有从关系性和相对性视角看待空间而不是将它视为社会行动的绝对框架，才有可能看到资本积累的方式，即资本积累不仅仅制造了空间，同时也制造了空间的不同形式[①]。实际上，资本在城市空间的积累过程也是社会剩余产品在空间或地理上的集中过程。在政治经济学语境中，空间不仅是被生产出来的结果，而且是再生产者，是一种生产力和生产资料。可见，不论是市场经济学还是政治经济学，都强调在相对有界限的范围内普遍存在的某种经济秩序和经济结构，且同时具备一定的社会性特征[②]。

此外，从实证经济学的分析工具来看，空间计量经济学由于能够通过统计分析方法科学界定、计量和检验经济主体之间的空间依赖关系，即"地理空间现象和空间过程的本质特征[③]"，从而实现了空间经济效应的数量化和可视化。

归纳起来，在经济学语境中，空间观念大致经历了模糊化、条块化、模型化和可视化等演进阶段，其核心特征至少包括以下方面：

（1）它是一个二维平面上的相对空间概念[④]。经济学迄今为止尚未出现遵循一定范式对三维及三维以上立体空间的研究，此类绝对空间研究大多由物理学、地理学等其他学科担负，经济学主要致力于对相对空间范围内的经济行为、经济制度及其影响的研究，落实到具体分析中仍然是二维的，比如无差异曲线、各种生产和消费的可能性集、交点和切

---

① 董慧.当代资本的空间化实践——大卫·哈维对城市空间动力的探寻［J］.哲学动态，2010（10）.
② 郑国.公共政策的空间性与城市空间政策体系［J］.城市规划，2009（1）.
③ 沈体雁，冯等田，孙铁山.空间计量经济学［M］.2版.北京：北京大学出版社，2011.
④ 这里的"二维"基于规范的经济学分析的几何应用，否则，时空相关的经济参数向量可以是 n 维的。

点的均衡意义等①。

（2）具有一定边界但范围不固定。不论哪种经济学研究范式，其研究对象都有一定空间边界，比如社区或辖区、都市圈和产业集群、特定的市场类型及关联区域、某个国家和国家联盟等等，但其范围是不固定的。

（3）经济主体为克服空间阻力所担负的成本及其对经济行为产生的影响能够被有效界定或衡量。空间上的交易成本是客观存在的，尽管在理论抽象上，它可能在均质的空间中被省略为零，或者在非均质空间中被定义为大于零，抑或在资本的空间生产中被理解为折旧或损耗，以及在空间计量领域通过不同形式的地理邻接关系而被界定、估计和检验。

2.2.2 抽象研究对象的界定

相应地，财政行为主体也必然与一般经济主体一样具备上述空间属性特征。然而，财政行为主体同时具备区别于一般微观经济主体的独特性，其空间属性又该如何界定和体现呢？虽然一般财政学和公共经济学理论难以给出直观的答案，但我们仍然能够从中分析归纳出既符合一般性又兼具特殊性的自有特征：

（1）不同空间范围内的财政行为具有一定的差异性。比如，组织财政收入和支出以充分发挥财政职能，必须以本地区实际掌握的公共经济资源为基础，而各地区的经济基础与财政能力的配比显然在不同空间范围内各不相同。这种差异性不仅表现在同一财政行为主体在相同空间范围内采取不同财政行为而形成的差异（比如针对辖区居民需求提供不同种类的地方性公共物品），也表现在不同财政行为主体在不同空间范围内采取相同财政行为而产生的差异性（比如不同辖区政府向各自辖区内居民提供相同种类的地方性公共物品，但地区间供给水平无法均等）。因此，只要地区间包含空间差别的财政收支水平和能力不同，财政行为的差异性就必然存在。

（2）基于空间因素决策的财政行为往往具有一定的排他性。比如，

---

① 也有观点认为新古典经济学"完全没有空间维度"，全部经济活动都聚集在地理空间的同一地点，如同"发生在一个针尖上"（赵坚，2009）。其实，新古典经济学只是将空间属性抽象到几乎不假思索的地步，这本身就是看待空间问题的一种方式。

面向本地居民提供的教育、社保等地方性公共物品会以户籍、就业、投资门槛等条件进行限制，以实现本地居民效用最大化并减少和避免外地居民"搭便车"现象的发生；甚至有选择地对本地居民提供不同水平的地方性公共物品，比如上级财政部门对下级财政部门按照不同地区财力水平划分薪酬补贴待遇标准，等等。即使在相同辖区内也可能提供带有竞争性的地方公共物品，比如针对企业居民的利税返还、财政奖补，以及带有寻租和讨价还价性质的退免税费行为等。这些情况说明，只要空间因素能够使财政决策"条""块"分割化，财政行为就难免带有一定的排他性，而不再是传统理论定义的非排他性、非竞争性的普惠行为。

（3）在空间中发生作用的财政行为具有强弱不等的正负外部性。这里主要指理论意义上的财政外部性或者财政行为的空间溢出效应。某些具有溢出效应的地方性公共产品就能够给邻近辖区带来外部性效应，比如环境保护和污染治理支出能够不同程度地改善周边地区环境，使邻近辖区得到正的外部性效应。再如教育和科技研发投入能够比较显著地增加人力资本积累，而作为流动要素的技术劳动力和企业家资源的自由迁移也能够带动邻近辖区提升产业竞争力，从而促进经济增长，这也可以视为一种正的外部性效应；而负的外部性效应则表现在诸如过度干预市场、地方保护、对流动税基的过度竞争以及过度投资对民间资本产生的挤出效应，等等。由于这些财政行为难以严格限定在既定的地域空间，尤其是它们对经济社会产生的影响难以得到有效评估和控制，必然在一定空间范围内存在不同程度和方向上的溢出。因此，在空间中发生作用的财政行为势必具有外部性的属性特征。

（4）基于要素空间流动而决策的财政行为具有一定的策略互动性。事实上，如果细加分析，上述例证中的财政行为都具备一定的策略互动性，包括不同程度的竞争性、互补性和模仿性等特征，并且已经较为普遍地得到了国内外学者的实证支持。在不同地域空间中流动的生产要素意味着税源的转移和税基的变化，同层级辖区政府之间甚至上下层级政府之间基于经济绩效或政治晋升考核等激励机制而发生的财政收支博弈是难以避免的，只是存在横向或纵向、显性或隐性的方向与程度上的差异。不论在西方还是在中国，只要存在财政体制上事权与财权的划分，就必然存在不同地域空间上财政行为的策略互动特征。

总的来说，作为空间财政研究的抽象对象，财政行为的空间属性就是财政行为主体在一定空间上表现出的差异性、排他性、外部性和策略互动性，受资源禀赋"第一天性"和知识信息、技术创新等"第二天性"的共同影响，是有限的经济理性与行政计划性共同作用的结果。

2.2.3 具体研究对象的归纳

那么，与抽象层面的研究对象相对应，空间财政的具体研究对象则是抽象对象在现实空间中的反映，也就是基于财政行为主体之间不同形式的空间依赖关系而产生的空间效应，在理论上能够确切地辨析且能够通过有效的实证方法和工具加以识别和检验，主要是：

（1）区位效应。其主要体现财政行为的差异性特征，指财政行为受地理、经济、人文等区位条件的直接和间接影响。还有一部分国内外学者从资本流动和财政竞争角度将其理解为经济体内部企业投资的区位选择，本质上是企业的流动[①]。这一界定比较侧重于财政过程，本书此处单纯指区位条件对财政行为的影响，侧重于财政结果。比如一个地处内陆高原、经济发展水平较低、社会保障薄弱、风俗习惯独特的少数民族聚居地区，其财政收支水平、收支结构必定与地处沿海平原、经济发展水平较高的地区存在很大差异，这类现象在现实经济中普遍存在。

（2）局域经济拉动或挤出效应。其主要体现财政行为的外部性和排他性特征，指财政行为能够对一定区域范围内的经济运行和经济增长施加某些积极或消极的影响，这两个方面均已在大量现有文献中得到了证实。

（3）空间溢出和距离衰减效应。其集中体现了财政行为的外部性特征，可以理解为地方性公共物品在一定地理和经济距离范围内产生的正负外部性效应，比如某辖区治理大气污染可以产生正外部性效应，使邻近的其他辖区获得较大收益，而距离较远的辖区受益较小。

（4）策略互动效应。其主要体现财政行为的排他性和策略互动性特

---

① 周业安, 李涛. 地方政府竞争和经济增长——基于我国省级面板数据的空间计量经济学研究［M］. 北京：中国人民大学出版社，2013.

征，指地方政府之间基于各自辖区经济和政治利益开展的竞争、模仿、合作等行为，尤其表现为在财政分权安排下对公共财政资源的争取和共享等方面。

2.2.4 广义和狭义之分

从前述的分析中不难看出，不论是空间财政的抽象对象（空间属性）还是具体对象（空间效应），都不是孤立存在的，而是同时存在、相互呼应、彼此渗透、广泛联系的关系。只是出于不同的研究目的，在理论分析和实证研究中有所侧重。

按照本书对空间财政研究对象的内在属性、外在表现的界定，对空间财政研究可以据此进行广义和狭义上的区分。本书以为，不妨基于内在属性所具有的共通性，将能够体现财政行为空间属性的财政研究视为广义的空间财政研究，从而不必从理论范式和研究方法上加以严格区分。某些理论研究看起来并没有确切地界定空间因素，但实际上明显表现出空间上的差异性、排他性、外部性和策略互动性，不妨认可它的空间属性，比如经典的"以足投票"模型及其实证研究，等等。从这个意义上说，经典财政学研究与空间财政研究并不存在根本的理论分歧。

相应地，狭义的空间财政研究则主要针对具体的空间效应，特别地，在研究方法和范式上与一般财政研究有所区别。一方面，由于空间计量方法具有一定的理论前沿性和工具创新性，对于财政行为空间效应的统计分析检验更为精准；另一方面，基于空间经济学理论范式开展的地方财政研究，突破了某些传统财政模型的理论局限，更具现实解释力和应用前景。因此，在本书的语境中，狭义的空间财政研究特指基于空间经济理论和空间计量经济学方法而开展的理论和实证研究。本书则以狭义的空间财政研究为主，兼顾体现上述空间属性特征的经典财政理论基础。

2.3 经典的地方财政理论研究范式

这一节将重点揭示两方面内容，一是传统地方财政研究范式下如何体现财政行为空间属性的问题，二是经典范例中如何将要素空间迁移的成本予以忽略或回避的问题。本书认为，空间迁移成本应当作为"以足投票"机制的核心参量，尽管"以足投票"本身能够在不同程度上体现财政行为内在的差异性、排他性、外部性和策略互动性，但由于缺乏适于进行空间分析的理论范式和研究方法，传统财政模型对上述特征的解释是不充分的，进而难以对财政行为在现实经济中所产生的空间效应赋予有力的理论支持。

2.3.1 "以足投票"的空间迁移机制

蒂布特模型[①]及其后续理论发展在财政分权、收支竞争、公共政策选择等方面得到了广泛应用，亦被视为"蒂布特式的空间俱乐部"理论[②]，可以说它是地方财政理论体系中显著具有空间属性特征的经典范例，也被看作"俱乐部理论"的原初范例[③]。虽然在某些学者看来，蒂布特模型并不涉及空间因素，但蒂布特实际上已经注意到了引入空间因素将带来显示需求的成本问题并对资源配置效率产生影响。他援引库普曼（Tjalling Koopmans）的研究结论予以说明，即在有运输成本的空间经济中不存在由市场力量决定的一般均衡解。由于缺乏空间分析的理论方法和工具，蒂布特模型回避了对具体空间问题的讨论。然而，按照本书的抽象界定，"以足投票"机制并没有回避空间属性，它的核心假设兼备了差异性、排他性、外部性和策略互动性的特征，比如：

（1）差异性——双重身份者（既是消费者又是投票者）能够充分流动至最好满足他们既定偏好模式的社区，完全掌握收入-支出模式的差异信息并能对差异做出反应。

（2）外部性——每一种社区服务模式都是由管理者根据原有住户的偏好设定的，各个社区之间公共服务不存在外部经济或外部不经济，这里只是将可能的外部性回避掉了。虽然蒂布特的假设排除了外部经济，但他随后放宽了这一假设，认为通过对同样偏好的相邻社区进行合并，

① TIEBOUT.A pure theory of local expenditures［J］. The Journal of Political Economy，1956（10）.
② 吕洪良.蒂布特式空间俱乐部：一个理论综述［J］. 经济研究，2013（1）.
③ 曹荣湘，吴欣望.蒂布特模型［M］. 北京：社会科学文献出版社，2004.

可以使它们之间的外部不经济最小化。

（3）排他性和策略互动性——未达到最优规模的社区试图吸引新的居民以降低平均成本，超过最优规模的社区排斥迁入者，处于最优规模的社区则力图保持人口数量不变。另外，由于某些要素或资源是固定的，如郊外社区有限的土地面积、当地面积有限的海滩等，这种排他性又有相当一部分是由固定要素的绝对空间差异造成的。

蒂布特模型没有专门讨论迁移成本，而是假设居民的迁移无成本和充分效率。这样，空间因素没有损害地方公共物品的纯度，公共物品的配置是近似私人物品的市场配置，蒂布特模型成为"阿罗-德布鲁定理的区域经济表达形式"①。

事实上，空间上的迁移成本是难以忽略的，并且是体现上述特征并实现空间均衡的核心参量。蒂布特模型使用最小平均成本体现均衡时的社区最优规模，没有揭示居民迁移达到均衡的必要条件。麦圭尔（Martin McGuire）对此进行了补充，即人均分担的公共产品成本要正好等于新加入那个人所引起的边际成本，并且公共产品消费对私人物品的边际替代率之和恰好等于公共产品的边际成本。这里，我们不妨把迁移成本理解为边际成本的间接表示。费希尔（Ronald C. Fisher）在公共物品有效供给的萨缪尔森条件基础上进一步分析，当公共产品是通过财产税来筹资时，迁移将导致穷人驱逐富人的无穷循环；而当公共产品通过收入税筹资时，这一说法不再正确，穷人能够通过迁移至更高水平公共产品的富有社区而获益。这里，迁移成本兼顾与迁移收益的对比，具有机会成本的意味。奥茨（Wallace E. Oates）的观点则更进一步，在对财产税和地方公共支出对财产价值的影响进行实证研究的过程中，他预设蒂布特模型中效用最大化消费者要对来自地方公共服务的收益和税收负担的成本进行权衡，选择收益减去成本后的剩余最大的地方来居住，并且前瞻性地指出"重要的是未来支付的税收的现值与公共服务带来的收益流的现值之间的比较"。这时，迁移成本具备了成本-收益对比下的跨期特征。费雪（William A. Fischel）则在蒂布特-奥茨的基础上研

---

① 綦琪.对蒂布特定理是阿罗-德布鲁定理的区域经济表达形式的证明［J］.贵阳市委党校学报，2011（2）.

究了如何处理"搭便车者"①的问题，进一步分析了汉密尔顿（Bruce W. Hamilton）的通过地方土地使用法规进行分区限制以提高迁移成本的做法，提出"分区制建立了事实上的地方产权"这一科斯式的观点，同时讨论了"重新分区"和"过度分区"的效率和补偿问题。至此，迁移成本不仅体现对不同收支模式社区的偏好差异，同时具备了排他性特征。

空间迁移成本的另外一个作用是体现辖区或市场的边界，也就是划定了辖区或居民要素间开展策略互动的范围。这在蒂布特语境中是通过辖区间的竞争或合谋来体现的，涉及大量对蒂布特模型进行检验的早期成果，且研究结论并不统一。这是由于，辖区政府的目标函数是多元的，或以居民效用（福利）最大化为目标，或以自身经济政治利益最大化为目标，或者兼而有之；而公共收支组合尤其是筹资方式又因公共选择、政治程序和研究需要的不同而不同。

与以往的研究视角不同，基于对空间属性的辨识，本书在梳理前人的研究成果过程中关注了边界和迁移成本两个关键变量的处理，并以广义的迁移成本作为分析的切入点。丹尼斯·埃普尔和阿伦·泽伦次（Dennis Epple & Allan Zelenitz）较早注意到了辖区边界的关键作用，认为当边界能够无成本地重新界定时，各个辖区的住房价格必定相等；而边界被外生地固定时，辖区税率或公共服务支出水平的差异则被资本化到住房价格中，这时辖区政府就能够利用土地的不可流动性对增加的土地租金征税。约瑟夫·斯蒂格利茨（Joseph E. Stiglitz）则进一步认为，如果土地价值的增加等于（边际移民）所节省税收的贴现值，而且地块规模固定不变，那么均衡将得到恢复。我们注意到，以往研究的空间范围限定于辖区边界，忽略了市场边界。虽然在蒂布特理论的后续发展中，格哈特·格洛姆和罗杰·拉古诺夫（Gerhard Glomm & Roger Lagunoff）考虑了不变替代弹性效用下的私人产品和公共产品组合，并发现财富在各个社区之间的空间分布均衡特征是以富人和穷人为上下边界的社区分层，但是模型中的公共物品仍然是与私人产品严格区分的纯粹

---

① 即那些看中了某个吸引人的社区，以"以足投票"的方式迁移到那里，但为了避免支付财产税而建立小面积住房的居民。

公共物品。

2.3.2 财政外部性的理论分析

与上述机制直接相关的则是财政行为的另一个属性特征，即外部性。布坎南和戈茨（J. M. Buchanan，C. J. Goetz）基于区域的固定性和缺乏拥有私有产权的企业家两个基本特征，批判性地讨论了蒂布特过程的效率性问题，从理论上描述了财政外部性对配置效率的影响，即根据帕累托最优的必要条件，对于每个人 i 和每对相互替代的位置 X、Y，有：$MVP_X^i + MVG_X^i = MVP_Y^i + MVG_Y^i$。其中，MVG 为边际公共产品价值，MVP 为边际私人产品价值。若地方社区人数为 N，某居民从该社区可获得的公共产品和服务的总收益为 B，支付的税收总额为 T，则对于 i，j=1~N，i≠j 有：

$$MVP_X^i + (B_X^i - T_X^i) + [\partial(\sum B^j)/\partial N_X - \partial(\sum T^j)/\partial N_X]$$

$$= MVP_Y^i + (B_Y^i - T_Y^i) + [\partial(\sum B^j)/\partial N_Y - \partial(\sum T^j)/\partial N_Y]$$

这样，边际公共产品价值 MVG 被拆分成（$B_X^i - T_X^i$）和 [$\partial(\sum B^j)/\partial N_X - \partial(\sum T^j)/\partial N_X$] 两项，前者表示财政剩余，后者表示财政外部性。其中，财政外部性在现实中包含空间租（源于土地或其他在空间上受限制的资源）的影响。

布坎南和戈茨认为极限意义上的土地边际租金率（边际评价）接近让出土地的人对空间消费的平均评价，所以宁愿将这种影响包括在一般化的边际私人产品价值（MVP）中，因此居民的迁移决策只考虑财政剩余而并不考虑财政外部性。尽管如此，他们的分析仍然揭示了财政外部性对人口分布的诱导机制和对经济效率的扭曲。

可以发现，布坎南和戈茨没有对迁移成本进行分析，并且没有像对边际公共产品价值（MVG）一样对边际私人产品价值（MVP）进行拆分，也就是同时忽略了私人部门存在的市场外部性。不妨这样理解，在忽略市场外部性的条件下，财政剩余实际上就是迁移的机会成本，而财政外部性则是迁移的机会成本对社区而言的边际形式。如果进一步将私人部门的影响考虑进来，即一部分或者全部的空间租由私人所有并能够用来提供具有排他性的地方公共物品，那么迁移成本就要内在地包含交易成本的意义。

就公共部门而言，须在同一税种的负税份额上对不同的人进行歧视才能将迁移引起的外部性内部化，这在现实中几乎是不可能完成的。但在理论上，类似于对市场外部性的分析，从迁移引起的边际成本与收益入手，财政外部性的作用机制则能够更加直观地得以体现（如图 2-1 所示）。

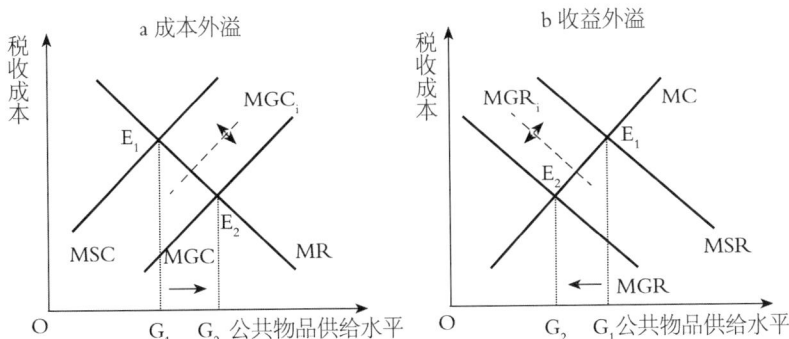

图 2-1　"以足投票"机制中的财政外部性

一般观点认为，财政外部性可以定义为未在税收中得以反映的公共服务交易成本或收益，分别对应成本外溢和收益外溢（薛刚，2003，2010）。在成本外溢的情形下，地方性公共物品的边际成本 MGC 小于其社会边际成本 MSC，地方性公共物品的社会成本并非完全由原有居民负担，但社区决策取决于 MGC 和边际收益 MR 的交点，因此地方性公共物品存在超额供给；在收益外溢的情形下，地方性公共物品的边际收益 MGR 小于其社会边际收益 MSR，地方性公共物品的社会收益并非完全由原有居民享受，但社区决策取决于 MGR 和边际收益 MC 的交点，因此地方性公共物品存在供给不足。如果将地方性公共产品的边际曲线加上一个下标 i 用以表示某个具体的社区，众多社区就能与整个社会的边际曲线形成多个比较动态均衡点。通过这种对财政外部性的勾勒，就能够对"以足投票"者的迁移成本进行理论上的描述。当然，本书讨论的重点并不是财政外部性，它是财政行为空间属性的一个侧面，但以此为切入点可为理论分析提供一个新的视角。

2.3.3　新古典主义财政理论的局限

由前述的分析不难推断，如果私人部门和公共部门均可以提供地方性公共物品，并且私人供给的公共产品不一定受到行政辖区的限制，那么市场边界与辖区边界就会出现重叠，甚至一个市场区域内可能包含多个行政辖区。即使辖区边界可以外生地固定，市场边界也可能发生动态变化，这将导致前述的空间均衡不再成立。更为重要的是，即使公共部门在提供地方性公共物品时无需边际移民付出任何迁移成本（包括信息成本、制度成本、文化差异等等），如果私人部门在其市场范围内能够实现价格歧视，也就是由市场供给的地方性公共物品能够通过差别定价方式向边际移民收取费用，那么边际移民的迁移成本也必然包括各种机会成本和交易成本，不可能为零。

边界的限制或者忽略反映了传统地方财政理论空间观念的固化，而迁移成本的回避则凸显了完全竞争、规模报酬不变假设下新古典主义理论的局限。因此，在同质化的地方财政理论体系中，财政行为的空间属性没有得到充分的诠释。

2.4　基于空间经济学框架的范式创新

在现实经济中，财政行为必然受到市场力量的影响，在前后向市场联系作用下辖区间财政行为很容易出现空间俱乐部式的趋同和趋异现象。比如，在发达的经济集聚地区，其公共品的筹资能力和供给水平一般较高，辖区间财政行为往往表现出较强的空间相关特征，而处于产业分工链条末端的经济欠发达地区财政收支水平较低，往往与发达地区形成比较显著的空间异质。已有研究表明，由于资本的总供给短期内固定以及流动性不充分，现实中普遍不成立居民"以足投票"或"用手投票"机制，地方政府缺乏充分的财政管辖权，加上财产税基的规模、政府垄断、税收管理和法制环境等因素制约，税收竞争产生"逐低竞争"

无效均衡局面的可能性更大①。

尽管在对蒂布特模型的后续研究已经关注到劳动力、物质资本以及人力资本的跨区流动将进一步加大辖区间的政策差异，但仍然没有挣脱新古典主义的理论框架。蒂布特认为，流动要素的自由迁移能够提高政府效率，实现帕累托最优均衡。但是，辖区财政竞争显然不同于市场竞争，居民、辖区政府等财政行为主体所掌握的信息是不完备的，私人部门产品以及私人提供的公共物品生产很可能显示出垄断竞争条件下的规模报酬递增特征，而非完全竞争条件下的规模报酬不变，集聚力和分散力的作用将导致蒂布特模型中阿罗-德布鲁式的社区最优规模难以实现。相比蒂布特式的帕累托最优，考虑地区间市场规模的不对称性和前后向产业联系、政府干预程度及居民信息的差异性，在包含空间成本的一般均衡框架下探讨不稳定均衡和帕累托改进，似乎是更贴近实际的研究方向。

2.4.1 微观基础与分析框架

与一般财政理论侧重于宏观分析不同，空间财政理论研究更为关注财政行为的微观基础，即作为微观经济主体的居民（包括个人、家庭和企业等）或者说流动性要素（劳动力、资本、信息等）在实现空间配置均衡时如何影响财政行为，同时财政行为又如何影响经济要素的空间配置。基于这种可能的相互影响，本书认为，现实经济运行中的财政行为应当被视为一种"伴生性"经济行为，既不是纯粹的内生行为，也不是完全的外生性行为，而是兼而有之。一方面，财政行为是由经济系统内在决定而发生的，比如税基变化或某种税收情况的改变，并不是由公共财政部门主观决定的，而是由总量经济或某项应税行为发生的内在变化而决定的；另一方面，财政行为又确实存在对经济系统的外生作用，比如对市场失灵的干预以及某些宏观调控措施。

显然，经济资源的空间配置将对空间财政行为产生重要的影响，而存在空间区位的市场经济行为必然是非平滑的，财政行为也会随之表现

---

① 汪冲.资本集聚、税收互动与纵向税收竞争［J］.经济学（季刊），2011（10）.

出类似的特征，也就是前文所界定的空间属性特征或者具体表现的空间效应。

这种非平滑特征与处理空间经济的微观基础以及分析框架紧密联系。经济学分析传统是假设空间平滑均匀，因此只能将不同空间区位上的同质产品视为两种不同产品。由于均质平滑意味着经济活动的无限可分性，即经济主体可以在任意小的空间内以任意小的规模实现帕累托有效，因此不存在区际贸易和交易成本，经济分析仍然限定于阿罗-德布鲁均衡框架。然而，由于规模经济的存在，经济活动不具备无限可分性，即不能以任意小的规模存在于任意小的空间中；如果存在区际的运输或交易成本，且所有需求不能在本地"自给自足"地得到满足，在均质空间中就不可能存在关于运输成本的竞争均衡。这也就是"空间不可能"定理所表述和证明的基本问题[①]。

空间的非均质意味着，不同空间区位的资源禀赋、偏好、技术等方面存在差异；非平滑则意味着经济活动的不完全可分，因此存在规模经济的现象。这种非均质、非平滑特征，对于微观经济主体来说意味着既非完全竞争也非完全垄断。现实中，几乎找不到一个完整市场中全部经济主体都具备完全竞争或完全垄断的例子。普遍的例子是介于两个极端的中间地带，也就是信息不完全对称、经济行为（产品或服务）存在差异的不完全竞争状态。比如，烟酒糖茶、汽车等商品的生产、销售以及税费情况。尽管地区间同类商品存在多个品牌，但不同厂商的产品却存在差异，各自的生产成本、销售渠道和营销成本、税费缴纳情况也各不相同。厂商间难以实现完全竞争，但产品的差异性却意味着市场影响力，即消费者总能在市场中找到符合自己需求偏好的产品，而生产厂商也因消费者的偏好差异具备了不同程度的市场影响力。因此，生产类别相同而具有差异性产品的厂商就能够根据各自的市场影响力开展市场竞争。在这一过程中，空间区位的作用体现为交易成本或效率，比如云南的烟厂要将产品销售到东北地区需要付出相对更高的运输和销售成本。然而，这些厂商不能像垄断厂商一样定价，因为尽管产品是差异性的，

---

① STARRATT. Market allocation of location choice in a model with free mobility [J]. Journal of Economic Theory，1978（17）.

但产品之间具有替代性。也就是说，一旦厂商对市场影响力过于自信，使得产品价格高于消费者预算价格或者心理价格，消费者就会选择相似而有差别的替代产品。因此，垄断定价将失去市场份额。上述微观机制在现实世界中是普遍存在的。虽然空间的非均质具有外生性，但经济活动的非平滑却具有内生性，这将导致空间财政行为同时具有上述特点，也就是本书所谓的"伴生性"特点。

　　显然，蒂布特式的竞争均衡模型难以为空间财政分析提供充分的框架支持，相关研究范式亟待有所突破和创新。空间经济学则为这一理论构想提供了相对完备的微观理论基础和分析框架。一是基于迪克西特–斯蒂格利茨垄断竞争框架（Dixit & Stiglitz，1977），提供了规模收益递增机制下处理多样性偏好的基本方法，这相对于完全竞争和规模收益不变的新古典主义框架具有更鲜明的现实意义。二是引入萨缪尔森的"冰山运输成本"（Samuelson，1952），使市场边界的刻画更为清晰，进而在贸易自由度①的影响下能够揭示流动要素迁移与辖区间财政博弈的动态演化过程，尤其是循环累积因果效应、突发性集聚、区位黏性、驼峰状的聚集租金等关键特征也为地方财政行为研究注入了新的理论活力和现实解释力。这两方面内容由于涉及严谨的数理模型推导，本书在此仅做简要比较（见表2–1），相关内容体现在第5章的理论建模部分。

表 2–1　　　　　**两种分析框架下处理空间问题的简要对比**

分析框架	微观基础	空间假设	空间影响	空间结果
A-D 框架	同质品、对称、需求偏好具有一致性的平滑经济	均匀、完全可分	无空间成本	忽略空间
			有空间成本	不存在均衡
D-S 框架	异质品、非对称、需求偏好具有多样性的非平滑经济	不均匀、不完全可分	有空间成本	存在均衡

―――――――――
　　① 贸易自由度是空间交易成本的函数，形式不一。一般观点认为，当空间交易成本较高时，贸易自由度较低；反之亦然。

2.4.2　蒂布特假说的修正

由上述分析可知，在不改变分析框架的前提下，如果将空间影响或者说克服空间阻力所必须付出的各项成本考虑在"以足投票"的空间迁移机制中，将面临两难境地：要么忽略空间，蒂布特意识到空间因素带来的现实需求问题而选择回避，但空间影响真实存在，也就是说经济活动不可能以无限细分的微小规模存在于无限趋于零的空间中，如果将经济规模和区位选择统统忽略，这对于现实经济显然没有多大意义；要么引入空间成本，这将导致孤岛经济的自产自销情形，因为充分竞争的微观个体无需负担成本而实现均衡的效率配置，从而导致区际贸易不存在，代之以规模经济，也就意味着经济活动非平滑、空间非均匀，即使如传统的区位或产业理论一样将规模经济视为内在于城市或产业而外在于微观个体，也仍然难以改变由于空间成本的存在而导致的非平滑、非均匀特点，而这显然与竞争均衡的理论假设存在根本分歧，也就不存在空间均衡。

因此，要确保"以足投票"的机制在空间影响下发挥作用，就必须更新蒂布特模型的分析框架。在蒂布特模型中，居民在不同社区间的自由选择视同流动性要素的空间迁移，而迁移的成本则包括了机会成本、交易成本、显性或隐性的各种成本。为了表述和理解上的方便，本书将迁移发生的全部成本，包括难以显性表达的制度、文化等差异因素，统称为空间交易成本。这与空间经济学语境中的"冰山运输成本"具有基本相同的理论内涵，即包含了要素流动发生的全部费用。

由于空间交易成本的存在，完全可流动要素能够表现出不完全流动性。为了满足多样性需求偏好，企业生产差异性产品能够实现规模经济，即扩大产量而降低平均成本，成本的降低能够部分地抵消企业迁移或产品外销而发生的空间交易成本；同时，由于空间交易成本的存在，企业选择有利的生产区位能够进一步满足规模收益递增条件下的正常利润，因此存在产业集聚的趋势；由于规模经济内在于企业，即使地区间不存在比较优势或资源禀赋、消费偏好、生产技术上的差异，区际贸易仍然能够发生。因而，空间均衡表现为空间交易成本与生产成本的权衡，也就是追求规模收益递增的聚集力与拥挤竞争导致的分散力之间的平衡。

空间经济学理论认为，当贸易自由度较高，也就是市场开放程度较高、空间交易成本较低时，经济聚集力将促使流动要素在空间上的集中，地方政府对聚集租金征收一定税率的税收不会立即导致资本的外溢，这与蒂布特式的"以足投票"机制形成巨大反差，却与现实地方政府间财政收支状况比较吻合，尤其对于空间上毗邻且存在一定经济差距的辖区而言。进而，空间经济学对蒂布特模型进行了修正：只有贸易自由度足够低时，也就是市场不够开放、空间交易成本很高时，对流动要素的竞争才会提高政府效率；反之，因产业聚集和聚集租金的存在，核心区政府即使效率很低，也不会失去流动要素。如果对流动要素的税赋转变为对非流动要素的赋税，可以稳定现有的产业分布格局，并可以减弱自由贸易带来的非稳定性。

2.4.3 存在空间交易成本的地方财政模型

在上述空间经济学理论范式下开展的地方财政研究，尤其是理论建模方面的尝试，已在国内外取得了积极进展，相关内容已在文献综述部分有所体现。尽管这些模型基于不同的研究目的和财政假设，但相比传统范式而言具备了更为显著的现实解释力。大致可以将这些模型分为两类：

一类是将财政行为视为重要的外生性因素，探讨空间财政行为与产业集聚以及财权、事权划分等问题的理论模型。比如梁琦（2008）基于我国财政分权体制构建了以自由企业家模型为分析框架的空间财政模型，将上下级政府间持续的财政转移视为一种外生因素，以财政体制决定的财政分配制度所产生的需求转移为因、产业跨区域流动为果、产业流动与需求转移互为因果，探讨了行政层级产生的财政转移对产业聚集的影响以及简化行政层级、推进"省管县"财政体制改革的必要性。

另一类是将财政行为视为内生性因素，即满足居民多样性需求偏好以实现最大化效用的消费品的一部分，探讨公共物品的供给、地方政府效率及其对产业聚集力、空间交易成本的影响。比如 Anderson (1999) 同样基于自由企业家模型框架，假设公共产品以平均消费组合的方式生产，即公共物品与私人商品的消费组合相同，具有多样化需求偏好的消费者选择消费一部分农产品和差异性工业品，同时也会消费包含上述农产品和工业品组合的公共物品，这种组合与税收水平无关，进而工资和价格水平不会外在地受到税收的影响。

结合现有的理论探索，如果按照本书所界定的空间财政行为具有"伴生性"的观点，即同时具有内生性和外生性，那么在空间经济学理论范式下建设符合公共财政研究需要的空间财政理论模型是完全可行的。比如，假设地方政府为生产差异性产品的本地企业提供补贴（地方性公共物品），并对本地和外地企业在辖区内的销售收入征税（地方性税收收入）。由于辖区间市场需求的转移伴随着地方税源和公共物品的溢出，在既定预算约束下可解得地方性补贴和差异性税收对空间交易成本的影响。在引入辖区间的财政竞争后，辖区税率将根据竞争辖区的税率和补贴水平做出调整。从成本收益的角度考虑，流动性要素的迁移决策必须基于在不同辖区间付出多少税收、获得多少地方补贴的现实考虑，也就是取决于包含空间交易成本的财政"总剩余"。而空间交易成本不仅体现着辖区间财政收支组合的差异以及辖区间财政博弈的影响，更揭示了促使流动要素（产业、消费、人口）在辖区间进行"以足投票"所必须达到的门槛条件，并且能够说明即使存在产业相对稳定的均衡态，辖区间的财政差异仍然是客观存在的。非对称均衡条件下，由于聚集租金的存在，辖区间财政差异亦能为一定区域内的财政合作提供体制设计上的支持。

当然，这里仅仅说明了一个可能的建模思路。基于不同的模型设计和假设条件，空间交易成本的表现形式会有所不同，所得出的研究结论也会存在一定差异。但是，在空间经济学垄断竞争和收益递增的分析框架和理论范式下，从空间交易成本角度入手对经典的地方财政理论进行丰富，不失为一种新的理论探索。

2.5　空间财政的实证研究方法

在上述理论研究范式下开展空间财政的实证研究，需要借助一定的统计、计量方法，这也是理论研究和实证研究有机结合的内在要求。从对研究范式的一般定义[①]来讲，空间财政的研究范式内在包含了一定的实证研究方法，实证研究方法是理论研究方法的拓展和补充。

与以往财政研究所惯用的时间序列分析不同，空间财政研究在实证方法上更加注重时空关联特征，不论是截面数据还是面板数据，在单一的时间轴上可能对应着多种空间联系。不妨这样理解，具有空间属性的财政变量集合就是一个个向量集，对应着不同的 m×n 阶矩阵（m=n 或者 m≠n）。假设一项财政行为可以表示为以 t_i 代表时间、s_j 代表空间的时空向量（t_i，s_j），那么，对于连续的时间点 i，t_i 即表示为时间过程亦即时间序列分析中常见的面板数据；对于不连续的、单一的时间节点 i，t_i 则表示某一个时间结果亦即截面数据。然而，j 可能代表不同的位置（区位）、距离等空间影响，且 s_j 之间可能具有相同、相似或完全不同的空间影响，同一项财政行为即使在相同的时段或时点上，也可能表现出不同程度的相关性、异质性或者完全不相关。那么，不同的空间因素将对同一财政行为主体产生不同的影响，即使相同的空间因素也会对不同财政行为主体产生不同的影响，且这些影响又会随着时间的改变而改变，这种多维度的空间扰动将导致惯用的时间序列不再平滑，难以满足经典计量学所要求的样本数据相互独立、扰动项互不相关以及均值为零且同方差等基本假设，也就导致最小二乘估计及其检验方法的有偏甚至失效。

正是由于空间分析具有多维性，即任何一个空间点与其结构内部点的相关性都是多维的，而不像时间结构只在一个维度上存在相关性问题[②]，因此，本书的实证研究主要使用了空间统计和空间计量经济学方

①　即"某一特定学科所共有的基本世界观，由其特有的观察角度、基本假设、概念体系和研究方式构成，表示看待和解释世界的基本方式"——袁方.社会研究方法教程［M］.北京：北京大学出版社，2011.

②　胡健，焦兵.空间计量经济学理论体系的解析及其展望［J］.统计与信息论坛，2012（1）.

法，兼顾了空间经济学理论研究中所使用的数值模拟方法。当然，经典的统计学和计量经济学方法仍然是搜集整理样本数据的重要基础，并且这些方法已经得到了普遍应用。本书在实证研究中并没有脱离这些研究基础，只是针对空间数据的统计分析重点应用了空间统计学和空间计量经济学的方法加以修正。由于本书所采用的经典计量方法并无特别之处，因此，本节主要就空间数据的处理分析方法做以简要介绍，兼顾对理论分析中所涉及的数值模拟方法予以说明。

2.5.1 空间计量经济学方法的应用

空间计量经济学是以空间经济理论和地理空间数据为基础，以建立、检验和运用经济计量模型为核心，运用数学、统计学方法与计算机技术对经济活动的空间相互作用（空间自相关）和空间结构（空间不均匀性）问题进行定量分析，研究空间经济活动或经济关系数量规律的一门经济学学科。[1]作为计量经济学的新兴分支，近年来理论方法蓬勃发展，其基本模型、检验方法及其专门的统计分析工具也得到了日益普遍的应用，成为相关学科借以进行理论和实证研究的一个前沿领域。它不仅仅重塑了传统计量经济学的分析框架，还对观测个体在空间、时间上的溢出效应进行了识别和度量，通过对观测个体的相互空间关系或空间-时间关系进行不同的界定与设置，把观测个体在某些地理区位上的非时变的空间关系纳入了计量分析，并对其在空间溢出效应中的作用与功能进行量化分析，对观测个体某些特征变量变化所导致的溢出效应分析提供强大的支持[2]。

从具体的应用来看，空间统计方法主要是由空间数据及其处理技术驱动的，比如包含被观察单位位置信息的数据或者存在地理编码的社会经济数据、地理信息系统（GIS）和相关计算软件（如 ArcGIS、Geo-Da）等等；而空间计量经济学方法则主要由模型驱动，通过设定一系列前提假设，建立描述空间经济现象的数学模型，重点放在问题的估

---

① 沈体雁，冯等田，孙铁山.空间计量经济学 [M]. 2 版.北京：北京大学出版社，2011.
② 勒沙杰，佩斯.空间计量经济学导论 [M]. 肖光恩，等，译.北京：北京大学出版社，2014.

计、解释和检验。虽然空间统计学和空间计量经济学不能混为一谈，但由于两者在理论方法上都具有一定的数量特征和数学应用，随着空间数据处理技术的日益发展和普遍应用，空间统计学和空间计量经济学的联系也愈发紧密，甚至难以区分。

对空间数据分析进行分类，一般将其分为探索性空间数据分析（exploratory spatial data analysis，ESDA）和确定性空间数据分析（deterministic spatial data analysis，DSDA）。前者对应着空间统计学分析，通过数据分析直观地描述空间数据和发现问题，即"让数据自己说话"；后者则对应着空间计量经济学方法，主要为了深入地研究问题，并为相关理论提供经验证据。在本书的语境中，空间统计学被视为空间计量经济学的一项重要基础，因此不在学科界定上对两者进行严格的理论区分。后文中，除了使用传统的数据归集和分析方法外，出于各章节不同的研究目的，第 3 章主要采用了空间统计学方法，第 4 章则重点应用了空间计量经济学方法。下面主要就这两方面内容做以简要介绍：

（1）空间统计学方法

空间统计学方法主要应用于探索空间分布的非随机性或空间自相关特征，也称聚类检验，是认识空间分布特征（空间集聚或分散）、选择适宜的空间尺度进行空间分析的最常用方法，主要使用两类工具：一是全局空间相关性检验，即检验整个研究区域中邻近地区间的样本空间数据是相似、相异还是相互独立，一般用 Moran 指数、Geary 指数进行测度；二是局部空间相关性检验，检验局部地区是否存在相似或相异观察值聚集的情况，一般使用局部 Moran 指数或称 LISA（local indicator of spatial association）、Moran 散点图和局部 Geary 指数（或称 G 统计量）进行检验。本书主要使用了 Moran 指数进行全局和局部相关性检验，其计算公式分别为：

$$I = \frac{n\sum_{i=1}^{n}\sum_{j=1}^{n}w_{ij}(x_i - \bar{x})(x_j - \bar{x})}{\sum_{i=1}^{n}\sum_{j=1}^{n}w_{ij}\sum_{i=1}^{n}(x_i - \bar{x})^2} = \frac{\sum_{i=1}^{n}\sum_{j=1}^{n}w_{ij}(x_i - \bar{x})(x_j - \bar{x})}{S^2\sum_{i=1}^{n}\sum_{j=1}^{n}w_{ij}}$$

$$I_i = \frac{(x_i - \bar{x})}{S^2}\sum_{i \neq j}w_{ij}(x_j - \bar{x})$$

其中，n 是地区总数，w_{ij} 是根据区域 i 和区域 j 相邻性设定的空间权重矩阵，$P_M = \left[(1+t)^{\rho/(\rho-1)} \int_0^{n+n^*+n^*} \int_0^{n} p_{i0}^{\rho/(\rho-1)} di_0 \right]^{(\rho-1)/\rho} = (1+t)(n^w)^{(\rho-1)/\rho} P_{M0}$ 是区域属性的均值，S^2 是属性方差。

对于全局自相关检验，Moran 指数 I 的取值介于 -1 和 1 之间，大于 0 表示空间正相关，即相似属性集聚；小于 0 表示空间负相关，即相异属性聚集；接近或等于 0，表示空间属性随机分布或不存在空间自相关性。对于局部自相关检验，大于 0 表示高值被高值包围（高-高）或低值被低值包围（低-低）的情况，小于 0 则表示存在低值被高值包围（低-高）或者高值被低值包围（高-低）的情况。

不同指数因构造方式存在差异，取值范围也不同。比如，Geary 指数介于 0 和 2 之间，大于 1 表示负相关、小于 1 表示正相关、等于 1 表示不相关。基于空间中的"点"和"面"而进行的统计分析也不尽相同。Moran 指数、Geary 指数等指标主要基于一定的空间"面"而设计，用来检验邻近地区之间空间属性上的相似或相异的情况；如果基于一定空间范围内的"点"，则是考察某个距离半径内点的分布是否较随机分布更为集中，如 K 函数、L 函数、K 密度等。还有某些较为常见的经济分析指标经过空间改造后也可以用来进行自相关检验，比如空间基尼系数等。

（2）空间计量经济学方法

空间计量经济学的建模核心就是如何体现参量间的空间依赖关系。所谓空间依赖，就是一个地点或地区的观察值依赖于邻近地区的邻近观察值[1]，一个区位上的事物和现象可由空间系统中其他位置上的事物和现象决定或部分决定[2]。空间依赖关系体现在被解释变量和扰动项两个方面，分别对应两类基本的空间计量经济学模型，即空间自回归模型或称之为空间滞后模型（spatial auto-regressive model 或 spatial lag model，简称 SAM 模型、SLM 模型或 SAR 模型）以及空间误差模型（spatial

---

[1] 勒沙杰，佩斯．空间计量经济学导论［M］．肖光恩，等，译．北京：北京大学出版社，2014.

[2] 沈体雁，冯等田，孙铁山．空间计量经济学［M］. 2 版．北京：北京大学出版社，2011.

error model，简称 SEM）。当然，在真实的空间依赖关系以外，还存在来自测量误差以及信息冗余等因素而产生的影响[1]，有待于通过空间统计技术工具的改进加以规避。

空间滞后模型的基本形式为：$Y=\rho WY+X\beta+\varepsilon$。Y 是被解释变量，W 是空间权重矩阵，WY 为空间滞后被解释变量，ρ 是空间滞后项的回归系数，X 是可能的解释变量集，β 是解释变量的回归系数，ε 是残差项。

空间误差模型的基本形式为：$Y=X\beta+\varepsilon$，其中 $\varepsilon=\lambda W\varepsilon+u$。$\lambda$ 为空间误差项的回归系数，$W\varepsilon$ 为空间滞后残差项，u 为独立同分布的残差项，Y、X、W、β 的含义同上。

这两类基本模型的共性在于，空间依赖关系是通过添加空间滞后项来体现的，其核心在于空间权重矩阵 W 的设置以及空间依赖的来源。关于空间权重矩阵的设置，涉及的内容十分庞杂，下文中将结合不同的研究内容进行有针对性的说明。对于空间依赖的来源，显然可能同时来自被解释变量 Y 和残差项 ε，甚至解释变量集 X。对此，空间计量经济学衍生和拓展了大量时空模型和空间交互模型，比如同时包含因变量和扰动项空间依赖的 SAC 模型、同时包含解释变量和因变量空间滞后的 SDM 模型、基于来源地和目的地依赖的引力模型等等。由于空间依赖特征导致经典计量的基本假设无法满足，最小二乘法（OLS）估计的回归系数将是有偏甚至失效的，空间计量经济学方法主要使用极大似然法（ML）、工具变量法（IV）等进行估计。随着计算机技术的进步和相关工具软件的开发，空间计量所使用的数据也由空间截面数据逐步趋向较大的空间面板数据。目前用于空间统计分析和空间计量检验的工具软件如 ArcGIS、GeoDa 等都能够较好完成上述统计分析与计量检验的相关工作。

2.5.2　数据处理与数值模拟技术

空间样本数据是进行空间统计和计量的重要基础，其采集和处理方

---

[1]　海宁. 空间数据分析理论与实践 [M]. 李建松，秦昆，译. 武汉：武汉大学出版社，2009.

法具有较强的专业性，在空间相关学科如地理、考古、环境等方面应用广泛。经济研究使用的空间数据一般不是第一手的，主要来自各种经济社会普查资料和统计年鉴，并且通常对这些数据不需要进行专业的地理编码；如果需要将这些数据与经纬坐标或地理距离等空间信息联系起来，现有的基于地理信息系统开发的空间分析软件基本上都能实现数据库文件（如 shape 格式文件）的生成、制图以及统计分析。

问题是，如果不需要包含明确的地理空间信息，并且由于现代经济行为往往具有零空间距离的特征（比如财政资金的拨付、网上银行支付等），那么各类经济统计数据是否仍然包含着空间影响呢？答案是肯定的。现代空间统计学按照空间数据的来源将空间单元大致分为三类[①]：一是同质区域，即基于属性相似性和空间邻接性将空间严格划分为同质或准同质的子区域；二是功能区域，根据属性值的一致性进行定义而用交互数据划分界限，使发生在其中的或经济相互作用的模式被绑定在一起，并与邻近的功能区相区分，比如经济开发区、保税区或者学区等功能区；三是行政区域，通常具有精确的边界，由政府、公共部门和管理空间的私营机构共同管理而构造，是一系列政治和其他决策形式的结果。由于经济数据的统计也是基于上述空间单元尤其是行政区域而开展的，财政数据也不例外，都能够不同程度地反映相应的空间影响。在利用空间统计分析指标对不同区域经济、财政数据进行空间相关性检验时就能够发现，这些数据往往并不是在各自的空间中随机分布的。

本书对于数据的处理技术主要包括两类：第一类技术是经典统计和计量中所涉及的数据归集、处理和统计分析，包括某些统计评价指标的计算，如财政分权水平测度、泰尔指数、横向税收转移程度等，这些方面并没有特别之处。另外，在对指标权重进行配置时使用到了主成分分析法，也属于经典计量经济学方法。值得一提的是第二类技术，即对理论模型进行的数值模拟，它并不是对现成统计数据的直接演算，而仅仅是理论数据的推衍。由于在空间经济学范式下构造的财政理论模型同样具有空间经济模型的诸多特征，比如变量之间存在隐函数关系导致不能

---

① 海宁.空间数据分析理论与实践［M］.李建松，秦昆，译.武汉：武汉大学出版社，2009.

解得显性解或存在多个均衡解，因此需要对变量方程组进行迭代计算，才能使等号两边相等。数值模拟虽然同样具有数量特征，需要用数学公式计算，但本质上属于理论研究方法，与实证研究中使用的第一类技术及空间统计学、空间计量经济学方法并不相同。

2.5.3 理论研究与实证方法的结合

从世界观与方法论相统一的角度看，以空间财政理论研究为基础配合适当的实证方法，空间财政的两个重要组成部分就能够实现有机的结合和内在的统一。所谓世界观，即看待事物的根本观点，对应于空间财政研究就是看待财政行为空间属性和空间效应的基本理论观点；而方法论即认识和改造世界的根本方法，也就是观察事物和处理问题的方式方法，对应于空间财政研究的实证手段。从经济学研究方法的哲学基础来说，实证主义、规范主义和实用主义实质上是内在统一的，只是在研究不同经济问题时有所侧重。这也同样体现在空间财政的理论研究和实证研究中。那么，要使规范分析与实证分析有机结合，其核心问题就是财政行为的空间属性如何在"以足投票"机制中得以验证，也就是财政行为主体克服空间阻力所负担的成本及产生的空间效应怎样得到有效界定或衡量，关键的模型变量即广义的空间交易成本。

当然，不同情境下的空间交易成本具有不尽相同的映射条件和表现形式，实证研究中如何界定则取决于理论模型的设定条件。从空间计量经济学方法在财政研究领域的应用来看，比较通行的做法是通过设置空间权重矩阵具体体现财政行为主体之间的空间依赖关系，一般采用外生给定的 0-1 稀疏矩阵形式量化样本区位因素和空间结构关系，以此将市场或辖区边界的影响嵌入空间交易成本，进而对空间计量模型所模拟的财政决策过程产生影响并加以分析检验。其中一个重要的技术环节在于空间权重矩阵的定义，比较常见的定义方法有三种，即基于地理距离、经济差距以及两者混合。虽然在统计学观点看来可能存在一定概率的误用[1]，但就财政行为特点来说，基于经济差距和混合方式定义的空

---

[1] 孙洋.空间计量模型中空间矩阵的误用及其影响 [J]. 统计研究，2009（6）.

间权重矩阵似乎更合乎现实。这是由于，财政行为显著区别于市场行为，正常情况下不存在类似产品运输的损耗，这时空间交易成本体现的是辖区间公共财政收支博弈，绝对地理距离可以忽略；如果辖区间财政体制安排可能受到地缘政治的影响，则需要考虑区位效应或经济地理上的相对距离，比如在财政管理上享受特殊政策的计划单列、沿边开放、民族自治等地区在空间权重矩阵中可体现为 1，而其他地区对应为 0，此时的空间交易成本则体现为一个空间哑变量矩阵。也就是说，要针对财政行为特点及其现实联系有区别地定义空间依赖关系，由主观随意性导致的空间权重矩阵误用情形或能得到有效避免。

撇开若干技术细节不论，随着空间计量模型和分析工具的创新应用，财政行为主体之间的空间依赖关系及其空间效应已经越来越多地得到科学的界定、分析和检验，极大迎合了对财政学理论进行实证研究的现实需要。尤其对于财政资源跨辖区配置及其规制协调活动而言，前沿的实证方法配合严谨的微观理论框架和经济模型，不仅与空间财政的研究对象和研究范式非常吻合，并且能够从现实经济中汲取充分详实的经验支持。随着相关研究成果的不断涌现，空间财政研究有望得到日益广泛的实践和应用。

3 中国财政分权的多维测度与空间分异

以省级行政区域作为空间划分的依据，不同省域内财权与事权的安排必然存在一定的差异。这种差异性就是理论上不同辖区间公共物品和居民偏好的差异，而不同的差异往往体现着不同的地方财政分权水平。财政分权理论的兴起正是以蒂布特1956年发表的《地方公共支出的纯理论》为标志，前文中已就其经典的"以足投票"机制进行了理论分析。这一章将以财政分权作为空间财政研究的实证背景，一脉相承地与理论研究相配合。从空间财政的研究视角看，由于不同的财政分权安排意味着不同的政府间财政关系，实际上也就能够从不同方面体现财政行为的空间属性和空间效应。因此，在继承和创新的基础上，借助空间统计学的有关方法，本章将着重对我国省际财政分权状况进行某些深入的探讨。

3.1 空间财政研究的体制背景

所谓财政分权，即通过赋予地方政府相应的支出责任和税收权力，并允许其在一定程度上自主决定预算开支的规模与结构，使基层地方政府能够有效地行使职能，更好地提供地方公共物品和服务、合理配置政府权力并实现区域经济协调发展的目标。对于中国特色财政分权的历史演进，大量研究进行了系统详实的归纳，简要地划分，其大致经历了四个重要历史时期[①]，分别是：

（1）1949—1978 年间统一领导、分级管理且调整极为频繁、以流转税为主的传统单一税制，其中又包含若干个不同阶段；

（2）1978—1988 年以利润留成制度、盈亏包干责任制和"利改税"为代表，转变为流转税与所得税并存、存在多税种和多环节的复税制；

（3）1988—1993 年实行"划分税种、核定收支、分级包干"的财政包干体制；

（4）1994 年至今实行以划分中央税、地方税和中央地方共享税为代表的分税制财政管理体制改革。

如果从一定的地域空间范围来对这些内容细加对比分析，就不难发现各个历史时期内各省级政府之间及其内部不同层级政府之间，在财政分权安排上都存在着极大的差异性。并且，由于这些差异性意味着政策制定者或居民偏好的差异以及某些内在的不公平因素，因此，正如前文所归纳的，各级政府之间难免表现出某些具有空间属性特征的财政行为，出现各级政府之间"互挖互挤、包而不干"等现象。现有资料表明，分税制改革前我国财政体制可谓"五花八门、几乎达到一个省一个体制[②]"。

3.1.1 分税制下的省际财政差异

仅以分税制改革后的省际财政差异为例。尽管分税制改革取得了某些积极的成效，但是在保留地方既得利益格局、新旧两种体制并行的顶层设计下，地区间的财政差异并没有实现政策预期的收敛。由于仅仅规定了中央和省级地方政府之间的税种划分框架，省以下财政体制在分税制的改革方向上几乎没有取得实质性进展，五花八门、讨价还价、复杂多变、极不规范的包干制和分成制依然盛行[③]，省以下各级财政基本上

---

① 关于中国财政分权演进的历史阶段，学界存在细致的界分和研讨，这里仅仅粗略划分。
② 刘剑雄.财政分权、政府竞争与政府治理［M］.北京：人民出版社，2009：73.
③ 于长革.中国财政分权的演进与创新［M］.北京：经济科学出版社，2010：144.

未能推行稳定和规范的分税制①。由表 3-1 和表 3-2 可见，省级政府与下级政府共享的税种几乎涵盖了全部主要税种，省以下财政体制几乎成为了纵向的分成制。

表 3-1　　　　　　　　我国省以下财政体制类型统计

总类型	具体类型	划分标准	主要内容	省区
主体税种分税制（12省）	规范分税制（1省）	四税按比例共享、无老体制因素	规范分税（不集中税收返还增量、原体制上解进入税返基数）	海南
	相对规范分税制（11省）	四税及其他有关税按比例共享、有老体制因素	分税加集中返还增量	河北、吉林、江苏
			分税加定额上解或递增上解	山西、湖北、内蒙古、甘肃
			分税加两税返还增量集中、递增或定额上解	辽宁、广西、陕西
			分税加所得税按隶属关系、税返增量不集中、新老体制并轨	四川
非主体税种分税制（7省）	不规范分税制（7省）	部分主体税及其他有关税按比例共享、有老体制因素	分税加上解递增、定额上解和两税返还增量集中	广东、湖南、江西、青海
			分税加上解递增或定额包干	山东、贵州
			分税加重点企业主体税种集中、两税返还增量集中	宁夏
老体制（7省）	包干上解（4省）	不分税或非主体税种简单分税，市县上解或税收返还增量集中	上解递增加两税返还增量集中、简单分税	安徽
			上解递增	黑龙江、新疆
			定额上解加递增上解、两税返还增量集中	河南
	总额或总额增量分成（3省）	不分税或主体税种简单分税，省与市县一般预算收入分成或税收返还增量集中	总额分成加定额上解、两税返还增量集中	福建
			总额分成加简单分税	云南
			总额增量加上解递增、定额上解、两税返还增量集中	浙江

注：不含各直辖市和西藏自治区。

资料来源：段国旭.省以下财政体制导向研究——基于经济资源合理配置与流动视角 [J]. 财贸经济，2009（6）.

---

① 刘剑雄.财政分权、政府竞争与政府治理 [M]. 北京：人民出版社，2009：75.

表 3-2　　　　我国省级政府对市县层级共享税（费）划分情况

地区	省份	现行体制实施年份	共享税种省级分享比例（%）				
			增值税	营业税	企业所得税	个人所得税	其他税费
东部	江苏	2001	–	–	–	–	–
	浙江	2003					
	山东	2005	–	20%	8%	15%	新增土地有偿出让收入 5%
	广东	1995	–	40%	16%	16%	土地增值税 40%
	福建	2002					
	辽宁	2003	10%	30%	20%	15%	房产税 50%
中部	山西	2002	8.75%	35%	14%	14%	资源税 35% 城镇土地使用税 35%
	吉林	2004	12.5%	50%	16%	16%	–
	黑龙江	2006	–	50%	–	–	–
	安徽	2004	–	–	15%	15%	–
	江西	2003	–	–	–	16%	资源税、城镇土地使用税、印花税、土地增值税、房产税 2002 年存量的 40%
	河南	2004		增量分成 20%	增量分成 20%	增量分成 20%	
	湖北	2002	8%	30%	15%	15%	城建税、耕地占用税、城镇土地使用税、印花税、资源税、固定资产投资方向调节税、城市教育费附加七种实施定额上缴
	湖南	1994	–	–	12%	12%	资源税、城镇土地使用税、土地增值税 50%
	海南	2002	6.25%	25%	10%	10%	–
	河北	2005	10%	10%	20%	20%	排污费 10%
西部	四川	2000	8.75%	35%	–	14%	资源税、房产税、印花税、城镇土地使用税、契税 35%
	贵州	2004	10%	–	–	–	资源税、城镇土地使用税 30%
	云南	2005	–	–	24%	24%	耕地占用税 30%、卷烟企业实现的教育费附加 60%
	陕西	2004	7.5%	30%	20%	20%	城镇土地使用税、房产税、资源税 30%
	甘肃	2003	17.5% 或 5%	30%	20%	20%	
	青海	2004	12.5%				资源税、耕地占用税、城镇土地使用税、固定资产投资方向调节税、外商企业所得税定额上缴（1997 年基数）
	宁夏	1995	–	–	20%	20%	房产税 30%、资源税 50%
	新疆	2004	–	–	–	–	资源税 75%
	广西	2005	8%	40%	10%	15%	–
	内蒙古	2006	5%	20%	8%	8%	资源税 20%

注：该表在原表基础上进行了部分简化，不含层级较少的直辖市和严重依赖转移支付保障财力的西藏自治区；江苏、浙江、福建三省采用基数加增量定比分成体制，表中未予体现，其省级分成比例均为 20%——财政部科研所课题组. 省以下政府间财政关系研究 [J]. 研究报告，2008（58）。

3.1.2　理论适用性与现实独特性

按照传统财政分权理论（亦被称为财政联邦主义）的观点，尤其在其先驱代表蒂布特（Tiebout，1956）、马斯格雷夫（Musgrave，1959）和奥茨（Oates，1972）等看来，财政分权有利于提高政府效率、合理配置政府职能和改进社会福利水平。根据奥茨提出的分散化提供公共产品具有相对优势的"分权定理"，即对于某种公共产品而言，如果其消费涉及全部地域的所有人口的子集，并且该公共产品的单位供给成本对于中央和地方政府而言都是相同的，那么由地方政府将一个帕累托有效率的产出量提供给各自的选民要比中央政府向全体选民提供的任何特定的并且一致的产出量有效率得多；如果下级政府能够和上级政府提供同样的公共产品，那么下级政府提供的效率更高。

与传统财政分权理论不同，第二代财政分权理论（也被称为市场维护型的财政联邦主义）融入了当代政治学、经济学和企业管理理论的最新成果，将考察重心从地方公共产品的供给转移到地方政府行为模式上，对公共政策制定者的激励机制设计问题进行了探索，不再拘泥于如何在各级政府之间合理安排公共产品的供给责任，而是更多地探讨财政分权如何使地方政府在推动经济转型和增长方面获得更大的激励。市场维护型财政联邦主义认为，好的市场效率来自好的政府结构，政府行为既要有效率又要受限制，它要求中央与地方政府之间存在一种权力划分，任何一级政府都不拥有绝对的政策法规制定上的垄断权，同时又在自己的权力范围内享有充分的自主权；各级政府都面临一个统一的全国市场使得商品和要素可以跨地区自由流动，同时各级财政均面临硬的预算约束和不同程度的辖区间竞争。通常认为，法治、水平分权以及民主制度是实现上述目标的有效机制。

从其适用性来看，财政分权理论得以充分实践必须至少基于三个层次的要素作用：一是完善的法律和制度环境，包括通过法律制度框架予以明确的行政结构和地方政府负责程度，如选举机制、信息可获得程度、人口流动性及财政收支运行模式等；二是地方政府间财政关系的界定，亦即财权与事权的明确划分；三是支持财政分权的保障机制，如民主进程的推进、信息发布与公众监督等。显然，这些因素在中国甚至许多联邦制国家都难以全部实现，不同空间范围中总有某些因素对财政分权理论的适用性构成挑战，比如不同地区所具有的种族多样性和偏好异质性、地区规模经济和外部性、辖区间竞争和垂直分工问题、政府效率和政策成本不同以及地理条件迥异等，都使得上下层级政府间难以明确划分财权与事权范围，进而几乎无法真正实现财政资源的有效率配置。大量经验研究也无法给出用以指导财政分权实践的统一规则或准则，大多仅仅以不同国家和区域的案例作为某些方面的借鉴。

同时，中国式的财政分权又具有自身的独特性。首先，与西方国家建立在联邦制基础上的财政分权制度不同，中国式财政分权建立在中央与下级政府委任制的基础上，存在经济上的分权与政治上的集权并存的现象。其次，一般而言财政分权是"自下而上"的需求诱导型分权，而中国式财政分权是"自上而下"的供给主导型分权。再次，中国式财政分权更倾向于中央财政责任向地方的分散化和授权而不是权力下放，不是完全意义上的"分权"。最后，中国式财政分权的法制基础比较薄弱，预算约束不强，地方公共服务的成本收益缺乏必要联系，政府行为也缺乏来自立法机关、社会舆论和公民应有的约束和监督。

3.2 中国财政分权的多维测度方法

3.2.1 多维测度的必要性

基于上述背景，对中国财政分权水平采取多维测度的方法主要存在两方面原因：一是我国省际财政分权差异存在深刻的复杂性和时空多维特征。由表 3-1 和表 3-2 可见，省级行政区域内或者没有实行分税制改革，或者虽然实行分税制改革但省际差异很大；不仅如此，省级政府对下级政府的税费共享也存在相当大的差异。这种复杂性既有深刻的体制成因，更在不同的时间截点上形成了显著的多维度多层次的空间差异。由于各个省级政府的财力构成各不相同，如果"一刀切"式地采用单一指标进行衡量，显然有失公允。二是中国财政体制具有区别于一般财政分权理论实践的特殊性，这将导致在测度方法上照搬经验存在适用性缺陷，甚至可能导致测度结果失真。相比之下，采用多维测度的好处在于客观公平、统筹兼顾，能够综合地反映各地区在财政分权体制安排下的相对比较优势，而不是绝对的财力强弱。由于多维测度下不同侧面的财政优势由绝对转化为相对，由单方面考察改为综合权衡，财政分权指标淡化了财力竞争排序的色彩，从而成为一个相对中性和客观的评价系统。

3.2.2　一般经验与不足

着眼不同的具体国情、市场环境和相关体制，众多国内外学者对财政分权的程度及其衡量问题做出了多种分析和描述。这些考察各有侧重，测度方法迥异，大致可归纳为以下几个方面的经验：

（1）量化指标。较为常见的有：①地方政府（人均、预算内）财政收入或支出占政府财政（人均、预算内）总收支的比率（或该比率的变化），如郭庆旺和贾俊雪（2008、2009）、付文林（2011）、骆永民（2008）、王海南（2012）等；②预算内宏观税负和预算外收入占 GDP 的比重，主要基于集权的税制和体制外财政安排的角度考虑，如沈坤荣和付文林（2006）；③预算收入的边际分成率指标，如林毅夫和刘志强（2000）；④依靠地方收入筹集的地方支出份额，如谷成（2012）；⑤省级政府在预算收入中保留的平均份额，如 Ma（1997）等。

（2）统计描述或技术修正。主要应用于财政分权背景下的实证研究，表现为空间权重矩阵设定、引入虚拟变量等，如李永友和沈坤荣（2008）、王守坤和任保平（2008）、沈坤荣和付文林（2006）等。

（3）图表绘制。如贾俊雪和郭庆旺（2008）选取了中国大陆 29 个省份和 4 个典型年份绘制了核密度图，由此直观地反映了分权体制下政府间收支责任安排的变动情况及趋势。

应该说，这些指标和衡量方法各具特色和合理性，但问题的焦点是缺乏可比标准，加之个别指标理论性过强、数据获取性低等原因，造成了实际应用中的局限性和约束性。就财政分权的运用来看，既有研究主要存在两个方面的问题：一是多为纯理论界定和背景性描述，缺少相对全面的、多维视角的测度；二是针对某个侧面做出的简单评估可能对财政分权的地域分化和空间联系缺少整体把握，进而在实践操作过程中出现不同程度的偏差。

3.2.3 客观反映体制安排

纵观我国分税制改革以来财政体制演进的路径不难发现，中央财力稳定集中、支出责任逐步下放、地方财政自给能力明显偏低[1]，是政府间财政关系运行中的一个突出特点。当"正常的"征税收入难以满足公共支出需要时，地方政府往往只能采用非正式制度[2]下的预算外收入或非预算收入弥补地方财政缺口。关于非预算收入，其规模尚无完整的统计数据显示，但按预算外资金管理的收入已从 2010 年 6 月起纳入预算管理，统计资料显示的 2011 年地方财政相当于"预算外资金"口径的资金规模已达到 5 395 亿元，占地方公共财政收入的 10.3%[3]，这一部分收入主要体现在"非税收入"当中。因此，在收入分权构成的安排上，应该包含税收收入和非税收入这两个基本方面。此外，我国财政转移支付制度在取得积极成效的同时，其制度设计和管理中亦存在着不够科学规范的短板，协议性的特征较强。目前各级财政之间约有 11 种具体的转移支付形式（孙开，2009），2011 年中央税收返还等广义转移支付的规模几乎占到地方本级收入的近八成，某些省份的补助收入远超预算收入，中央与地方的财政博弈存在着较大利益回旋空间。所以，转移支付规模因素应该是反映地方政府财政收入分权的另一基本指标。在支出安排方面，中央财政支出中的相当一部分是以对地方的税收返还和转移支付形式实现的，也是各地可用财力和公共财政支出的重要来源。虽然决算数据上难以区分哪些支出为中央安排、地方配套或完全由地方自主安排，但从受益范围的角度考虑，地方最终会将其转化为本辖区内的公共财政支出。因此，各省公共财政支出的决算数实际上隐含

---

[1] 1994—2011 年，中央财政收入比重一直稳定在 50% 左右，而地方财政收入比重由 1993 年的 78% 下降到 2011 年的 50.6%；同时，中央财政支出比重不断下降，2011 年仅为 15.1%，而地方财政支出比重达到 84.9%。根据《中国财政年鉴 2012》数据整理。
[2] 指非正式规则、非正式约束下逐步形成的、约定俗成的，并在一定程度上共同恪守的行事准则。
[3] 根据《中国财政年鉴 2012》数据整理。

着中央转移支付在省际间的分配结果。另外，由于各省份之间在税收返还和补助办法方面还存在新旧体制上的差异，所以出于可操作性和横向可比的考虑，本书主要采用《中国财政年鉴》各地区决算总表中显示的各项数据[①]。

3.2.4 有效估计偏好和效率

本书兼顾"市场化方向的经济性分权和政府层级序列的行政性分权"（付文林，2011）两个因素，以经济性分权为主，兼顾行政性分权。针对有的理论文献中提及的行政制度、晋升考核机制等因素但又难以量化的问题，本书设计了增长偏好和征税效率两个指标，用以反映行政性因素的影响，并基于这样的推定：

（1）地方政府倾向于加快经济增长以扩大税基，提高政府征税效率以增加收入自主程度，即存在增长偏好和征税激励，二者与财政分权程度正相关。

（2）政绩考核以地区 GDP 水平为导向，增长目标基于自身发展水平与全国水平的对比。

关于征税效率的测算，吕冰洋（2011）介绍了回归法、典型税制法和非参数测算三种方法，对各省份相对征税效率进行了测算，实证了各省税收努力和征税能力的变化趋势与特征。考虑到各省份的征税效率在短期内并无剧烈变动，为避免烦琐，本书采用了吕冰洋的测算结果，使用各省税收努力值和征税能力值的平均值估计征税效率。

3.2.5 创新指标体系设计

借鉴区位熵的构造方法，本书在经济性分权的考察上设计了四个指标，用相对数构造淡化规模差异，显示程度差异。由于分子、分母均为相对数，所以，建立可比基础和相对一致的比较标准是非常关键的。一方面，各系数体现的都是某个侧面与自身整体相对水平的对比，实现了"自比"；另一方面，各系数的分母均是相应指标在全国的相对水平，这

[①] 以税收收入为例，如果按照 15 个预算科目和各自的分成比例计算各省实际税收收入，不仅可操作性低且未必精准。

就为省份之间的对比建立了参照，即都可与 1 进行对比，实现了"他比"。运用时间节点数据，可以实现省份之间的横向比较；若使用时间序列数据，则可以考察某一特定时期内的变化情况，即实现纵向比较。此外，行政性分权指标的设计也为经济性分权的考察提供了有益的补充。具体的财政分权多维测度指标体系如表 3-3 所示。

表 3-3　　　　　　　　　财政分权测度指标体系表

考察角度		指标名称	含义	计算方法	评价原则
经济性分权	收入划分	体制性分权系数 I_T	税收收入在分权安排中的相对优势	本地区税收收入占全国税收收入的比重÷地区公共财政收入占全国公共财政收入的比重	如果税收收入的相对比重大于公共收入的相对比重，即 $I_T > 1$，则说明本地在税收收入的分权安排中存在相对优势；反之亦然
		自主性分权系数 I_N	非税收入在分权安排中的相对优势	本地区非税收入占全国非税收入的比重÷地区公共财政收入占全国公共财政收入的比重	如果非税收入的相对比重大于公共收入的相对比重，即 $I_N > 1$，说明本地在非税收入的分权安排中存在相对优势；反之亦然
		协议性分权系数 I_A	转移支付在分权安排中的相对优势	本地区转移支付收入与中央对地方税收返还和转移支付的比率÷本地区当年可用财力与全国财政收入的比率	如果转移支付收入的相对比重大于可用财力的相对比重，即 $I_C > 1$，说明本地在转移支付的分权安排中存在相对优势；反之亦然
	支出安排	公共性分权系数 I_P	公共财政支出在分权安排中的相对负担	本地区公共支出与中央公共财政支出的比率÷本地区当年可用财力与全国公共财政支出的比率	如果公共支出的相对规模大于可用财力的相对负担，即 $I_P > 1$，说明本地在公共支出的分权安排中负担较大；反之亦然
行政性分权	增长偏好	增长性分权系数 I_I	地方政府增长预期的强弱	省份 GDP 增速与全国 GDP 增速的差额÷全国 GDP 增速	如果地方增速高于全国平均水平的 50%，即 $I_I > 0.5$，说明本地偏好高速增长；反之则偏好温和增长
	努力程度	征管效率系数 I_E	地方政府组织收入努力程度	计量测算	如果 $I_E > 1$，说明本地组织收入努力程度高；反之亦然

3.3 中国财政分权的地域特征

3.3.1 单一分权特征

本书采用、整理《中国财政年鉴2012》相关数据，计算出31个省（自治区、直辖市）的财政分权系数（见表3-4）。

表 3-4　　中国31个省（自治区、直辖市）财政分权系数表

指标 地区	体制性分权系数	自主性分权系数	协议性分权系数	公共性分权系数	增长性分权系数	征管效率系数
北京	1.10	0.37	0.35	1.65	0.01	1.21
天津	0.80	2.28	0.52	1.65	0.08	1.00
河北	0.90	1.65	1.23	1.77	0.03	1.01
山西	0.83	2.06	1.06	1.63	0.05	1.14
内蒙古	0.84	2.01	1.21	1.72	0.06	1.25
辽宁	0.86	1.86	0.85	1.63	0.02	1.01
吉林	0.70	1.18	1.43	1.79	0.04	1.14
黑龙江	0.86	1.88	1.51	1.68	0.03	1.04
上海	1.07	0.55	0.37	1.78	0.02	0.99
江苏	0.93	1.46	0.44	1.67	0.02	1.02
浙江	1.08	0.46	0.47	1.48	0.03	1.06
安徽	0.88	1.78	1.35	1.83	0.05	1.03
福建	0.97	1.06	0.77	1.53	0.03	1.04
江西	0.85	1.93	1.25	1.58	0.05	1.04
山东	0.87	1.81	0.78	1.70	0.03	1.00
河南	0.83	1.96	1.44	1.81	0.02	0.96
湖北	0.81	2.21	1.24	1.54	0.06	1.01
湖南	0.70	2.91	1.31	1.66	0.05	1.04
广东	0.95	1.29	0.40	1.50	0.01	1.05
广西	0.79	2.35	1.45	1.73	0.05	1.00
海南	1.01	0.96	1.23	1.71	0.07	1.09
重庆	0.69	3.00	0.94	1.57	0.08	1.04
四川	0.87	1.82	1.27	1.66	0.06	0.96
贵州	0.78	2.42	1.58	1.73	0.02	0.98
云南	0.92	1.52	1.45	1.82	0.03	1.02
西藏	0.97	1.20	2.04	1.61	0.03	1.00
陕西	0.72	2.77	1.23	1.68	0.05	1.21
甘肃	0.73	2.71	1.78	1.82	0.04	0.98
青海	0.91	1.55	1.89	1.68	0.06	1.17
宁夏	0.93	1.43	1.46	1.62	0.04	1.13
新疆	0.95	1.30	1.63	1.84	0.01	1.07

从不同侧面对表 3-3 中的数据进行分析，大致可以归纳出以下几个基本特征：

（1）从税收分权上看，整体水平较集中，东西部差异不大。其中，京、浙、沪三省市税收分权水平最高，分别达到了 1.10、1.08 和 1.07；中部、东部和西部地区[①]分权水平相当，系数值均在 0.9 以上；多数省份的系数值集中在 0.7~0.9 的区间范围内。可以说，这种状况既与中国税权高度集中的体制背景相吻合，同时也表现出财政政策尤其是税收收入安排在调节地区间经济差距中所发挥的作用（见图 3-1）。

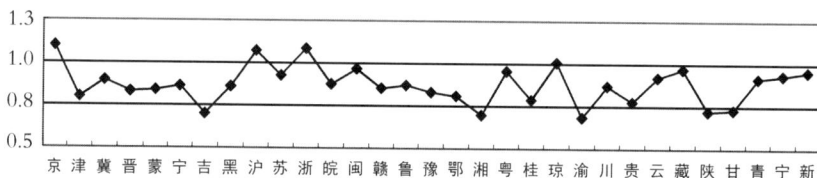

图 3-1 体制性分权系数的省际差异

（2）由非税收入分权程度看，分权的整体水平居高，且呈西高东低的态势分布。在各省份中，有 27 个省份的自主分权系数值大于 1；中、西部省份均值分别达到 1.99 和 1.97，明显高于东部的 1.34；可以看出，非税收入分权水平普遍高于税收分权水平，两者之间显而易见地存在着一种此消彼长的关系。在税收分权水平较高的京、浙、沪、琼四个省市，其非税收入分权水平全部小于 1，处于较低水平。这些情况说明，各地区通过非税收入组织财政收入的动力较强，且呈现地域分化的特征；在税收分权中获得较高相对优势的地区，其非税收入分权水平较低（如图 3-2 所示）。

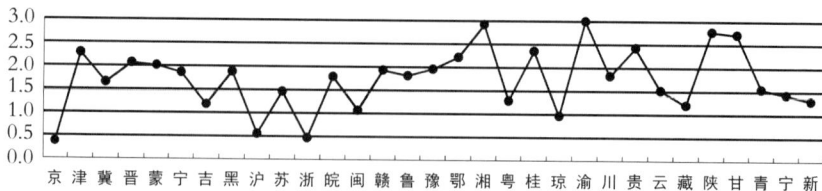

图 3-2 自主性分权系数的省际差异

① 东部省份包括北京、天津、河北、辽宁、上海、江苏、浙江、福建、山东、广东和海南等 11 个省（市）；中部省份包括山西、内蒙古、吉林、黑龙江、安徽、江西、河南、湖北、湖南；西部省份包括四川、贵州、云南、西藏、陕西、甘肃、宁夏、青海、新疆。

（3）从转移支付的分权上看，分权水平呈西高东低分布。由于我国财政转移支付制度存在着一定程度的协议性特征，且具体制度设计本身便立足于弥补纵向和横向财力差异，因此，经济发达地区获得的转移支付资金规模相对较小，欠发达地区争取到的转移支付资金规模则相对较大。由系数值看，如图 3-3 所示，西部省份的均值为 1.53，高于东部省份的 0.74 和中部省份的 1.31。

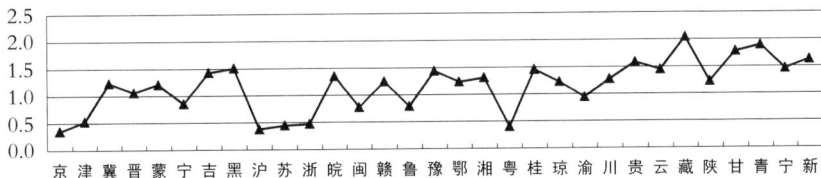

图 3-3　协议性分权系数的省际差异

（4）从公共支出分权来看，分权的整体水平居高，但东西部之间的差异并不十分明显。图 3-4 表明，各省份的公共支出分权系数值均在 1.68 上下浮动，地区间的差别很小，可见各省份地方公共支出负担水平较高，支出压力较大，这也是与事权下移、财政支出向下分权的实际情况相吻合的。

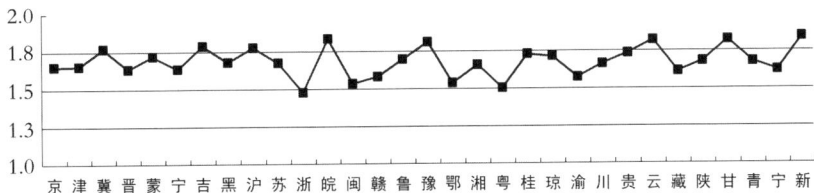

图 3-4　公共性分权系数的省际差异

（5）关于行政性分权，系数值的整体水平接近，略呈西高东低分布。行政性分权系数值（参见表 3-4）整体水平呈西高东低分布的状况说明，各省份加快发展的意愿具有一致性，均力图通过制定增长计划、提高征管效率等行政行为，以期在财政分权中居于有利位置、获得相对优势。

3.3.2　综合分权特征

综上，除了体制性分权系数和公共性分权系数表现出东部地区略高、地区间差异不大的特点之外，其他系数均表现出了西高东低的地域特征。然而，上述初步和相对孤立的现象尚不足以反映出各省财政分权的综合水平，更不能据此确定是否存在分权的空间联系。为此，我们先将表 3-4 的数据标准化，以消除可比基础不一致的问题，接着赋予指标权重，加权计算财政分权的综合水平。

使用 SPSS 软件生成三个主成分（F_1、F_2、F_3）的累积贡献率达到 81.86%；由主成分系数矩阵得到主成分表达式：

$$F_1 = （-0.372）I_T + 0.392I_N + 0.036I_A + （-0.162）I_P + 0.364I_I + （-0.071）I_E$$

$$F_2 = （-0.032）I_T + （-0.043）I_N + 0.526I_A + 0.659I_P + （-0.148）I_I + 0.071I_E$$

$$F_3 = 0.078I_T + （-0.169）I_N + 0.127I_A + （-0.0014）I_P + 0.276I_I + 0.896I_E$$

采用主成分分析法得出的特征值 λ 分别为 2.575、1.305 和 1.032，由此确定各主成分权重分别为 0.52、0.27 和 0.21，即：

权重 $W_i = \lambda_i / \sum \lambda_i$，$i = 1，2，3$

各省财政分权综合水平 $= W_1F_1 + W_2F_2 + W_3F_3$，从而计算出加权平均的财政分权综合水平。数值大于 0 表示高于平均水平，小于 0 表示低于平均水平。

各省、直辖市、自治区财政分权水平如图 3-5 所示。

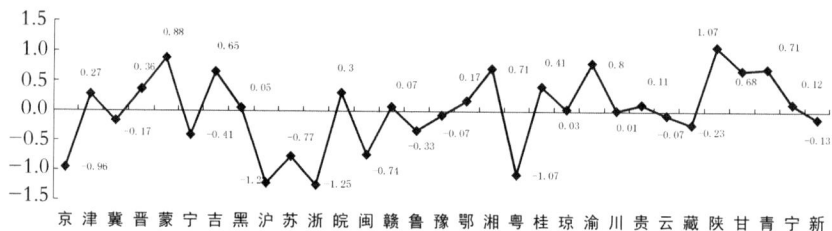

图 3-5　财政分权综合水平的省际差异

使用 GeoDa 软件绘制四分位图，可以直观地发现，在经济相对发达的东部省份，其财政分权水平普遍较低，而欠发达的中西部省份的财政分权程度则普遍较高。

这一情况似乎与基于财政联邦制理论的分权见解相反。人们一般会认为，经济发展水平越高的地区，其财政分权程度也越高，而本书却得出了不同的推论。究其原因，一方面，是因为基于自上而下的行政隶属关系构建起来的预算管理体制呈现出的中国特色（罗春梅，2010），无论从分权的初始动力、法律环境和制度框架，还是从分权的表现形式及后果上看，中国的财政分权状况都与传统的财政分权理论存在着较大的差异（谷成，2012）；另一方面的重要原因在于，本书所使用的指标反映的是综合财政分权多个侧面的加权比较优势，而不同于一般单一指标的衡量方法。

3.4 省际财政分权的空间异质性分析

由于财政行为主体之间存在纵向与横向的相互影响和反馈机制，加之诸如知识或技术的溢出、贸易和文化传播等多种经济社会因素的跨区域交互作用，省际财政数据间的关联往往是多维的，这将导致观测值与区位存在空间多维特征和时空相关性。在这种情形下，经典计量经济学的基本假设难以贴近实际条件，通常的统计推断也是有偏的。从这个意义上讲，进一步探索我国财政分权水平在省份和地域之间是否存在空间依赖关系，以及在多大范围上存在集聚或分散的现象，将有助于以崭新的视角深化对财政体制空间结构的思考和认识。因此，本书采用有别于经典计量的空间经济计量方法进行统计判断，以期达到这一目的。

3.4.1 Moran's I 指数与空间集聚

在这里，我们采用 Moran's I 指数对 31 个省、直辖市、自治区的财政分权水平进行全域空间相关性检验。其取值一般介于 -1 和 1 之间，数值大于 0 表示正相关，小于 0 表示负相关，等于 0 则表示不存在空间自相关，属性值为随机分布。

Moran's I 的表达式为：

$$I = \frac{n\sum\limits_{i=1}^{n}\sum\limits_{j=1}^{n} w_{ij}(x_i - \bar{x})(x_j - \bar{x})}{\sum\limits_{i=1}^{n}\sum\limits_{j=1}^{n} w_{ij}\sum\limits_{i=1}^{n}(x_i - \bar{x})^2} = \frac{\sum\limits_{i=1}^{n}\sum\limits_{j=1}^{n}(x_i - \bar{x})(x_j - \bar{x})}{S^2\sum\limits_{i=1}^{n}\sum\limits_{j=1}^{n} w_{ij}}$$

其中，n 是地区总数，w_{ij} 是根据区域 i 和区域 j 相邻性设定的空间权重，$P_M = \left[(1+t)^{\rho/(\rho-1)} \int_0^{n+n^*+n^*} p_{i0}^{\rho/(\rho-1)} d_{i0}\right]^{(\rho-1)/\rho} = (1+t)(n^w)^{(\rho-1)/\rho} P_{M0}$ 是区域属性的均值，S^2 是属性方差。

由于所考察的省份在地理上彼此逐个接壤、邻近，本书分别采用一阶和二阶 r 相邻矩阵、k-nearest 邻近矩阵和门槛距离定义空间权重矩阵，并在此基础上进行对比分析。所谓 r 相邻（rook contiguity）即区域 i，j 拥有共同的边，记一阶权重 $w_{ij}=1$，否则 $w_{ij}=0$；二阶空间权重矩阵 w_{ij} 则定义为"邻居的邻居"为 1，其他为 0。两者关系上，二阶矩阵不是一阶矩阵的平方，而是其平方后消除对角及重复关系的二阶结果。k-nearest 邻近是将距离最近的 k 个空间单元定义为邻近，一般默认 k=4；门槛距离是根据地图由软件自动生成的距离。

3.4.2 空间统计分析

结果（见表 3-5）表明，31 个省份的财政分权水平存在着空间正相关和溢出效应，其中，存在公共边界的省份之间的正相关最显著，距离较近的省份之间的相关性较强。随着相互距离的拉大，空间相关性呈逐渐减弱的态势（见图 3-6）。

表 3-5　　　　　　　　　　Moran's I 指数检验结果

W	Moran's I	P-value	S.D.
W_{rook-1}	0.3217	0.01	0.1153
		0.005	0.1141
$W_{k=4}$	0.1415	0.06	0.1086
		0.045	0.1062
W_{rook-2}	0.0841	0.07	0.0822
		0.055	0.0817
$W_{threshold}$	0.0522	0.13	0.0898
		0.115	0.0779

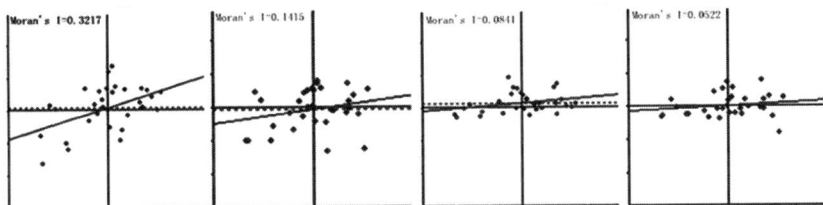

图 3-6　Moran's I 散点图

注：横轴代表财政分权指数，纵轴代表空间加权的财政分权指数；为方便展示，本书将四幅散点图拼接为一幅图。

为了更加清晰地探索和描述综合分权水平的内部空间结构，本书还使用相同检测方法分别对各个侧面的分权系数进行了全局相关性检验，结果显示[①]，在转移支付、非税收入和征管效率方面的空间相关性最强，Moran's I 指数分别为 0.4210、0.3521 和 0.2414，均在 1% 和 5% 的置信水平上通过了显著性检验；而在税收收入、公共财政支出和增长预期方面的空间相关性较弱，其 Moran's I 指数分别为 0.0955、0.0361 和 0.0365，且在不同置信水平上通过了显著性检验。这些情况说明，从全国来看，各省级财政主体在具备协议性、自主性和主观能动性的分权方面普遍表现出了积极作为的状态。正如汤玉刚（2012）通过对政府间财政互动与税收超经济增长现象的研究发现，政府间税收竞争不是通过税率调整而是通过广义征管效率的调整来实现的。这里所谓的"广义征管效率"，涉及由地方政府对资源和税收的行政性垄断所决定的税收优惠、减免与返还措施，且相关制度越不规范，政府控制广义征管效率的空间越大。可以说，这一观点与本书的研究结论不谋而合。

此外，本书还使用 Moran's I 指数（或称 local indicator of spatial association，LISA）来检验局部地区是否存在相似或相异的观测值聚集的情况。

Moran's I 指数的定义为：

$$I_i = \frac{(x_i - \bar{x})}{S^2} \sum_{i \neq j} w_{ij}(x_j - \bar{x})$$

---

① 此处使用一阶 r 相邻空间权重矩阵。

其中 w_{ij} 是根据区域 i 和区域 j 相邻性设定的空间权重，$\bar{x}$ 是区域属性的均值，S^2 是属性方差。

该指数大于 0 表示高值被高值包围（高–高）或低值被低值包围（低–低）；该指数小于 0 则表示存在低值被高值包围（低–高）或者高值被低值包围（高–低）。此处局部检验的空间权重矩阵使用了一阶 r 邻近矩阵。

结果显示，在一阶 r 邻接权重矩阵下，我国部分地区财政分权水平表现出显著的局部空间集聚，中部省份黑龙江、湖北和西部省份宁夏、陕西分别与邻接省份形成了高–高集聚区；东部省市江苏、浙江、上海、福建形成了低–低集聚区；西部省份四川、东部省份海南与邻近省份形成了低–高集聚区；中部省份安徽与邻近省份形成高–低集聚区；广袤的西部腹地新疆、青海、西藏和甘肃之间则不存在局部空间集聚。从这些不同的分布状态中可以粗略地推断，对于受到财税政策照顾的地区而言，尽管其综合的财政分权水平较高，但这些省份之间难以形成高水平集聚；在高度聚集区（高–高、低–低）和非聚集区（局部相关性不够显著）之间，存在过渡区（低–高、高–低），高聚集区可能与经济社会发展水平、崛起战略的实施等因素密切相关，过渡区则受之影响，处于上下承接的地位。

3.5　小结

通过构建多维评价指标，本章对中国省际财政分权的整体水平和地域分化特征进行了探索；以空间统计分析的方法实证了这些特征和现象并非偶然和随机的分布，而是源自非均质地域上普遍存在的相互影响和彼此依赖的空间财政机制，并在尝试解释这些潜在逻辑的过程中形成了某些初步的判断：

（1）中国现行财政体制下，经济发展水平的高低并非必然地决定着财政分权水平的高低。中国的财政分权状态甚至表现出与传统财政分权理论截然不同的特点。因此，以往采用的某些分析指标可能难以完全有效地描述和展示中国财政分权的全貌及整体状况。例如在探讨财政分权与经济增长的关系方面，由于财政收支与经济发展水平（GDP 或宏观税基）本身就存在较强的相关性，在理论建模和实证研究中应格外慎重。作为一种理论支撑，财政分权指标更适合应用于政府间财政竞争与合作等策略性行为方面的研究以及为宏观政策制定提供参考等方面。

（2）从地域特征上看，中国的省际财政分权存在着显著的空间相关性，出现中部隆起、东部低塌的局部集聚现象。这一方面说明，在政策或体制层面，现行财政体制在协调中央和地方财政博弈、调整区域间差异、平衡区域财政相对优势方面是宏观有效的；另一方面，也启发我们应从空间财政的崭新视角探索和掌握财政行为空间分异现象的内在形成机制和基本逻辑，为区域间财政协调、产业结构调整、城市化推进等中观行为，尤其在知识和技术扩散、环境与生态保护合作、文化传媒交汇、民生福利共享等跨区域公共决策和公共物品供给方面，提供建设性的参考。

（3）由自上而下的财政分权关系上看，省以下财政体制改革的政策着力点，应落在尽快理顺不同层级政府间的收支划分与责权安排方面。通过本书的研究可以发现，中国特色体制下有限的财政分权，本质上是以省级政府为核心的财政相对优势的综合体现。而这种财政相对优势很大程度上受惠于省以下财政体制改革的深化与优化，即应在"省管县"或"准省管县"的体制安排下，甄别提炼出"共性特征"和"优势特色"，以县级财政为重点整合地方财政级次，构建与基层政府权责更加匹配的基本财力长效保障机制，同时不削弱市级和乡镇财政的特有功能，建立辖区内和跨辖区的地方财政转移支付体系，提高省以下财政体制的整体运行效率。

4 地区间财力差异的空间结构与成因探析

如果将财政分权体制下的地区财政差异视为一种多维综合的相对比较优势，那么财力差异无疑是地区间财政差异的核心内容。从空间财政的研究视角看，地区间财力差异是一种必然存在的财政现象，即由财政行为空间属性内在决定而发生，并且能够内在地影响不同地区间的财政比较优势。正如前文所证，经济或财政上的绝对差异并不必然决定财政分权水平的高低，尤其在考虑了可能的空间依赖关系后，地区间财政关系表现出不同程度的趋同或异质性特征。如果将财政分权视为体制性背景，并将此背景下财政差异所包含的各种制度差异、财政努力和效率方面的差异因素予以剥离，那么财力差异则是地区财政比较优势的现实基础，其内在的空间结构与成因亦值得做进一步的探讨。

4.1 空间财政研究的现实基础

4.1.1 一般财力的不均等性

广义上，政府财力泛指所有可汲取、拥有和支配的经济资源；狭义上则指预算内财力，包括一般预算收入和各项转移支付；某些研究还将财力和财政能力等同起来，包括收入的汲取能力和公共品的供给能力。本章的研究视角主要基于狭义的财力概念且不包含各项转移支付。这是由于，在现行财政体制安排下，相比全口径收入中包括的非税收入（预算外）、转移支付收入以及可能未在决算报表上予以呈现的其他收入，一般预算收入更具规范性和可比性。支出方面使用一般预算支出也是基于相同的考虑。在剔除了较多的不规范、不可比因素后，地区财力的不均等性才能够比较真实地得以呈现。

地区财力差异的不均等性通常被视为财政均等化的对立面。对于财政均等化的内涵，学界认识尚不统一，主要观点有：不同地区的居民应享受大体相同的基本公共服务；相同收入或状况相似的个人应当享有相同的财政剩余；另外还有基于权利平等、财政均等、机会均等、结果大体相等角度的界定。不论针对地区、个人的财政均等化定义，或者基于不同公平理念的财政能力均等化，普遍能够接受的内涵是将差距控制在可以接受的范围内，而不是绝对的平均化，因此只是一个相对的概念。由于公共产品存在地域性特征，不同地区人们对公共产品的偏好又不尽相同，即使在财政均等化制度较完善、公共服务水平较高的国家，完全实现财政均等化也是不切实际的。

由此看来，地区财力的不均等性则是一种常态。如果财政均等化对应横向财政平衡，那么，地区间财力的不均等性则对应着横向的财力失衡。

4.1.2 局部财力差异的内生性

本章的另一个研究视角是关注地区间横向财力失衡的内生性。在难以严格区分内生性和外生性原因的情况下，使用广义财力数据难以有效评价横向财力失衡的内因。但是，按照本书 2.4.1 中所分析的空间财政行为具有"伴生性"的特点来看，地区财力差异必然地存在内生性，并且在剔除了相当一部分不规范因素后，狭义财力数据体现的内生性可能更强。这是由于，作为一般预算收支主要构成的税收规模很大程度上内在地取决于宏观税基亦即国民经济总量的大小，是对税基和税源内生变化的直接反映。对于不具有流动性的税源或固定税基，比如矿产等自然资源禀赋，其空间分布的不均匀可能对横向财力失衡产生直接影响，但这种影响并不一定是纯外生性的，因为资源禀赋转化为要素投入时必然面临市场的作用，即可以由外生性因素向内生性因素转化。对于流动性的税源而言，如同蒂布特模型中自由迁移且对社区公共服务差异充分反应的居民，理想的"以足投票"空间迁移机制类似市场效率配置的内生均衡，其微观基础是不同经济主体对差异性信息作出的理性经济决策。

对于一般财力差异的分析，本书并不排斥外生性因素，只是尽可能从规范的财力构成角度，分析地区财力不均等性的空间分布；对于可流动性税源空间迁移产生的财力差异，本书视其为一种局部的财力差异现象，侧重于对其空间内生性进行有效的甄别和检验。

4.2 一般财力差异的空间分解

4.2.1 经验方法与研究思路

对我国地区间财力或财政能力差异的研究大多结合财政收支两方面展开。从量化数据的使用来看，常见的主要有（人均）预算收支及其占（人均）国民收入的比重、财政自给率等绝对或相对指标。除了规范分析和简单的统计描述以外，以这些数据为基础对地区间财力差异进行的实证研究主要是进行不平等系数的计算，如标准差、变异系数、基尼系数等；另有某些做法是借鉴国外经验，采用因素法公式测算或计量回归，但适用性和操作性较低。

本书在梳理这些研究方法的过程中，注意到了数据本身存在的两大内在缺陷可直接导致扩大或缩小甚至掩盖了地区间的真实财力差异。第一个缺陷是某些总量指标没有剔除转移支付。由于我国转移支付制度还存在某些不成熟的人为因素和内在不公平的设计缺陷，包含转移支付的地方财力数据可能放大了贫富差距。第二个缺陷是人均指标的使用混淆了财政均等化的内涵。虽然人均指标在字面上更能体现均等的意味，但其不合理性显而易见。比如，一个经济发达、人口众多的地区与一个经济落后、人口较少的地区相比，两地的人均财力水平很可能比较接近，但实际财政能力却存在很大差异。参照《财政统计年鉴》各省市人均财政收支的排序变化，就可以直观地得到验证。因此，缺陷数据很可能导致了计算失准和估计偏误。由此看来，对地区间财力差异的探析作为一项基础性研究，在研究思路和方法上还有待进一步改进。本书主要从研究对象和方法上加以改进：

（1）量化考察横向财政失衡。作为财政失衡的一种表现形式，横向财政失衡可以表述为同层级地方政府之间收入能力和支出需求存在的差异（孙开，2008）。从数据可获得性考虑，本书采用省级地方政府的一般预算收支决算数据分别代表收入能力和支出需求。并且假定，中国财政分权体制下的纵向转移支付是一个具有行政权威的外生变量。与财政联邦制不同，在统一税制下，中国的地方政府只能凭借有限的减免优惠措施或者上解返还的体制性差异因素有限地降低个别税负。并且，除了由于内生的经济联系、税制不合理因素而产生的地区间横向税收转移以外，我国地方政府间几乎不存在横向的转移支付。在此背景下，中央财力可以被视为基于行政权威而产生的对地方财力的累积抽成。因此，将中央对地方的纵向转移支付视为一种外生的体制性因素并从地方全口径财力中予以剔除，具有一定现实意义。

（2）针对不同地区财政收支规模与人口规模考虑不同的权重，大致避免了简单平均对真实差异的掩盖。对收支两方面的考察均对应着两种权重，即考了地区财力差异的四个侧面，较以往研究更全面。同时，由于不同区位面临不同的规模权重，而权重设置方式是区域间统一的，这就使得权数体现了财力差异与所在区位的空间联系。

（3）在研究视角上更加注重区域间的经济联系。其内在逻辑在于，在剔除了外生的中央转移支付后，不考虑地方征税努力程度和政府支出效率，纯粹的地方财力差异可以被视为由地方经济或税基变化内生决定的经济现象。而且，从一般区域理论来说，处于同一经济区域的省份在区位条件、经济发展水平等方面比较接近，财力差异也应该比较小。按照这一设想，基于经济区域的划分而对我国省际财力差异进行分解，更有利于探究财力差异变化的深刻原因。因此，相比笼统对比东中西部地区财力差异而言，基于我国八大经济区域[①]进行的省际财力差异分析，更具有合理性。

4.2.2 泰尔指数的定义

综合上述几个方面，从现有研究常用的不平等系数来看，泰尔指数（Theil Index）能够较好地满足上述几方面的研究需求，具有在地区间进行多层次分解、比较不同区域系统内经济差异、不受空间单元个数的限制等多方面优点（胡德仁，2011）。本书从收入和支出两方面对泰尔指数进行计算，各省收入权重和支出权重在下文中统称为经济规模权重，另一项权重则为人口权重。以经济规模权重为例，泰尔指数的基本表达式如下：

$$T_P = \sum_i \sum_j \frac{R_{ij}}{R} Ln(\frac{R_{ij}/R}{N_{ij}/N}) \tag{4-1}$$

其中，R_{ij} 表示 i 区域 j 省的财力（收入或支出），R 为全国地方财力（地方财政收入和支出），N_{ij} 为 i 区域 j 省的人口，N 为全国人口。进而，可以定义 i 区域内的省际财力差异 T_{pi}，即：

$$T_{pi} = \sum_j \frac{R_{ij}}{R_i} Ln(\frac{R_{ij}/R_i}{N_{ij}/N_i}) \tag{4-2}$$

对所有的区域 i，则有 $T_{WR} = \sum_i (R_i/R) T_{pi}$，$T_{WR}$ 即代表区域内差异。对于区域之间的财力差异 T_{BR} 则有：

$$T_{BR} = \sum_i \frac{R_i}{R} Ln(\frac{R_i/R}{N_i/N}) \tag{4-3}$$

因此，总的财力差异可以分解为区域内差异和区域间差异，即：

---

① 中国八大经济区域的划分始于 2009 年 6 月由国务院发展研究中心发布的《地区协调发展的战略和政策》报告。这份报告基于九大因素对不同经济区域的职能分工提出了具体构想，以适应区域统筹和政策研究的需要。这九大因素分别是：（1）空间上相互毗邻。（2）自然条件、资源禀赋结构相近。（3）经济发展水平接近。（4）经济上相互联系密切或面临相似的发展问题。（5）社会结构相仿。（6）区块规模适度。（7）适当考虑历史延续性。（8）保持行政区划的完整性。（9）便于进行区域研究和区域政策分析。国家统计局在分省年度数据统计中采用了这一区域划分方法，将港澳台以外的大陆 31 个省市划分为北部沿海经济区、东北地区、东部沿海、黄河中游地区、南部沿海、长江中游地区、西南地区和大西北地区，各经济区域包含的省份可在国家统计局分省年度数据库中查询。

$$T_P = T_{WR} + T_{BR} \tag{4-4}$$

同样，对于人口规模权重下的泰尔指数则有：

$$T_P = \sum_i \sum_j \frac{N_{ij}}{N} Ln\left(\frac{N_{ij}/N}{R_{ij}/R}\right) = \sum_i \frac{N_i}{N} \sum_j \frac{N_{ij}}{N_i} Ln\left(\frac{N_{ij}/N_i}{R_{ij}/R_i}\right) + \sum_i \frac{N_i}{N} Ln\left(\frac{N_i/N}{R_i/R}\right) = T_{WR} + T_{BR} \tag{4-5}$$

4.2.3 省际财力差异的基本特点

本书采用 2003—2012 年的省际面板数据，计算了反映全国省级政府间总财力差异的 4 个泰尔指数，如图 4-1 所示。

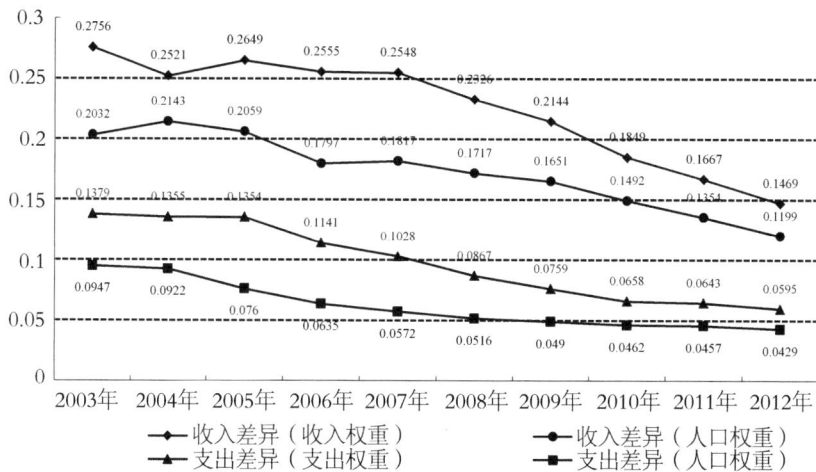

图 4-1 2003—2012 年省际财力总差异变化

可见，我国省际财力差异表现出以下几个显著特点：

（1）从趋势变化上看，过去十年间全国省际财力失衡程度呈现整体下降趋势，尤其是 2008—2012 年间，4 个泰尔指数均表现出单调递减的特征，说明省际财力差异正在平稳缩小。

（2）分项对比来看，财政收入的不均衡程度大于财政支出的不均衡程度。不论以经济规模权重还是以人口权重来衡量，财政收入和财政支出的横向不均衡程度在数值上的差异逐渐缩小，且收入差异收敛的速度更快。

（3）同项对比来看，以人口权重度量的财力失衡程度更小，且与经济规模权重下的财力失衡程度越来越接近，说明不论收入差异还是支出差异，都在不同权重下趋于收敛。

这些情况说明，在不考虑中央对省级政府转移支付的情况下，从地方财力是经济系统的内生变量角度看，我国省际财力失衡程度并不像想象的那样高，不仅全部处于较低的水平，彼此差异非但没有扩大，反而在平稳地收敛。

4.2.4　经济区域间财力差异的基本特点

为了进一步分析省际财力差异表现出的单调递减特征，截取2008—2012年数据，将地域范围缩小为区位上邻近、经济联系上比较紧密、由若干省份组成的经济区域，仍然从收、支两方面考察经济规模、人口规模权重下的财力差异，计算结果见表4-1和表4-2。

表 4-1　　　　　　　　　　八大经济区域的财政收入差异

地区＼年份	2008 年		2009 年		2010 年		2011 年		2012 年	
	收入权重	人口权重	收入权重	人口权重	收入权重	人口权重	收入权重	人口权重	收入权重	人口权重
北部沿海经济区	0.2995	0.2432	0.2848	0.2354	0.2548	0.2153	0.2515	0.2130	0.2272	0.1942
东北地区	0.0647	0.0643	0.0711	0.0709	0.0791	0.0793	0.0739	0.0743	0.0718	0.0726
东部沿海	0.1198	0.0982	0.0995	0.0825	0.0761	0.0644	0.0674	0.0578	0.0622	0.0541
南部沿海	0.0189	0.0207	0.0149	0.0160	0.0103	0.0108	0.0072	0.0075	0.0049	0.0050
长江中游地区	0.0009	0.0009	0.0007	0.0007	0.0018	0.0018	0.0016	0.0015	0.0019	0.0020
黄河中游地区	0.0663	0.0650	0.0822	0.0799	0.0811	0.0787	0.0888	0.0896	0.0811	0.0817
西南地区	0.0250	0.0234	0.0208	0.0191	0.0292	0.0263	0.0493	0.0426	0.0399	0.0348
大西北地区	0.0275	0.0280	0.0259	0.0266	0.0315	0.0324	0.0429	0.0445	0.0489	0.0515

表 4-2   八大经济区域的财政支出差异

年份 地区	2008 年		2009 年		2010 年		2011 年		2012 年	
	支出 权重	人口 权重	支出 权重	人口 权重	支出 权重	人口 权重	支出 权重	人口 权重	支出 权重	人口 权重
北部沿海 经济区	0.1625	0.1306	0.1487	0.1215	0.1288	0.1070	0.1222	0.1024	0.1139	0.0965
东北地区	0.0045	0.0045	0.0050	0.0050	0.0044	0.0044	0.0038	0.0038	0.0050	0.0050
东部沿海	0.1048	0.0863	0.0878	0.0733	0.0658	0.0560	0.0570	0.0493	0.0505	0.0443
南部沿海	0.0041	0.0042	0.0040	0.0037	0.0039	0.0038	0.0046	0.0042	0.0052	0.0046
长江中游地区	0.0004	0.0004	0.0002	0.0002	0.0003	0.0003	0.0002	0.0002	0.0004	0.0004
黄河中游地区	0.0554	0.0532	0.0601	0.0565	0.0586	0.0555	0.0663	0.0626	0.0617	0.0580
西南地区	0.0066	0.0068	0.0055	0.0057	0.0045	0.0045	0.0115	0.0107	0.0123	0.0116
大西北地区	0.0591	0.0490	0.0553	0.0466	0.0639	0.0568	0.0748	0.0671	0.0791	0.0718

　　鉴于泰尔指数不受空间单元个数的影响以及可以进行横向对比的特点，对比分析后不难发现以下三个显著特点：

　　（1）同项对比看，不论使用经济规模权重还是人口规模权重，除北部沿海经济区（京、津、冀、鲁）外，各经济区域内省份间的财力差异非常接近，尤其是长江中游地区（皖、赣、鄂、湘）四省份的泰尔指数在保留 4 位小数点后出现了两种权重的收入差异相等、支出差异相等的情况，仅收入差异略大于支出差异；类似的还有东北地区（黑、吉、辽）两种权重的支出差异相同；另外，南部沿海地区（闽、粤、琼）、黄河中游地区（晋、蒙、豫、陕）和西南地区（桂、渝、川、黔、滇）两种权重下的收支差异都非常接近。这些情况说明，同一经济区域内的各省份之间财政收支和人口规模在各年份间的变动比例几乎相同。也可以说，对于地处同一经济区域的省份来说，其经济发展和人口增长的水平是基本相当的，因此邻近省份间没有出现地方财力（收支）超增长的情况。

　　（2）分项对比看，收入差异大于支出差异，但两者差距较小。这说明，各省财力状况与其所处经济区域的财力水平是基本相适应的，系统性的横向财力失衡是整体可控的。

（3）从趋势变化上看，与全国范围表现出的整体递减收敛特征不同，区域间财力差异表现出两种分化：第一种符合全国特征，收支差异均表现出单调递减特点，主要是北部沿海经济区和东部沿海地区；第二种是显著的波动特征，即收入差异与支出差异增减变化相同或不同，表现出同时或单方面的先降后升、先升后降等特征。这说明，在系统性特点之外，各经济区域内省份间可能存在不同的个别特点或偶然性财力因素。

4.2.5 基于两种权重的财力差异分解

将表 4-1、表 4-2 中数据与图 4-1 中的全国数据进行比较发现，只有北部沿海经济区（京、津、冀、鲁）的省际财力差异高于全国平均水平，大部分经济区域内的省际财力差异则低于全国水平。这一现象如何解释呢？为什么在全国范围看省际财力差异大，而基于经济区域范围的省际财力差异小呢？

为进一步分析这一看似矛盾的现象，本书对省际财力总差异进行了空间上的分解，通过对比经济区域内和经济区域间财力差异对总差异的贡献率，对上述问题做出合理的解释（见表 4-3 和表 4-4）。

表 4-3　　　　　　省际财政收入差异的地区间分解

指标 年份	总差异 ①=②+③	经济区域间 差异②	经济区域内 差异③	经济区域间 差异对总差 异的 贡献率 ④=②/①	经济区域内 差异对总差 异的 贡献率 ⑤=③/①
2008 年	0.2326 (0.1717)	0.1279 (0.1026)	0.1047 (0.0691)	55.00% (59.76%)	45.00% (40.24%)
2009 年	0.2144 (0.1651)	0.1169 (0.0973)	0.0976 (0.0678)	54.50% (58.94%)	45.50% (41.06%)
2010 年	0.1849 (0.1492)	0.0987 (0.0841)	0.0862 (0.0651)	53.36% (56.37%)	46.64% (43.63%)
2011 年	0.1667 (0.1354)	0.0808 (0.0671)	0.0858 (0.0683)	48.51% (49.58%)	51.49% (50.42%)
2012 年	0.1469 (0.1199)	0.0693 (0.0574)	0.0776 (0.0626)	47.17% (47.83%)	52.83% (52.17%)

注：括号内表示人口规模权重下的分解结果。

表 4-4　　　　　　　省际财政支出差异的地区间分解

指标 年份	总差异 ①=②+③	经济区域间 差异②	经济区域内 差异③	经济区域间差异对总差异的贡献率④=②/①	经济区域内差异对总差异的贡献率⑤=③/①
2008 年	0.0867 （0.0516）	0.0321 （0.0107）	0.0546 （0.0408）	37.04% （20.83%）	62.96% （79.17%）
2009 年	0.0759 （0.0490）	0.0264 （0.0106）	0.0495 （0.0384）	34.81% （21.64%）	65.19% （78.36%）
2010 年	0.0658 （0.0462）	0.0226 （0.0114）	0.0432 （0.0347）	34.40% （24.79%）	65.60% （75.21%）
2011 年	0.0643 （0.0457）	0.0208 （0.0098）	0.0434 （0.0359）	32.42% （21.36%）	67.58% （78.64%）
2012 年	0.0595 （0.0429）	0.0183 （0.0085）	0.0412 （0.0344）	30.80% （19.74%）	69.20% （80.26%）

注：括号内表示人口规模权重下的分解结果。

4.2.6　对比分析

在收入差异方面（见表 4-3），不论基于经济规模权重还是人口规模权重，经济区域间财力差异对全国总差异的贡献率逐年下降，与总差异的单调递减特征相符；而经济区域内财力差异对全国总差异的贡献率逐年上升，与前文揭示的波动特征相符。

在支出差异方面（见表 4-4），不论基于经济规模权重还是人口规模权重，经济区域间财力差异对全国总差异的贡献率远远小于区域内财力差异对全国总差异的贡献率。尽管人口规模权重下的贡献率存在小幅波动，但在整体趋势上仍然表现出经济区域间财力差异贡献率逐年下降、经济区域内财力差异贡献率逐年升高的特点，且两者相差较大。

综合两方面情况来看，如果将全国范围内省际财力的总差异定义为系统性差异，把经济区域内的省际财力差异定义为个体差异，那么，系统性差异较大的主要原因则是个体差异的累积。在经济地理比较接近的较小空间范围内，个体差异并不明显。但在更大的空间范围内，个体差异对系统差异的贡献率将被放大。尽管如此，系统性差异仍然在不同权重下表现出收敛的趋势，尤其是人口规模权重下的收支差异小、贡献率高等情况，更进一步说明在不考虑中央转移支付的情形下，地方自主的财政收支安排是相对务实有效的[①]。

本书所指省际财力差异并不是绝对或人均财政收支的省际差距，而是能够在一定地域范围内进行分解的内在不平等性，这一研究视角也更贴近财政均等化的内涵，对省以下财政体制的设计也具有一定的借鉴意义。其政策启发在于，基于一定经济地理范围进行均等化转移支付设计，或许更有利于针对经济区域之间、经济区域内部的财力特点进行差异调节，从而实现对全范围内财力差异收敛性的有效控制。这客观上需要提高因素法在转移支付设计中的比例，减少"家长式"和"大锅饭"的人为管理因素在纵向转移支付中的占比，适时针对地区间横向税收转移等财力因素，开展地区间横向转移支付的制度设计。同时，在注重区域内部财力差异的同时，要尤其关注人口规模结构及其变化情况对财政收支的影响，提高财政收支的均等化水平。

4.3 局部财力差异的空间内生性分析

局部财力差异主要针对可流动性税源的空间迁移影响，其直接表现就是不同地区间存在的税收转移现象，是造成地区间财力失衡的内在原因之一。一般观点认为，纵向的税收转移指地方税收向中央政府的转移，主要源自中央税和中央地方共享税的征收；横向的税收转移则直接表现为地方税收与其税源的背离。在不考虑纵向税收转移的前提下，横向税收转移的存在，可能不利于地区间的税收公平和财力平衡，对分配效率的提高和地区福利增进产生不利影响。

4.3.1 基于流动性税源空间配置的视角

从流动性税源空间配置的视角看，所谓税收转移就是拥有一定税源的地区没有获得相应的税收，转而由并不拥有该税源的地区获得。更一

---

① 这一现象似乎能够侧面印证 Tiebout 模型的结论。

般地，即使地区间初始的税源规模结构以及税收征管效率相同，也会出于某种原因出现不同税源在一定空间范围内的抽离和集中现象，从而导致税收的不均衡分布。

除了具有外生性特点的财政体制安排、税种税制设计原因以及地方政府间税收竞争等行政性诱因外，横向税收转移难免与地区间前后向的产业关联和经贸往来存在深刻而复杂的联系。因此从市场经济的角度看，横向税收转移现象很可能具有显著的内生性特点。

4.3.2　横向税收转移的测度

对横向税收转移的测度无外乎规模和程度，其常见统计分析方法主要有两种，即区域税收与经济差距系数比较分析法[①]和经济平均含税量分析法（林颖，2011）。

相比而言，经济平均含税量分析法较为简单易行，实际应用较多。它假定相同的经济规模提供相同的税收收入，如果某地区税收收入占全国税收收入的比重与地区产值占全国 GDP 的比重一致，说明税收与税源没有背离。否则，如果两个比重的差为正值，说明存在税收净转入，负值则说明存在税收净转出。其统计公式主要有两种[②]，本书采用对税收转移相对水平的估计方法（国务院发展研究中心"制度创新与区域协调研究"课题组，2011），即：

$$S_i = \frac{T_i}{\sum_{i=1}^{n} T_i} - \frac{G_i}{\sum_{i=1}^{n} G_i} \qquad (4-6)$$

其中，S_i 表示地区税收与税源背离的程度，T_i 表示 i 地区本级税收收入，G_i 表示 i 地区生产总值，两个以累和项为分母的分式分别代表 i 地区税收收入占全国税收收入的比重和 i 地区生产总值占全国生产总值

[①]　差距系数比较分析法主要是对比经济总量、税收收入的离散程度，进而反映税源分布的不均和税收收入的分布差异，可以使用总量指标或人均指标，也可以分税种对比。由于其主要反映离散程度（分布差异），难以直观地估计税收转移规模，因此既有实证文献主要采用了经济平均含税量分析法。

[②]　另一种是对税收转移规模的估计（彭骥鸣和尹磊，2008），其表达式为：$M_i = T_i - T_i^*$；$T_i^* = G_i \frac{\sum T_i}{\sum G_i}$；$I = \frac{T_i}{G_i} - \frac{T_i^*}{G_i} = \frac{M_i}{G_i}$，其中，$M_i$ 表示横向税收转移的数量，T_i 表示 i 地区实际获得的税收收入，T_i^* 表示 i 地区理论上应该获得的税收收入；$\sum T_i$ 和 $\sum G_i$ 分别表示全国税收收入和 GDP；I 表示税收转移对宏观税负的影响。

的比重；$S_i > 0$ 表示税收净转入，$S_i < 0$ 表示税收净转出。

除了相同经济规模提供相同税收收入的基本假设外，一般都进一步假设各地税收政策和税收征管能力、效率大致相同；式(4-6)还可用于对主要税种的税收转移情况进行估计：只要将 G_i 项置换成不同税种对应的税源，比如对于增值税的税收转移，可将 G_i 改写成工业和批发零售业的产值；对于企业或个人所得税，G_i 则是企业营业盈余或劳动者报酬；对于是否已改成增值税；等等。

4.3.3　我国横向税收转移的四种情形

基于现有经验，本书对全国 31 个省市 2008—2012 年横向税收转移的相对水平进行了估计，并按照我国八大经济区域的划分，分别计算了各省市在全国范围内、所属经济区域内和不同经济区域之间的横向税收转移水平（见表 4-5 和表 4-6），地区生产总值和地方税收收入数据来自 2009—2013 年的《中国统计年鉴》和《财政统计年鉴》。

表 4-5　　全国和八大经济区域范围内的省际横向税收转移

地区	指标	2012 年		2011 年		2010 年		2009 年		2008 年	
		国内	区内	国内	区内	国内	区内	国内	区内	国内	区内
北部沿海地区	北京	3.16%	18.69%	3.51%	19.87%	3.37%	18.99%	3.75%	20.45%	4.10%	21.41%
	天津	-0.15%	0.50%	0.05%	1.26%	0.08%	1.30%	0.14%	1.45%	0.21%	1.49%
	河北	-1.82%	-7.10%	-1.90%	-7.90%	-1.79%	-7.42%	-1.85%	-7.84%	-1.88%	-8.45%
	山东	-3.18%	-12.08%	-3.26%	-13.23%	-3.18%	-12.86%	-3.37%	-14.06%	-3.26%	-14.45%
东北地区	辽宁	0.11%	9.96%	0.11%	10.13%	0.04%	11.13%	0.06%	10.57%	0.02%	10.06%
	吉林	-0.69%	-4.23%	-0.72%	-4.61%	-0.82%	-5.64%	-0.75%	-5.27%	-0.71%	-4.83%
	黑龙江	-0.87%	-5.73%	-0.85%	-5.52%	-0.88%	-5.49%	-0.82%	-5.30%	-0.84%	-5.23%
东部沿海地区	上海	3.36%	11.43%	3.66%	11.88%	4.01%	12.02%	4.64%	13.05%	5.08%	14.17%
	江苏	-0.30%	-7.82%	-0.35%	-8.56%	-0.19%	-8.95%	0.04%	-9.64%	-0.07%	-10.38%
	浙江	0.15%	-3.61%	0.35%	-3.32%	0.63%	-3.07%	0.84%	-3.40%	0.87%	-3.80%

续表

地区	指标	2012 年		2011 年		2010 年		2009 年		2008 年	
		国内	区内	国内	区内	国内	区内	国内	区内	国内	区内
南部沿海地区	福建	-0.75%	-3.76%	-0.66%	-3.39%	-0.72%	-4.17%	-0.61%	-3.76%	-0.42%	-2.94%
	广东	-0.26%	2.24%	-0.18%	1.99%	0.17%	2.72%	0.39%	3.13%	0.60%	2.73%
	海南	0.19%	1.52%	0.19%	1.41%	0.21%	1.45%	0.09%	0.63%	0.04%	0.21%
长江中游地区	安徽	-0.56%	4.58%	-0.54%	5.58%	-0.43%	6.30%	-0.55%	5.04%	-0.55%	4.78%
	江西	-0.43%	3.36%	-0.58%	2.44%	-0.56%	2.20%	-0.60%	1.66%	-0.68%	0.74%
	湖北	-1.48%	-1.77%	-1.55%	-2.02%	-1.60%	-3.39%	-1.45%	-2.18%	-1.30%	-1.13%
	湖南	-1.92%	-6.17%	-1.93%	-6.00%	-1.76%	-5.11%	-1.66%	-4.53%	-1.59%	-4.38%
黄河中游地区	山西	-0.12%	5.12%	-0.25%	4.25%	-0.17%	4.82%	0.07%	6.71%	0.11%	7.64%
	内蒙古	-0.69%	1.45%	-0.64%	2.23%	-0.60%	2.15%	-0.65%	1.19%	-0.71%	0.19%
	河南	-2.59%	-10.25%	-2.62%	-10.26%	-2.64%	-10.65%	-2.57%	-10.84%	-2.55%	-10.49%
	陕西	-0.39%	3.68%	-0.37%	3.79%	-0.35%	3.68%	-0.36%	2.94%	-0.37%	2.66%
西南地区	广西	-0.90%	-5.54%	-0.91%	-5.99%	-0.75%	-5.03%	-0.68%	-4.08%	-0.75%	-4.37%
	重庆	-0.15%	0.86%	0.03%	2.28%	-0.07%	1.06%	-0.25%	-0.20%	-0.30%	-0.20%
	四川	-0.73%	-2.02%	-0.70%	-2.22%	-0.67%	-2.57%	-0.76%	-2.63%	-0.86%	-2.80%
	贵州	0.12%	2.38%	0.06%	1.67%	0.06%	1.62%	0.04%	1.83%	-0.01%	1.68%
	云南	0.26%	4.31%	0.27%	4.25%	0.35%	4.92%	0.29%	5.07%	0.26%	5.69%
大西北地区	西藏	0.01%	0.89%	-0.02%	-0.03%	-0.05%	-0.99%	-0.06%	-1.37%	-0.06%	-1.42%
	甘肃	-0.35%	-7.58%	-0.37%	-8.08%	-0.35%	-6.34%	-0.32%	-5.33%	-0.31%	-4.56%
	青海	-0.05%	-0.49%	-0.06%	-0.61%	-0.06%	-0.17%	-0.05%	0.43%	-0.08%	-0.87%
	宁夏	-0.01%	1.14%	-0.01%	1.38%	-0.03%	1.56%	-0.05%	0.98%	-0.05%	0.92%
	新疆	0.03%	6.04%	0.05%	7.34%	-0.08%	5.94%	-0.10%	5.29%	-0.10%	5.93%

不考虑转移方向（对比表 4-5 中每个年份下对应的两列数据的绝对值），可以看出全国范围内考察的省际横向税收转移水平低于经济区域范围内的水平，说明随着范围的缩小，经济联系越紧密，税收转移的程度相对越高。整体上看，我国省际税收转移处于比较温和的水平。只有北京和上海的税收净转入程度远高于其他省市，出现了两个极值点。从全国范围内看，上海的税收净转入水平高于北京；而在经济区域内，上海与同处东部沿海地区的浙江、江苏的经济实力接近，其税收和GDP 的两个比值之差较小，因此，税收净转入的相对水平略低于北京。

为了清晰展示省际税收转移的不同情形，我们用类似坐标的形式简化表示 4-5 中的横向税收转移情况：括号内前项为全国范围内的省际税收转移，后项为所在经济区域内的省际税收转移；存在税收净转入的用"＋"号表示，税收净转出的用"－"号表示。由此，可以将 31 个省市的税收转移情况划分为四种情况[①]：

第一种情况是全域税收净转入地区（＋，＋），即不论从全国范围还是从所在经济区域范围估计，均表现出横向的税收净转入，包括北京、天津、辽宁、上海、广东、海南、贵州、云南 8 个省市；

第二种情况是全域税收净转出地区（－，－），即在上述两个考察范围内均为税收净转出地，包括河北、山东、吉林、黑龙江、四川、江苏、福建、湖北、湖南、河南、广西、西藏、甘肃、青海 14 个省份；

第三种情况是局域税收净转出地区（＋，－），即在全国范围内考察时是税收净转入地，但在所在经济区域是税收净转出地，只有浙江 1 个省份；

第四种情况是局域税收净转入地区（－，＋），即在全国范围内考察时是税收净转出地，而在所在经济区域是税收净转入地，包括安徽、江西、山西、内蒙古、陕西、宁夏、新疆、重庆 8 个省市。

需要进一步说明的是后两种情形：如果将北京、上海等全域税收净转入地理解为一级核心，那么局域税收净转出地（＋，－）就是与其地处同一经济区域的亚核心，虽然从全国范围看是净转入地区，但其本身也在向一级核心转移税收；而局域税收净转入地（－，＋）正好相反，虽然在区域内表现为净转入，但其本身也在向区域外的其他地区转移税收。结合表 4-6 可见，浙江所处的东部沿海地区恰是税收的净转入地区，而与其毗邻的上海又是该区域的增长极，因此浙江所表现出的局域税收净转出地（＋，－）就不难理解了；而第四种情形所列举的省市，除重庆和新疆外都位于税收输出较为严重的长江中游、黄河中游地区，重庆和新疆则分别是西南和大西北地区内两个吸引税收转入的经济增长极，这与局域税收净转入地（－，＋）的划分也是相符合的。

---

① 个别省市（如天津、重庆、广东、山西）存在个别年份指标的正负变化，但波动幅度很小，故采用 5 年均值以归类划分，并不影响对该地区税收转移水平的基本判断。

表 4-6   我国八大经济区域之间的税收转移

年份 经济区域	2012 年	2011 年	2010 年	2009 年	2008 年	均值
北部沿海地区	-1.98%	-1.59%	-1.53%	-1.32%	-0.83%	-1.45%
东北地区	-1.44%	-1.46%	-1.65%	-1.51%	-1.53%	-1.52%
东部沿海地区	3.21%	3.66%	4.45%	5.52%	5.89%	4.55%
南部沿海地区	-0.82%	-0.66%	-0.33%	-0.14%	0.22%	-0.34%
长江中游地区	-4.38%	-4.61%	-4.35%	-4.25%	-4.11%	-4.34%
黄河中游地区	-3.80%	-3.88%	-3.77%	-3.52%	-3.52%	-3.70%
西南地区	-1.39%	-1.26%	-1.08%	-1.36%	-1.66%	-1.35%
大西北地区	-0.38%	-0.42%	-0.58%	-0.58%	-0.60%	-0.51%

4.3.4 可能的"核心-边缘"结构

不仅如此，经济区域之间也存在与省份之间类似的情况（见表 4-6），即在有限的空间单元内存在税收净转入的核心地区和税收净转出的边缘地区。经验上，各经济区域在税收转移上的位序与其各自的经济发展水平是基本相当的。综合表 4-5 和表 4-6，可以直观地抽象出我国省际和区际税收转移的空间结构（如图 4-2 所示）。

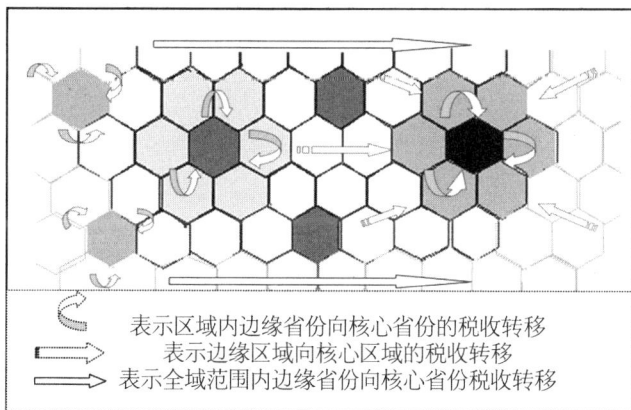

表示区域内边缘省份向核心省份的税收转移
表示边缘区域向核心区域的税收转移
表示全域范围内边缘省份向核心省份税收转移

图 4-2 地区间横向税收转移的核心-边缘结构示意图

图 4-2 中每一个六边形代表一个省份，与相邻省份形成一个经济区域，每一个经济区域含有一个核心省份，全域中包含一个核心经济区域，其他地区是它的边缘区域。省份和经济区域的颜色越深，表示税收净转入程度越高。从表象上看，上述情形与典型的核心-边缘结构[①]十分类似，说明地区之间税收与税源的分布具有空间上的非对称性。

4.3.5 空间内生理论观点的阐释

然而，正如第 2 章所分析的，现有经验是具有一定的理论局限的，即 "相同经济规模提供相同税收" 的核心假设体现的仍然是规模收益不变的前提条件[②]。如果信息对称的居民（通常被理解为流动性要素）通过 "以足投票" 的机制，就能够在众多偏好既定的社区间进行不存在空间迁移成本的自由选择，进而可以实现社区最优规模和居民福利的帕累托最优，那么均衡条件[③]下边际居民的税收贡献为零，横向税收净转移也应当等于零[④]。

现实情况显然并非如此。横向税收转移不仅真实存在，而且基本上都在向经济相对发达和产业集聚度相对较高的省份（地区）集中。现有研究大都将我国横向税收转移的成因归结为个别税种的税负转嫁、大型项目（企业）跨区经营、总部企业转移成本定价和税收筹划、税制设计不合理以及利益分享机制不健全等几个方面（董再平，2008a、2008b；彭骥鸣和尹磊，2008；王倩、刘金山，2009；林颖，2011；国务院发展研究中心 "制度创新与区域协调研究" 课题组，2011；等）。如果将其中的体制性因素归结为外生原因，那么其他原因，比如追求利润最大化的企业进行跨区税收筹划并借以实现超额利润的经营行为，则带有比较明显的非平滑内生特点。这种特点显然不是传统理论意义上完全竞争均

[①] 核心-边缘结构是空间经济学对产业区位选择，包括工业劳动力及其消费（收入）转移的高度抽象，同时也是集聚条件下一个稳定的一般均衡，即全部工业集中于北部，南部沦为农业边缘区。

[②] 基于规模收益不变的经验研究仍然表现出图表中显著的空间差异现象，说明真实的横向税收转移水平大大高于现有经验估计。因此，有必要从理论上对这种矛盾现象进行新的解析和诠释。

[③] 迁移的均衡条件由麦圭尔（1974）提出，即公共品的平均成本等于新增居民的边际成本，公共品对私人物品消费的边际替代率之和等于公共品的边际成本。

[④] 如果视迁移居民所代表的流动性要素不存在差异，那么均衡时在地区间边际要素的迁移所产生的横向税收转入与税收转出相等，也就是税收净转移为零。

衡条件下生产同质产品并实现零利润的厂商所具有的，并且进行跨区域生产经营和税收筹划的企业（集团）往往具有一定的市场影响力，其垄断竞争特征也是难以回避的。基于空间经济学理论，本书提出以下三个内生性的理论观点：

观点一：横向税收净转移可以被视为经济集聚力和分散力共同作用下的净财政剩余。空间经济理论指出，三种非均衡力的存在决定了生产要素的转移方向和强度，即市场接近效应（本地市场效应）、生活成本效应（价格指数效应）和市场拥挤效应。市场接近效应是指企业选择市场规模较大的区域作为生产区位将增加当地产品种类数量，带动人口和消费的转移，导致生产活动继续转移，从而进一步激励人口和消费的转移，这种自我强化的机制被称为需求关联（后向联系）的循环累积因果效应。生活成本效应是指，由于产品种类数量增多，经济集聚地区可以减少从外地输入产品而支付的交易成本，导致本地市场价格指数相对较低，从而降低生活成本，提高实际工资水平，这将进一步激励人口（消费和产业）向该地区的转移。这种自我强化的机制被称为成本关联（前向联系）的循环累积因果效应。除了这两种代表聚集力的循环累积因果效应外，还存在一种市场分散力，即由于企业间的市场竞争而导致的市场拥挤效应①。由于存在聚集力作用下的循环累积效应，产业的区位选择往往具有很强的"区位黏性"：若通过外生的冲击使分散力大于聚集力，那么政策或突发事件的影响必须大于经济系统的内生力量②。从我国目前的经济集聚和地区差异情况来看，现行的地区平衡政策恐怕难以在短时间内改变某些地区聚集力大于分散力的现状。

从直接的统计数据来看，我国税收净转入的"核心"地区大都表现出了空间经济理论的"价格指数效应"，不论地区生产总值指数（尤其是第二产业增加值指数）还是商品零售价格指数，大都低于与其毗邻的"边缘"地区。仅以 2012 年为例，比较地区生产总值指数、第二产业增加值指数和商品零售价格指数，北京分别为 107.7、106.7、100.6，显著

---

① 这种市场拥挤效应与一般意义上因为城市拥挤而产生的负外部性概念不同，其是完全由市场竞争内在产生的离散力。

② 当然，内生的分散力也能够改变核心-边缘均衡，下文中有所述及。

低于同期天津的 113.8、118.3、103.0 和河北的 109.6、113.4、102.2；同样，上海的三个指数分别为 107.5、106.3、101.2，低于同期江苏的 110.1、111.7、102.1 和浙江的 108.0、109.2、101.9；辽宁、广东、贵州、云南等地也存在相似的情形。但是，与北京、上海等典型的核心地区不同，经济规模比较对称的云南和贵州的三个指数非常接近，但明显低于毗邻的四川、广西等地，这也印证了空间经济学理论认为的，在贸易自由度的重叠区可能同时存在对称均衡、核心-边缘均衡两种空间结构。除此之外，"核心"地区的平均工资水平也普遍高于周边地区，这在统计上也是显而易见的[①]。

基于上述分析，如果用财政理论术语来解释横向税收转移，就不难理解观点一的表述。类似居民财政剩余的定义（J. M. Buchanan & C. J. Goetz，1972），不妨从政府角度将地方财政剩余定义为要素迁移产生的税收收入减去相应的公共服务成本。那么，对某一个地方政府而言，要素迁移导致税源的流入和流失，从而同时产生两个方向上的财政剩余。假设不存在地区间的税收竞争，即对流动要素不会采取有分别的竞争性和排他性政策，则该地对流动要素的公共服务成本相同。那么，在统一的时间节点，地区净财政剩余就等于要素迁移导致的税收净转移。不妨令该地方政府的税收转入数量为 t_1，转出数量为 t_2，公共服务成本为 c，那么该地净财政剩余等于（t_1-c）-（t_2-c）=t_1-t_2；税源转入带来的财政剩余相当于一项纯收益，而税源转出产生的财政剩余则相当于一项沉没成本，两者之差即为该地净财政剩余。

观点二：横向税收转移的规模一定程度上取决于聚集租金的大小。在空间经济学理论中，聚集租金是贸易自由度的凹函数，随着贸易自由度的提高（亦即交易成本的降低）而呈现先升后降的"驼峰状"特点，可以由工人从核心区迁移到边缘区所遭受的损失来度量。其重要意义在于，聚集租金定义了导致税源迁移的临界税收差异，即在不发生资本外溢情况下可以维持产业集聚的最高税率差异，也就是核心-边缘结构为稳定均衡时的税收差异，这时资本的实际收益足以抵消税收差异。其

---

① 相关情况请参阅各年份的《中国统计年鉴》中"国民经济核算""价格指数""就业人员和工资"的统计数据。

中，关键变量是"突破点 Φ_B"与"持续点 Φ_S"[①]之间的贸易自由度 Φ。由于在此区间聚集力大于分散力，即对于存在税收净转入的地区而言，对聚集租金征收一定税率的税收并不会导致资本的外溢，税基对税收差异的反应具有很强的非线性特征。在此情形下，可流动要素具有了不完全流动性，资本劳动比高的地区征收高税率是完全可行的。而在传统财政理论看来，要素聚集与相对税率之间存在负相关关系，资本劳动比高的地区具有低税率。从我国的现实情况看，存在税收转入的"核心"省份的宏观税负水平显著高于其毗邻的"边缘"省份，比如2008—2012 年间北京的宏观税负均值为 17.38%，天津、河北、山东则分别为 11.82%、6.71% 和 7.11%；同期，上海的宏观税负均值为17.36%，而浙江和江苏分别为 9.48% 和 9.87%；不仅五年均值如此，各年、各经济区域内其他省份的宏观税负对比也都出现了这样的情况，充分说明了集聚力对地区宏观税负的影响[②]。值得注意的是，本书所关注的贸易自由度区间（Φ_B，Φ_S）在空间经济理论中被称为重叠区，即对称结构和核心-边缘结构都可能是局部的稳定均衡，产业、人口和消费的转移还会受到自我预期的影响。尽管聚集租金的存在可以使高税率地区增加税收转入规模，但这时的税收转移面临地区间贸易自由度、经济规模结构以及人口迁移的收益预期等多重因素影响，具有突发性和非线性的特征。因此，横向税收转移的规模只在一定程度上取决于聚集租金的大小。

观点三：横向税收转移的存在是地方政府间开展税收竞争的基础条件。一般观点认为，税收竞争主要指政府之间为了争夺税基，通过税率和补贴等工具实施的策略行为（周业安，2013）。为了与横向税收转移的分析保持一致，本书所指的税收竞争为政府间的横向税收竞争。现有

---

① 持续点是保证核心-边缘结构稳定的最小贸易自由度，突破点是对称均衡状态被突破时的贸易自由度，此时集聚力开始大于分散力。理论上可以证明 $\Phi_B < \Phi_S$，相关内容请参考相关空间经济学文献。现实经济中，完全对称和完全集聚的状态几乎是不存在的。因此，对贸易自由度具有现实意义的讨论区间介于突破点和持续点之间。

② 本书使用的宏观税负计算方法是地方税收收入/地区生产总值，数据来源为各年《财政统计年鉴》和《中国统计年鉴》；限于篇幅，不再对 31 个省市的宏观税负情况制表列示。

的大量文献主要是基于财政分权体制和标尺竞争①等框架而展开的，实证研究则大多通过税基反应函数的斜率来判断横向税收竞争是替代性还是互补性②。由于此类研究很大程度上依赖于政治体制上的限定和有限的税收竞争手段，因此对于横向税收竞争内生性原因的解释并不太充分，且研究结论存在诸多分歧。在传统的标准税收竞争模型中，对于规模对称的地区，资本的流动性（完全弹性）将导致"竞争到底"的纳什均衡税率低于社会最优水平；而对于规模不对称的地区而言，资本将从非流动性要素禀赋较大的地区流向规模较小的地区，从发达地区流向欠发达地区，从而实现新的均衡。然而，在流动性资本具有不完全流动性（有限弹性）和不完全竞争的条件下，以上结论就需要重新推敲（付文林，2010）。而在空间经济学理论框架下，只有贸易自由度很低也就是交易成本很高的情况下，才会出现类似上述新古典主义理论模型的结论；由于聚集力和聚集租金的存在，区域经济一体化进程则更可能导致"高税率竞争"，即高税率地区可以比低税率地区更快地提高其税率水平，同时也面临着更高的成本，即可能出现的税基损失比低税率地区更大。正如前面分析所指出的，在贸易自由度处于（Φ_B，Φ_S）的重叠区，对称或非对称地区间横向税收转移的存在使得税收竞争变得"有利可图"，而竞争形式究竟是替代性还是互补性的，则取决于地区间空间结构和聚集力的对比。另外，空间经济理论还进一步揭示了即使资本不具有流动性，商品的区际流动也能够导致对称地区间有害的税收竞争，以及将流动性要素的赋税转变为对非流动性要素的赋税以削弱聚集趋势的政策含义（安虎森，2009）。可以说，这些情况都有可能内在地造成税收与税源的背离。因此，讨论地区间可能存在的税收竞争问题时，有必要将横向税收转移的情况作为一种基础性因素加以考虑，相对于比较税率变化和税收优惠而言，或许

---

① 由于众所周知的原因，中国式财政分权体制下地方政府并没有独立的税权，税收竞争手段基本上仅限于有限的税收减免优惠；理论意义上的标尺竞争则根植于西方民主政治体制，与我国财政体制并不吻合，现有研究也只能部分揭示地方政府间存在某种税收模仿的特点。

② 除了针对体制原因进行的分析外，一些实证研究关注了内生性的原因并通过计量检验的方法来判断策略性行为的显著性，即如果税基反应函数的斜率为负数，说明地区间税收竞争是替代性的，反之则为互补性的。但是，由于支持模型设定的理论基础不同，相应的税基反应函数的定义以及解释变量的选择也各有差异，截面或面板数据的选择也各有差异，因此，对横向税收竞争是替代性还是互补性的判断可能存在一定的偶然性，研究分歧也在情理之中。

能够提供更多的信息和线索。

4.4 基于空间滞后模型的内生性检验

4.4.1 基本模型

从我国 31 个省市相对经济规模的对比和横向税收转移的大致情况来看，存在横向税收净转入的"核心"地区相对经济规模较大，而"边缘"地区相对经济规模比较接近，也就是理论意义上近似的非对称结构与对称结构在一定地域空间范围内同时存在，某些地区可能持续享受着集聚租金带来的税收"红利"，也可能在"重叠区"表现出横向税收转移的突发性和非线性特征①。要将不同地区面临的贸易自由度、聚集租金以及税基变化的突发性和非线性特征同时体现在一般的线性回归模型中，技术上比较困难也不必要。我们仅需要关注这些错综复杂的因素是否必然地导致某种结果，也就是这样一个命题：

如果横向税收转移的主要动因是内生性的，即剔除各种外生性因素后横向税收转移仍然内在地发生，那么由经济集聚机制产生的税收增长效应将大于各种外生性因素的影响。

当然，这一建模思路将产生一个不完美模型，即外生性因素即使具备一定的解释力仍然被排除在解释变量之外，因此可能产生一定的异方差性和解释力不足的问题。对于异方差性问题，通过样本扩容和增加解释变量等方法，都可能取得渐进无偏的效果；而模型解释力则不足为虑，因为这恰恰是本书的内生性观点需要验证的地方，即：使用一个不完美的空间内生增长模型仍然能够对横向税收转移效应提供大部分的解释力。因此，本书借鉴柯布-道格拉斯函数的随机形式作为计量模型的内核，在不考虑被解释变量可能存在空间依赖的前提下，设计了一个基本模型，形如：

$$\Delta T = t^{f(\Phi)}(\Delta K)^{\alpha}(\Delta L)^{\beta}e^{u_i} \tag{4-7}$$

---

① 即存在个别省市年份间小幅正负波动的情况。

△T 表示地区一般预算收入的名义增加量；等式右边代表宏观税基的增量变化在宏观税负 t 和贸易自由度 Φ 的作用下可能对地区收入产生的影响。△K 和△L 分别代表地区资本和劳动力的增量；e 为自然对数的底，u_i 表示随机干扰项，它包含了各种外生性因素，当然也可能包括某些遗漏的内生性因素。f（Φ）是对空间作用机制的抽象反映，或者可以将 f（Φ）理解为一个多元条件函数 F（Φ | x_1, x_2, …, x_n）的概率密度函数。因为并不确切地知道理论上的空间聚集和离散机制依赖了多少影响因素，但能够确定的是每一种条件结果都存在一定的发生概率。因此，在不考虑 f（Φ）具体形式[①]的情形下，仅需要通过计量回归得到 f（Φ）的函数值，也就是上述空间机制对应的结果。而式（4-7）右边就是观点一所谓的统一时间节点上的净财政剩余。显然，对于△T 和△K、△L，式（4-7）是一个非线性方程。通过对数变换，等式两边即变为一个关于变量参数的线性模型，且参数代表了解释变量对被解释变量的偏弹性。

4.4.2　添加空间滞后项的内生模型

然而，由于存在要素和收入的跨区流动，地区数据可能存在着不同程度的空间依赖特征[②]，这将违背经典计量经济学样本相互独立的基本假设，导致普通最小二乘法（OLS）的有偏和失效（沈体雁，2011）。因此，考虑空间依赖关系对被解释变量产生的影响[③]，本书采用空间计量方法对被解释变量 y 增加一个空间滞后算子 ρWy，ρ 为空间滞后项的系数，W 为一阶 r 相邻[④]定义下的空间权重矩阵，即如果果地区 i 和地区 j

---

① 不妨试取一个特例，令 $t^{(\Phi)} = t^\Phi$。由于 t 和 Φ 介于 0 和 1 之间，因此 $t^{-\Phi} > 1$，即代表了聚集力作用下的规模收益递增特点，并且由于函数 f（t, Φ）= t^Φ 存在条件单调的特点，即由 t、Φ 介于（0，1）可知 $f_t' = -\Phi t^{-\Phi-1} < 0$ 且 $f_\Phi' = -t^\Phi Lnt > 0$，那么对于一个既定的贸易自由度，提高宏观税负水平将面临聚集力的减弱（或离散力的增强）；而对于一个既定的宏观税负水平，贸易自由度的提高能够增强聚集力；同时，由于 t 和 Φ 之间的映射关系不确定，只能通过数值迭代模拟 t^Φ，发现其函数值具有类似聚集租金的"驼峰状"变化特点，一定程度上能够模拟聚集力或聚集租金随着宏观税负和贸易自由度的变化而出现不同幅度的增强或减弱趋势。这一特例与后文的拟合结果并没有直接的关系，对于一个产业聚集地区而言 f（Φ）的斜率很可能为负，而对于核心地区的数量少于边缘地区的全域范围而言，利用截面数据模拟出的 f（Φ）的斜率很可能非负。
② 一般观点认为空间依赖性起因于两个方面，一是要素在空间边界之间的流动（空间溢出效应），二是空间界限导数的区位、距离对空间特征的影响（沈体雁，2011）。
③ 本书采用 Moran 指数对 2012 年各地区名义预算收入增量及其对数的空间相关性进行了检验，结果显示 Moran 指数值分别为 0.2679 和 0.1740，均显著大于 0，说明被解释变量存在较强的空间自相关。
④ 考虑到一阶 r 相邻定义基本满足了本书对于经济区域内省份之间邻接性的考察，且比较符合图 4-1 所示的情形，因此不再对权重矩阵进行高阶定义或者基于经济地理距离进行重新定义和比较。

拥有共同的边，记 $w_{ij}=1$，否则记为 0。另外，基于"不完美"的建模思路，本书将扰动项可能包含的空间影响一并忽略，因此不再考虑可能的空间误差模型[①]。现有研究能够证明，遗漏变量对空间回归方法的影响要小于其对普通最小二乘法（OLS）的影响（詹姆斯·勒沙杰等，2014）。因此，忽略扰动项的空间依赖并不会对回归结果产生太大的影响。对式（4-7）进行对数变换并考虑空间依赖关系，本书构建了如下的空间滞后模型：

$$Ln\Delta T_i = \rho w Ln\Delta T_i + \tau Lnt_i + \alpha Ln\Delta K_i + \beta Ln\Delta L_i + u_i \qquad (4-8)$$

其中，各变量及其参数的含义与前述一致。τ 代表宏观税负对名义预算收入增量的弹性，也是关于贸易自由度的空间经济机制在某一时点上的影响程度。采用 2012 年 31 个省市截面数据，用各地区固定资产投资和人口的增加量分别代表 ΔK_i 和 ΔL_i；由于 2012 年黑龙江省的人口增加数量为 0，为避免对数不存在和无意义，令其对数项为 0；基础数据均来自 2013 年的《中国统计年鉴》和《财政统计年鉴》。

4.4.3 计量检验结果

估计结果见表 4-7。

表 4-7　　　　基于空间滞后模型的内生性估计检验结果

解释变量	系数	标准误	Z 值	P 值
空间滞后项	0.50042*	0.11256	4.445811	0.00001
宏观税负	0.64152*	0.18627	3.44403	0.00057
资本增量	0.45984*	0.06065	7.58242	0.00000
人口增量	0.24089*	0.07860	3.06485	0.00218
常数项	−0.11933	0.33737	−0.35373	0.72355
模型 R^2		0.89450	对数似然值	−15.7894
似然比检验（Likelihood Ratio Test）		12.69447	赤池信息准则（AIC）	41.5788
		(0.00037)		
布鲁施-培根检验（Breusch-Pagan Test）		0.60062	施瓦茨准则（SC）	48.9075
		(0.89629)		

注：*表示回归系数显著性水平小于 1%；括号中的值为 P 值。

[①]　本书通过反复试验发现，在增加解释变量（比如考虑商品流动、代表核心或边缘区位的虚拟变量，等等）的同时，基于空间误差模型也能取得较好的效果。同时，按照前沿的空间计量研究，采用对被解释变量和扰动项同时添加空间滞后项的混合模型，模型解释力也能进一步得以提升。基于对内生性成因的理论检验目的，本书不再就计量模型进行技术层面的比较和讨论。

从模拟结果来看，虽然模型存在一定概率的异方差，但仍然对命题检验提供了近90%的解释力，前四个解释变量的相关系数均高度显著。从资本和人口增量对名义预算收入增量的相关系数来看，虽然基于柯布－道格拉斯函数内核而言，其偏弹性之和小于1，但在空间经济机制作用下却能够形成较强的规模经济效应。不妨将模型中的空间经济机制理解为两个部分，一是函数 f（Φ）所代表的对聚集租金和宏观税负的影响，即在一定贸易自由度水平下市场聚集力和离散力的此消彼长，其结果对名义预算收入增长的解释力最强，相关系数大于0.64；另一部分则是名义预算收入增量由于税源在毗邻地区之间交互流动而形成的空间相关性，其解释力仅次于 f（Φ），相关系数大于0.5。从相关系数来看，由空间经济机制引致的税收增长效应显然强于资本和人口增长，即使假设资本和人口的增长完全来源于经济的自然增长，空间滞后项和宏观税负两项的相关系数和占全部系数的比高出资本、人口相关系数占比的25.6%。可以推断，我国横向税收转移表现出了十分明显的内生性特点，即使剔除了所有体制性和偶然性的外生因素，由于空间经济机制的存在，地区之间税收与税源的背离现象不仅会非线性地发生，而且可能出现名义预算收入增长高于自然增长的"超收"现象。

基于流动性税源的空间配置视角，考虑地区间税收转移对局部财力差异的影响，不仅需要关注地区规模的非对称性、对比区位条件和产业集聚或同构以及彼此之间经贸联系的紧密程度，尤其要关注地区内部的产业结构和城乡二元结构，因为农业边缘区对工业核心区尤其是基础性产业具有相当大的哺育作用，已有研究关注到低廉的农产品作为中间投入品对城市和工业地区存在隐性的税收转移[①]。同时，政治和财政体制对地区博弈关系以及市场环境的影响亦不容忽视，因为各种外生性因素也对税收转移发挥着重要的作用。

---

① 王倩，刘金山. 我国区域税收转移的成因与影响 [J]. 未来与发展，2009（5）.

4.5 小结

本章将地区间财力差异视为既定财税体制下体现地区财政比较优势的基础性因素，并尽量剥离了某些不规范的体制性或人为的财政差异因素，将财力差异划分为一般和局部两个层次进行分析。笼统地讲，一般财力差异可以视为整体的、静态的财政结果，是各地区财政所能掌握的相对真实、有效的预算收支的综合对比，进而能够反映出地方财力在空间分布上的不均等性或者说横向的失衡程度；局部财力差异则是流动性税源空间配置的动态结果，主要受到一定空间范围内市场机制的内生影响，与地区间经济规模和经贸联系密切相关，且具有区别于一般财力差异的独特性。

由一般财力差异到局部财力差异的分析，遵循的是由宏观到微观、由系统特征到个别特征的逻辑思路，体现了实证研究去粗取精的演绎推理过程。其理论意义在于，不仅侧面印证了蒂布特的"以足投票"机制在空间财政分析中具有一定的适用性，更通过理论框架的修正丰富了理论观点，使财力差异能够作为一项基础性因素为财政均等化、政府间税收竞争和财政博弈等问题提供新的解释力。

5 空间经济机制下的财政介入与财政竞争

如果将前文视为对空间财政现象的经验分析，本章的研究视角则定位于对空间财政机制的理论分析，也就是由宏观实证转向微观理论探讨，并初步建立一个具有代表性的空间财政理论模型，旨在从微观机制上对实证研究的线索进行抽象和解释。

5.1 空间财政理论模型的构建

5.1.1 建模背景

任何一种理论模型都不能脱离其构建的基本背景和理论需要，既不能囿于财政研究的某些方面，又不能一概而论地适用于一切情况。但是，就理论模型的逻辑过程来看，一般财政学理论模型往往严格限定理论前提和假设条件而高度抽象化或简单化，在对不同的经验分析样本提供理论解释时势必要对模型成立的必要条件做出调整，因此导致模型出现理论与现实偏离等适用性问题，甚至导致模型不成立。同时，由于财政学理论模型大多类同于新古典主义市场竞争模型，且不得不忽略空间影响，因此更类似于对纯市场机制进行公共经济学或政治学上的描述，因而难以在不均匀的空间中将政府干预与市场作用有机地结合起来。本书的建模逻辑恰恰反过来，将基于实证样本的经验性观察作为理论建模的充分条件，进而在理论上探索潜在的规律性。同时，政府干预和市场作用均会受到空间的影响而出现"分割"或不平滑的特征，在空间经济学的分析框架下引入财政上的税收和补贴并辅以比较严谨的数学过程，能够有效规避传统范式的理论局限和缺乏微观基础的个中不足。当然，本书的探索仅仅是初步的，针对不同的现实条件和理论需要，空间财政理论的构建必然存在更多的可能性和适用方向。就本书的研究来讲，空间财政理论建模面临三大背景：

一是理论背景。正如第 2 章对分析框架和微观基础的阐述，要在非均质空间、非平滑经济中进行包含财政作用的一般均衡分析，就势必需要在理论框架和微观基础上有所突破。同时，又存在大量财政理论成果可供继承和发展，比如本书重点分析的蒂布特模型，这些既有理论成果仍然具有相当的适用性和解释力。

二是体制背景。可以说，现实财政体制是空间财政行为的规则框架和约束条件，与财政的基本职能密切相关，能够综合体现不同地区的财政相对比较优势。中国有限的财政分权意味着对于不同地区、不同层级的财政部门，发挥财政职能的自由裁量权限不同，对财政行为的空间效应产生不同程度的影响。

三是现实背景。一方面，地区一般财力或财政能力与地方经济的发展水平以及各种系统性、个别性的财政因素密切相关，且在地区间存在比较显著的"空间俱乐部"趋同或趋异的特征；另一方面，涵盖一般财力差异之中的局部财力差异由于流动性税源的空间配置，往往有比较显著的内生性特点，这使得地区之间争夺流动性税源的各种财税竞争行为也具有一定的内生特征，成为政府干预市场并融入市场作用的重要着力点。

5.1.2 设计思路

空间经济学分析框架下的财政理论建模面临两大难点。第一个难点是如何引入内生的财政作用，使税收和补贴能够融入市场机制。某些基于不同经济学流派而开展的财政理论建模大多将财政作用视为市场经济的外生变量，往往在原模型中额外增加代表税收或公共物品供给的变量参与模型推衍，因此只能将税收视为经济成果的抽成，将公共品供给视为税收收入的分配。按照本书的观点，财政作用相对于市场作用而言既有外生性又有内生性特点，如何使财税手段有机地参与到市场运行中去则关系到建模的第二个难点，即财税体制设计。收入方面就是征什么税和怎么征的问题，支出方面就是公共物品如何供给的问题，另外就是财权和事权如何匹配的财政分权问题。上述任何一个方面都涉及财税理论上的若干问题和细节，如果展开专门讨论不仅过于烦琐，更失去了抽象的理论意义。

结合建模背景和模型基本特点，考虑微观经济最基本的消费和生产行为，其关键在于产品销售这一最基本的市场行为，与生产、消费和分配密切联系。围绕销售行为，将各种可能税收抽象合并为从价税，既体现了我国以流转税为主的税制特点，又实现了理论上的简化。同时，将公共物品定义为对可变生产成本的补贴，使公共物品作为成本优势进入产品销售价格，进而参与到整个市场经济运行过程中。另外，在统一的财税体制安排下，赋予地方政府一定程度的政策自由度从而影响税收和补贴水平，进而为辖区间财政博弈提供了框架支持，这也体现了中国的有限财政分权特点。

基于以上设计，财政因素不仅能够内生地影响市场行为，还能够借助市场机制在不同地域进行传导，使地方性公共物品在不同辖区间产生溢出效应，并得以在理论上进行度量分析。这种地方性公共品溢出效应的根源就是伴随厂商销售行为而产生的横向税源转移，即内生的局部财力差异在公共物品供给方面的表现。正是由于流动性税源能够伴随跨区销售行为而实现空间配置，因此为辖区间争夺税源、开展财政竞争博弈提供了基础性条件，也为相机财政决策以及跨区域财税协调机制的建设提供了理论上的参考。

5.2 引入财政作用的核心−边缘模型

本章以核心−边缘模型为基础引入财政作用并予以扩展。这一模型是空间经济学理论基础，也是讨论其他模型的重要参照系。众多衍生模型大都以核心−边缘模型为"内核"，其理论特征也最为丰富。

5.2.1 基本假设与补充假设

在 D-S 框架下，消费者具有多样化偏好，效用水平取决于消费某种产品的数量和种类，其核心形式是嵌套在柯布－道格拉斯函数内的不变替代弹性（CES）效用函数；企业生产具有规模收益递增特征和一定的垄断性，每个企业只生产一种差异性产品，不存在范围经济；行业没有进出壁垒，厂商最优定价策略是边际成本加成定价，均衡利润为零；不同产品间存在一定替代弹性并间接影响其他企业生产，这使得企业间存在一定的竞争性。

经济系统包含南北两区域两部门两要素，农业部门 A 遵循瓦尔拉斯均衡，使用不可流动的农业劳动力 L 生产同质产品，单位产出需 a_A 单位的 L，工资水平为 w_a，农产品视为计价物；制造业部门 M 遵循 D-S 框架，使用区际自由流动的工业劳动力 H 生产差异性产品，企业每生产一种产品需要投入固定成本 F 和可变成本 a_m，制造业企业成本函数为 w（F+a_mx），其中 w 是工资水平，x 为产量；农产品不存在交易成本，工业产品在区内无交易成本，区际存在"冰山"交易成本，即异地销售 1 个单位产品需运出 τ 个单位产品（τ≥1），τ−1 个单位在运输中"融化"掉了。

在遵循上述分析框架的基础上，假设南北两地区共同隶属于一个有效率的中央集权政府，该政府以消费者效用（福利）最大化为目标，在充分尊重市场的基础上实行区际统一的税收和补贴政策。这样，南北两地区不能独立制定财政政策，且在初始状态上不开展财政收支的竞争或合作，不对经济实行非市场性的干预。

假定中央政府对工农业实行差别化财税政策：

（1）在消费环节，对农产品免税，对工业品征收从价税 t；

（2）在生产环节，只对制造业厂商的可变成本 a_m 提供补贴 g，补贴后的厂商成本函数为 $w[F+(1-g)a_m x]$；

（3）由于政府对农产品实行免税政策，在其生产环节不再提供补贴，对农业部门的免税与补贴相抵，财政政策不影响农业部门市场出清条件和农产品的计价物属性。

这样，公共政财政变量不改变消费者多样化偏好和效用函数形式，但可以通过调整厂商边际成本影响生产。此时，政府提供的公共产品是"隐性的"，经济系统内的基础设施不再由政府"显性"地提供，而是由全部厂商通过分担固定成本 F 而实现。

5.2.2 税收对短期消费行为的影响

由于公共政财政变量不改变消费者多样化偏好，每个地区的代表性消费者仍具有双重效用，表示为柯布－道格拉斯效用函数形式，即：

$$U = C_M^\mu C_A^{1-\mu}$$

其中，C_m 和 C_A 分别表示对差异化工业品和农产品的消费，μ 为工业品支出份额，$1-\mu$ 为农产品支出份额。

第一层效用是消费者将总支出按不同比例支付在农产品和工业品时获得的效用。由于农产品是同质产品，也就是 C_A 是单一农产品消费。而工业品是差异化产品，因此 C_m 指不同工业产品的某种组合。

第二层效用来自差异性工业品消费，采用不变替代弹性（CES）效用函数形式，即：

$$C_M = \left[\int_{i=0}^{n+n^*} C_i^\rho di\right]^{1/\rho} = \left[\int_{i=0}^{n+n^*} C_i^{(\sigma-1)/\sigma} di\right]^{\sigma/(\sigma-1)}, 0 < \mu, \rho < 1, \sigma > 1$$

其中，n 和 n^* 表示北部和南部产品种类数量[①]；C_i 为第 i 种工业品的消费量；ρ 为多样化偏好强度，越接近 1 表示偏好越强；σ 为不变替代弹性，且 $\rho = (\sigma-1)/\sigma$。

P_A 表示农产品价格（不含税），P_i 表示第 i 种工业品的价格（含

---

① 后文中，相关变量上标*号均表示南部。

税），Y 为消费者收入。由于没有储蓄，所以收入等于支出。效用最大化的预算约束为：

$$p_A C_A + \int_0^{n+n^*} p_i C_i \, di = Y$$

要使消费者效用实现最大化，首先需要考虑尽可能多地消费差异性工业产品，也就是消费 C_m 的支出最小，即：

$$\lim_{C_i} \int_{i=0}^{n+n^*} p_i C_i \, di \, , s.t. \, C_M = \left[\int_{i=0}^{n+n^*} C_i^\rho \, di \right]^{1/\rho}$$

建立拉格朗日函数，得到：

$$L = \int_{i=0}^{n+n^*} p_i C_i \, di - \lambda \left[\left[\int_{i=0}^{n+n^*} c_i^\rho \, di \right]^{1/\rho} - C_M \right]$$

对 C_i 求导并令其为零，得到消费者对第 i 种工业品的消费决策：

$$p_i = \lambda C_M^{1-\rho} C_i^{\rho-1}$$

同理可知消费者对第 j 种工业品的消费决策：

$$p_j = \lambda C_M^{1-\rho} C_j^{\rho-1}$$

由此可得消费者对不同工业品的消费量与其价格之间的关系：

$$p_i / p_j = C_i^{\rho-1} / C_j^{\rho-1}$$

用 C_i 表示 C_j 并代入成本最小化的约束式中，可得：

$$C_M = \left[\int_{i=0}^{n+n^*} C_j^\rho (p_i / p_j)^{\rho/(\rho-1)} \, di \right]^{1/\rho} = C_j (1/p_j)^{1/(\rho-1)} \left[\int_{i=0}^{n+n^*} p_i^{\rho/(\rho-1)} \, di \right]^{1/\rho}$$

整理后得到既定工业品价格体系下消费者对某种工业产品的需求函数：

$$C_j = C_M p_j^{1/(\rho-1)} / \left[\int_{i=0}^{n+n^*} p_i^{\rho/(\rho-1)} \, di \right]^{1/\rho}$$

那么，消费者对工业品的总支出可以表示为：

$$\int_{i=0}^{n+n^*} p_i C_i \, di = C_M \left[\int_{i=0}^{n+n^*} p_i^{\rho/(\rho-1)} \, di \right]^{(\rho-1)/\rho}$$

其中，定义工业品价格指数 P_M，即：

$$P_M = \left[\int_{i=0}^{n+n^*} p_i^{\rho/(\rho-1)} \, di \right]^{(\rho-1)/\rho} = \left[\int_{i=0}^{n+n^*} p_i^{1-\sigma} \, di \right]^{1/(1-\sigma)} \quad （5-1）$$

则工业品总支出即等于差异性工业品消费组合与价格指数的乘积，而消费者对差异性工业品的需求函数可以写成：

$$C_i = (p_i / P_M)^{1/(\rho-1)} C_M = (p_i / P_M)^{-\sigma} C_M \quad （5-2）$$

接下来考虑消费者在农产品和工业品之间的选择，在预算约束下实现效用最大化，即：

$$\max U = \max C_M^\mu C_A^{1-\mu}, \quad s.t. \ P_M C_M + p_A C_A = Y$$

由于对工业品和农产品的支付份额分别为 μ 和 $1-\mu$，因此消费者效用最大化的农产品与工业品最优组合为：

$$C_M = \mu Y/P_M, \quad C_A = (1-\mu)Y/p_A$$

间接表示为效用函数则可以写成：

$$U_{max} = (\mu Y/P_M)^\mu \left[(1-\mu)Y/p_A\right]^{1-\mu} = \mu^\mu (1-\mu)^{1-\mu} P_M^{-\mu} p_A^{-(1-\mu)} Y$$

其中，完全价格指数 $P = P_M^\mu p_A^{1-\mu}$。

至此，此模型的推导过程与 Krugman 的原模型在形式上是一致的，但重要的区别在于，这里的工业品价格是含税价格。如果令不含税的工业品价格指数为 P_{M0}、单一工业品价格为 p_{i0}，工业品销售税率为 t，则含税工业品价格 $p_i = (1+t)p_{i0}$。代入式（5-1）解积分得：

$$P_M = \left[(1+t)^{\rho/(\rho-1)} \Big|_0^{n+n^*+n^*} \int_0^{n^*} p_{i0}^{\rho/(\rho-1)} di_0 \right]^{(\rho-1)/\rho} = (1+t)(n^w)^{(\rho-1)/\rho} P_{M0}$$

其中 $n^w = n + n^*$

(5-3)

P_{M0} 的系数 $(1+t)(n^w)^{(\rho-1)/\rho}$ 或用替代弹性表示为 $(1+t)(n^w)^{1/(1-\sigma)}$ 即为宏观税负对价格指数的影响。假定经济系统内短期的产品种类数量 n^w 和消费者多样化偏好 ρ、差异化产品替代弹性 σ 是既定的，$(n^w)^{(\rho-1)/\rho}$ 则为大于零的常数（令其等于 N），那么短期的工业品价格指数与税负水平呈正比例变化。不仅如此，在完全价格指数下的社会实际工资 w/p 也受到 P_M 的影响，其影响程度为 $\left[N(1+t)\right]^{-\mu}$，说明短期实际工资水平受从价税 t 和工业品支出份额 μ 的共同影响。进一步地，政府通过税收手段调节价格这一微观消费决策的核心因素，在不改变消费者偏好和市场作用机制的条件下，能够非线性地对消费需求和社会收入水平施加影响。需注意的是，税收手段并不是影响消费行为的主导因素，必须在市场机制下与社会产品禀赋 n^w、消费偏好 ρ、产品替代弹性 σ、支出习惯 μ 等因素共同作用才不至于导致市场的失灵。

5.2.3 补贴对生产行为的影响

由式（5-1）和式（5-2）可知，需求函数为 $C_i = \mu Y(p_i^{-\sigma}/P_m^{1-\sigma})$，由于均衡时企业利润为零，即差异化产品生产企业的利润函数 $\pi_i = p_i x_i - w[F + (1-g)a_m x_i] = 0$，此时产量 x_i 等于需求量 C_i，收入 Y 等于支出 E，则产出 $x_i = \mu E(p_i^{-\sigma}/P_m^{1-\sigma})$。

由于 $\mu E/P_m^{1-\sigma}$ 对于单一差异产品而言是常数[①]，不妨令 $\mu E/P_m^{1-\sigma} = k$，则 $x_i = k p_i^{-\sigma}$ 即为利润最大化的市场约束条件，建立拉格朗日函数并解一阶条件得到：

$$p_i = w(1-g)a_m/(1-1/\sigma) \tag{5-4}$$

将 $p_i = p_{i0}(1+t)$、$p_{i0} = wa_m/(1-1/\sigma)$ 代入式（5-4）解得 $t+g=0$，即中央政府对可变生产成本提供补贴时，可以实现预算平衡。

将式（5-4）代入利润函数解得 $x = [(\sigma-1)F/a_m]/(1-g)$，分子项 $(\sigma-1)F/a_m$ 就是没有补贴时的产量或企业规模，而 $1/(1-g)$ 就是补贴对生产的影响。

可见，补贴水平的提高有利于扩大企业生产规模。同时，企业平均固定成本相应降低，这也可以理解为补贴水平的提高有利于降低企业对行业基础设施的分摊水平。

由于这种补贴非竞争性、非排他性地提供给所有制造业厂商，理论上可以将 $1/(1-g)$ 视为集权政府在市场化条件下提供的纯公共物品。以居民福利最大化为目标的集权政府将倾向于通过市场机制提供纯公共物品以扩大企业规模和产出水平。

5.2.4 财政政策对短期均衡的影响

农产品市场出清条件为：$(1-\mu)(E+E^*)/p_A = L^w/a_A$，其中 E、E^* 分别表示北部、南部总支出（收入），L^w 表示整个经济拥有的农业劳动力

[①] 关于价格指数对于单一差异产品是否为常数的争论，参见：钱学锋，张艳军.克鲁格曼真的错了吗？——对《中心外围模型的错误和再求解》的质疑 [J].经济学（季刊），2011（3）.藤田昌久，等.空间经济学——城市、区域与国际贸易 [M].梁琦，译.北京：中国人民大学出版社，2011.

禀赋。

工业部门的出清条件则是全部产出在所有区域内全部销售，这时零利润下的销售收入与可变成本之差刚好弥补固定成本。以北部地区为例，p_{11}、c_{11} 分别表示北部企业在本地的销售价格和需求量，p_{12}、c_{12} 分别表示北部企业在南部的销售价格和需求量，τ 为冰山交易成本，那么北部销售收入 $R = px = p_{11}c_{11} + p_{12}c_{12}$，其中，销售量 $x = c_{11} + \tau c_{12}$，$p_{12} = \tau p_{11}$。为便于分析，取一个合适的标准化条件 $a_m = 1 - 1/\sigma$，则 $p_{11} = (1-g)w$，$p_{12} = (1-g)\tau w$，$p_{21} = (1-g)\tau w^*$，$p_{22} = (1-g)w^*$，$x = \sigma F/(1-g)$。

于是，北部企业收益 R 可以表达为：

$$R = \mu E \frac{p_{11}^{1-\sigma}}{\Delta^n w} + \mu E^* \frac{p_{12}^{1-\sigma}}{\Delta^* n^w} = \mu E \frac{p_{11}^{1-\sigma}}{\Delta^n w} + \mu E^* \frac{(\tau p_{11})^{1-\sigma}}{\Delta^* n^w}$$

其中：

$$\Delta^n w = \int_0^{n^w} p^{1-\sigma} di = np_{11}^{1-\sigma} + n^* p_{21}^{1-\sigma} = np_{11}^{1-\sigma} + n^* \phi p_{22}^{1-\sigma} = (1-g)^{1-\sigma}[nw^{1-\sigma} + n^* \phi(w^*)^{1-\sigma}]①$$

$$\Delta^* n^w = \int_0^{n^w} p^{1-\sigma} di = n^* p_{22}^{1-\sigma} + np_{12}^{1-\sigma} = n^* p_{22}^{1-\sigma} + n\phi p_{11}^{1-\sigma} = (1-g)^{1-\sigma}[n^*(w^*)^{1-\sigma} + n\phi w^{1-\sigma}] \quad (5-5)$$

这里，定义贸易自由度是冰山交易成本的函数：$\Phi = \tau^{1-\sigma}$，$\tau \geq 1$，$0 \leq \Phi \leq 1$。

于是：

$$R = \frac{w^{1-\sigma}\mu E}{n\,w^{1-\sigma} + n^* \phi(w^*)^{1-\sigma}} + \frac{\phi w^{1-\sigma}\mu E^*}{n^*(w^*)^{1-\sigma} + n\phi w^{1-\sigma}} \quad (5-6)$$

从形式上看，式（5-6）中并不包含税收 t 和补贴 g。但实际上，如果将税收和补贴因素从均衡价格中还原出来就可以发现，价格水平与名义工资存在比例关系，即：p=w（1-g）/（1+t）；若令 $\gamma=\tau$（1-g）/（1+t），则贸易自由度可以表示为：

$$\phi = \gamma^{1-\sigma} = (\tau\frac{1-g}{1+t})^{1-\sigma}$$

也就是说，税收和补贴水平作为广义交易成本 γ 的一部分共同影响贸易自由度，进而通过影响价格进入名义工资。这就解释了为什么 t、g 没有显性地表达在式（5-6）中。从另一个角度说，由于均衡价格

---

① 由 Δn^w 表达式可知，工业品价格指数 $P_m = (\Delta n^w)^{1/(1-\sigma)}$。

同时包含税收和补贴的影响，且中央政府是预算平衡的，财政因素可以通过市场机制"消化"到工业部门的名义工资中去，这可以理解为一个形如 $R = F\{\mu, \sigma, \Phi(\tau), E, E^*, w, w^*, n, n^* | t, g\}$ 的既定 t 和 g 水平下的多元条件函数，并且不难发现两种现象：

（1）市场机制对税收和补贴的"消化"取决于经济系统内的产品禀赋 n^w。由 n^w 的表达式（5-5）和宏观税负对价格指数的影响式（5-3）可知，式（5-5）分母、分子项对 R 的影响程度分别为 $(1+t)^{(1-\sigma)} n^w$ 和 $(1+t)^{(1-\sigma)}$，相除后税收因素被消化，只剩下经济系统内产品禀赋 n^w 的作用；或者由 n^w 的完整表达式可知，由于预算平衡，$(1+t)^{(1-\sigma)}$ 与 $(1-g)^{(1-\sigma)}$ 相抵，n^w 通过不含税的工业品价格指数 P_{M0} 发生的作用等于 $nw^{1-\sigma} + n^* \Phi(w^*)^{1-\sigma}$，即 n^w 在积分限上的分解，其对名义工资 w 的影响进入南北两个市场。

（2）理想的市场机制可以轻易地被财税政策"破坏"，破坏程度随着分权程度的增大而增大。假设在有限的分权体制中，中央政府赋予不同的辖区不同的政策自由度 θ，即 $\theta_n \neq \theta_s$，下标 n 和 s 分别表示北部和南部。式（5-5）中产品在南北两个地区销售将面对不同的从价税和补贴水平，这将直接导致辖区间展开博弈，使 $(1-\theta_n g)^{1-\sigma} \neq (1-\theta_s g)^{1-\sigma}$。式（5-6）中两个分式分别对应不同政策自由度下的补贴水平，政府补贴通过市场机制向名义工资的"消化"效率降低。如果中央政府进一步赋予辖区制定财政政策的自主权，使得 $t_n \neq t_s$ 和 $g_n \neq g_s$，并且容忍辖区政府的财政赤字，那么辖区间不展开收支博弈的初始状态将被打破，更将导致地方保护现象的出现，中央政府将无法保持收支平衡。

将式（5-6）右侧提取公因式 $\mu E^w w^{1-\sigma}/n^w$，北部和南部企业收益水平可以分别写成含有产业份额 s_n 和支出份额 s_E 的空间分布形式，即

$$R = \frac{\mu w^{1-\sigma} E^w}{n^w} B, \quad R^* = \frac{\mu(w^*)^{1-\sigma} E^w}{n^w} B^* \tag{5-7}$$

其中：

$$B = \frac{s_E}{\Delta} + \frac{\phi(1-s_E)}{\Delta^*}, \quad B^* = \frac{\phi s_E}{\Delta} + \frac{1-s_E}{\Delta^*}, \quad s_E \equiv E/E^*, \quad \Delta = s_n w^{1-\sigma} + \phi(1-s_n)(w^*)^{1-\sigma},$$

$$\Delta^* = \phi s_n w^{1-\sigma} + (1-s_n)(w^*)^{1-\sigma}, \quad s_n \equiv n/n^w_。$$

已知零利润条件下[①]$R = \sigma F w$，与式（5-7）联立解得两地名义工资水平：

$$w^\sigma = \frac{\mu E^w}{\sigma F n^w} B, \quad (w^*)^\sigma = \frac{\mu E^w}{\sigma F n^w} B^* \tag{5-8}$$

由于在总支出 E^w 中农业品支出份额为 $1-\mu$，工业品支出即工人名义收入，则有：$s_E = E/E^w = \dfrac{w_L s_L L^w + wH}{w_L L^w/(1-\mu)} = (1-\mu)(s_L + \dfrac{wH^w}{w_L L^w} s_H)$，其中 $s_H \equiv H/H^w$，均衡的农产品市场条件下 $s_L = 1/2$。

这说明，短期内产业份额 s_n 的变化通过机制 B 影响工资水平。与此同时，s_n 的变化必然带动工人的转移（s_H 变化），进而影响地区支出份额 s_E。

5.2.5 长期均衡与市场作用力

在长期，由于工人的空间流动意味着产业的转移，而工人的流动是由区际实际工资差异决定的。因此，当人口转移处于稳定状态时，即实现了长期均衡，也就是：$s_H = (w - w^*) s_H (1 - s_H) = 0$。可见，长期均衡有两种：一是内点解 $w = w^*$，此时 $s_h \in (0, 1)$；二是核心边缘解，此时 $s_h = 0$ 或 $s_h = 1$，即制造业全部集中在北部或者南部。

由前面的分析可知，理想的财政机制并不改变核心边缘框架下的市场机制。在既定工业品支出份额 μ 和产品替代弹性 σ 下，不同贸易自由度与地区工资差异表现出如图 5-1 所示的动态关系。对于第一种均衡条件，S 点处工资差异为 0，其稳定性取决于 $d(w - w^*)/d(s_n)$ 的符号：如果外部冲击带来的人口转移使实际工资差距变为负，迁移者为避免损失将返回原地，外部扰动被自动抹平，此时 CD 线上的 S 点为稳定均衡；反之，AB 线上的 S 点、GH 线上的 U_1、U_2 点为不稳定均衡。对于第二种均衡条件，A、B、C、D、H、G 分别代表不同贸易自由度下产业在地区间完全集聚的情况。需注意的是，作为核心变量的贸易自由度包含了税收和补贴的影响。

---

① 由企业规模 $x = [(\sigma - 1)F/a_m]/(1-g)$ 可知 $(1-g)a_m x + F = \sigma F$，$\sigma F$ 即为雇佣的工人劳动总量（全部成本）。

实际工资差异w−w*

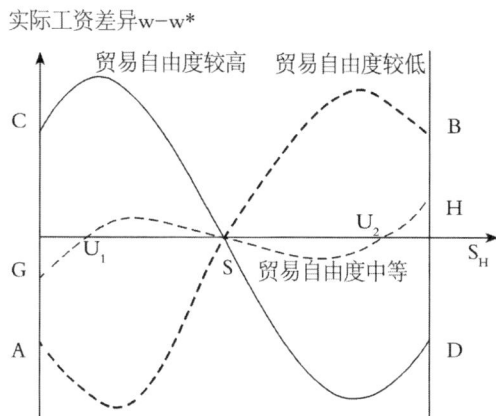

图 5-1　滚摆线与局部稳定性[①]

5.3　引入辖区间财政竞争的扩展模型

假设中央政府出于经济和政治的考虑，赋予两个辖区财政自主权，辖区为争取产业和要素的转移而展开财政博弈，使辖区间税收、补贴水平产生差异。假定两个辖区政府均实行稳健的财政政策，财政补贴不存在税收以外的融资渠道，不存在地方政府债务。这使得辖区间的财政博弈在预期可实现的平衡预算约束下进行[②]。另外，政府是有效率的，提供公共物品不存在行政成本。在生产环节，企业享受归属地的补贴政策；但在消费环节，工业品从价税在销售地征收。为了鼓励外销和避免重复征税，政府对本地外销的产品不征税，对辖内销售的来自两个市场的产品征收相同的从价税。

5.3.1　财政博弈与非对称收益

北部、南部分别选择不同的税收和补贴水平 t_n、g_n 和 t_s、g_s，以北部地区为例，外销产品价格与本地价格存在如下关系：

①　安虎森，等.新经济地理学原理［M］.2版.北京：经济科学出版社，2009.
②　引入辖区博弈使税收、公共物品具备了地方性，随着生产要素的跨辖区流动，税收的转移将导致要素净流出地区难以维持既定的地方公共品供给水平，平衡预算假设则可以避免复杂化地讨论政府债务。

$$p_{12} = \frac{\tau t_s}{1 + t_n} p_{11}, \quad p_{21} = \frac{\tau t_n}{1 + t_s} p_{22}$$

可见，辖区间相向的交易成本因财政博弈而产生差异，若令 γ 表示交易成本，下标箭头代表交易方向，则：

$$\gamma_{n \to s} = \frac{\tau t_s}{1 + t_n} \neq \gamma_{s \to n} = \frac{\tau t_n}{1 + t_s} \qquad ①$$

工业部门为保持市场出清则须满足新的产需平衡 $x_n = c_{11} + (\gamma_{n \to s}) c_{12}$ 和 $x_s = c_{22} + (\gamma_{s \to n}) c_{21}$。于是，北部企业收益 R 表达为：

$$R = \mu E \frac{p_{11}^{1-\sigma}}{\Delta n^w} + \mu E^* \frac{p_{12}^{1-\sigma}}{\Delta^* n^w} = \mu E \frac{p_{11}^{1-\sigma}}{\Delta n^w} + \mu E^* \frac{(\gamma_{n \to s} p_{11})^{1-\sigma}}{\Delta^* n^w} \qquad (5-9)$$

其中：

$$\Delta n^w = \int_0^{n^w} p^{1-\sigma} d_i = n p_{11}^{1-\sigma} + n^* p_{21}^{1-\sigma} = n p_{11}^{1-\sigma} + n^* \phi_{s \to n} p_{22}^{1-\sigma} = n(1 - g_n)^{1-\sigma} w^{1-\sigma} + n^* \phi_{s \to n} (1 - g_s)^{1-\sigma} (w^*)^{1-\sigma}$$

$$\Delta n^{*w} = \int_0^{n^w} p^{1-\sigma} d_i = n^* p_{22}^{1-\sigma} + n p_{12}^{1-\sigma} = n p_{22}^{1-\sigma} + n \phi_{s \to n} p_{11}^{1-\sigma} = n^* (1 - g_n)^{1-\sigma} w^{1-\sigma} + n \phi_{s \to n} (1 - g_s)^{1-\sigma} (w)^{1-\sigma}$$

式（5-9）较式（5-5）出现明显变化，即：收益水平因交易方向不同而不同，辖区间财政博弈将导致市场的"分割"。对于既定的冰山交易成本，广义交易成本 γ 的大小直接取决于两地税收水平的比较。

令贸易自由度分别为 $\phi_{n \to s} = (\gamma_{n \to s})^{1-\sigma}$ 和 $\phi_{s \to n} = (\gamma_{s \to n})^{1-\sigma}$，将式（5-9）整理为关于名义工资的形式，即：

$$R = \frac{w^{1-\sigma} \mu E}{n w^{1-\sigma} + n^* \phi_{n \to s} (\frac{1 - g_s}{1 - g_n})^{1-\sigma} (w^*)^{1-\sigma}} + \frac{\phi_{n \to s} w^{1-\sigma} \mu E^*}{n^* (\frac{1 - g_s}{1 - g_n})^{1-\sigma} (w^*)^{1-\sigma} + n \phi_{n \to s} w^{1-\sigma}}$$

$$R^* = \frac{(w^*)^{1-\sigma} \mu E^*}{n^* (w^*)^{1-\sigma} + n \phi_{n \to s} (\frac{1 - g_n}{1 - g_s})^{1-\sigma} w^{1-\sigma}} + \frac{\phi_{n \to s} w^{1-\sigma} \mu E^*}{n^* (\frac{1 - g_s}{1 - g_n})^{1-\sigma} w^{1-\sigma} + n^* \phi_{s \to n} (w^*)^{1-\sigma}} \qquad (5-10)$$

由于财政博弈导致辖区间贸易自由度亦即交易成本以及地方性公共品的溢出效应因交易方向不同而不同，企业收益的空间分布也因此难以保持最初的对称形式，从而表现为非对称的收益，即：

---

① 前文式（5-6）后面定义的 $\gamma = \tau \frac{1-g}{1+t}$ 是为了剥离税收和补贴的影响，揭示统一市场实现短期均衡时名义工资与产品价格的关系；引入财政博弈后，市场出现了分割，地方性补贴作为一种成本优势包含在产品外销价格中，不必与外销产品的价格分离，此时相向的交易成本差异主要由税率差异引致，因此定义 $\gamma_{n \to s} = \frac{\tau t_s}{1 + t_n}$、$\gamma_{s \to n} = \frac{\tau t_n}{1 + t_s}$。

$$R = \frac{w^{1-\sigma}\mu E^w}{n^w}\left[\frac{s_E}{s_n w^{1-\sigma}+(1-s_n)\phi_{s\to n}(\frac{1-g_s}{1-g_n})^{1-\sigma}(w^*)^{1-\sigma}}+\frac{(1-s_E)\phi_{n\to s}}{(1-s_n)(\frac{1-g_s}{1-g_n})^{1-\sigma}(w^*)^{1-\sigma}+s_n\phi_{n\to s}w^{1-\sigma}}\right]$$

$$R^* = \frac{\mu(w^*)^{1-\sigma}E^w}{n^w}\left[\frac{1-s_E}{(1-s_n)(w^*)^{1-\sigma}+s_n\phi_{n\to s}(\frac{1-g_n}{1-g_s})^{1-\sigma}w^{1-\sigma}}+\frac{s_E\phi_{s\to n}}{s_n(\frac{1-g_n}{1-g_s})^{1-\sigma}w^{1-\sigma}+(1-s_n)\phi_{s\to n}(w^*)^{1-\sigma}}\right]$$

$$(5-11)$$

解得北部和南部的名义工资水平：

$$w^{\sigma}=\frac{\mu E^w}{\sigma F n^w}\Theta,\quad (w^*)^{\sigma}=\frac{\mu E^w}{\sigma F n^w}\Theta^* \tag{5-12}$$

其中，Θ 和 Θ^* 分别表示 R 和 R^* 表达式中括号内的部分。采用标准化条件 $n^w=1$、$a_m=1-1/\sigma$、$F=1/\sigma$、$E^w=1/\mu$ 使 Θ 和 Θ^* 的系数标准化为 1。

于是，w、w^* 即由 Θ、Θ^* 非线性地决定，而 Θ 和 Θ^* 是包含了 w、w^*、s_n、s_E、Φ、t 和 g 等核心变量交互作用的动态调整机制，这使得对 w、w^* 的求解必须借助计算机模拟进行。在此之前必须厘清的是税收和补贴会对核心变量产生什么影响，存在辖区间财政竞争的情况下，彼此之间存在怎样的联系。

5.3.2　税收竞争对贸易自由度的影响

本书设计了两种"竞争到底"的博弈机制，假设的博弈策略是追随者与领导者持平，南部辖区先行降低了税率水平，北部追随南部而开展博弈，双方博弈幅度相同。第一种机制称为差额博弈，类似递减的等差数列。若博弈幅度 range=5%，如果 $t_{n1}=100\%$，则 $t_{s1}=95\%$，进而 $t_{n2}=95\%$，则 $t_{s2}=90\%$，依次类推；另一种机制称为比例博弈，类似递减的等比数列。若博弈幅度 range=5%，$t_{n1}=100\%$，则 $t_{s1}=95\%$，进而 $t_{n2}=95\%$，则 $t_{s2}=95\%\times95\%$，依次类推。

以 5% 和 10% 的博弈幅度为例，核心变量取适中值[①]，即 $\tau=1.75$，$\sigma=5$。将不同的数值模拟结果汇总为两个趋势对比图（如图 5-2、图 5-3 所示），其中横坐标表示辖区间相对税率差异（c_n/t_s），纵坐标为

---

① 一般观点认为 $\tau=1.75$，$\sigma=5$ 是一个比较符合实际的适中取值，本书不再讨论 τ 和 σ 变动的情况，暂视其短期不变。

贸易自由度差异（Φ_n/Φ_s），可以直观地发现两种博弈机制存在以下特征：

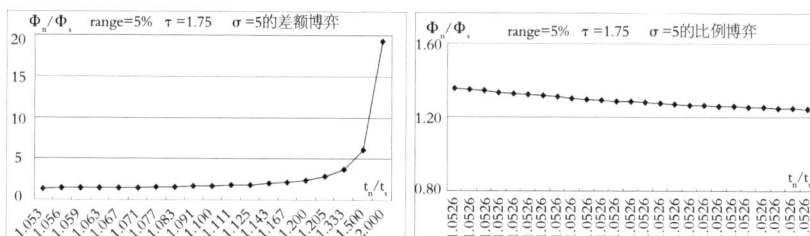

图 5-2　range=5%的差额博弈与比例博弈

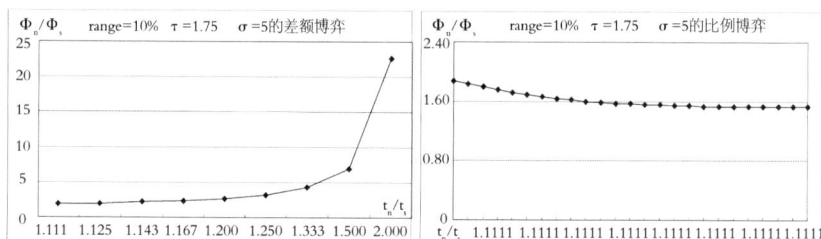

图 5-3　range=10%的差额博弈与比例博弈

特征（1）：差额博弈存在明显的阶段性特征，初始的 Φ_n/Φ_s 水平与比例博弈相当，随后显著高于比例博弈下的水平，且存在与"突发性集聚"相类似的空间经济特征，即税率差异达到一定临界点时交易成本突发性地急剧扩大。数值模拟显示，在 $\tau=1.75$，$\sigma=5$ 的水平下，这一理论临界点出现在 $c_n/t_s > 1.5$ 且 $\Phi_n/\Phi_s > 5$ 的区间上，此时继续进行"竞争到底"的博弈将导致市场完全分割，追随者交易成本趋于无限大，Φ_n/Φ_s 的增速大幅快于 c_n/t_s 的增速，此时两地税率均趋近于零。

特征（2）：比例博弈机制下，c_n/t_s 不变，Φ_n/Φ_s 显著小于差额博弈下的水平，且存在频繁调整下的缓慢收敛特征。数值模拟显示，在 $\tau=1.75$，$\sigma=5$ 的水平下，Φ_n/Φ_s 在 5%和 10%的博弈幅度下近似地收敛于 1.23 和 1.52。比例博弈机制下的市场分割程度显著小于差额博弈的水平。

特征（3）：随着博弈幅度增大，不论差额博弈还是比例博弈都表现出 Φ_n/Φ_s 和 c_n/t_s 增大的趋势，但比例博弈下的 c_n/t_s 是常数值，且随着 Φ_n/Φ_s 的收敛，各辖区内的税收水平 t_n、t_s 降低并趋于零。

上述特征具有两个重要政策意义：

（1）财政政策的相机抉择时点应确定在税收差异突变的临界点上。这时上级行政介入或地区间达成"和解"将有效避免"竞争到底"策略带来的税收减少、地区福利损失和市场分割的问题。

（2）适度微调并保持连续性的财政政策有利于使地区差异保持在相对合理的水平，其中财政博弈机制和博弈幅度是两个可控的关键变量。

5.3.3 地方性公共品溢出效应与门槛补贴

地方政府对辖区内工业企业可变成本提供的补贴可视为一种地方性公共物品，在扩大企业产出水平的同时随产品外销而产生溢出效应，表现为含有北部生产补贴的不含税产品在南部被征收一定比例的从价税，反过来南部公共品也通过工业产品的外销被北部征税。因此，不妨这样理解，辖区间的公共品溢出是一种伴随税源转移而发生的经济现象，且不同辖区的公共品溢出强度因相对税率水平的高低而存在大小差异。但是，在预算平衡约束下，地方政府进行财税决策时必须权衡净溢出效应的大小和博弈形势的变化。既定博弈机制下，怎样实现地方性公共品溢出效应的区际均衡呢？

本书认为，虽然现实中的公共品溢出水平难以计量，但理论上可以将均衡条件约定为类似于零和博弈的辖区间公共品净溢出效应为零，也就是相向的税源转移规模相等，尽管税率和交易成本差异仍然客观存在。而地方政府能够在多大程度上将税源转化为收入，则取决于税率水平、征税效率等因素，未能转化为本地税收的税源转移则归于企业利润。这种理论设想并非稳定均衡，而是一个随着辖区财政博弈和交易成本不断变化而动态调整的相机决策过程。

若北部地区的税收收入为 T_n，地方性公共品总供给为 G_n，南部地区对应为 T_s、G_s，根据上述理论假设则有：

$$T_n = \frac{p_{11}t_n}{1+t_n}c_{11} + \frac{p_{21}t_n}{1+t_s}c_{21}, \quad T_s = \frac{p_{22}t_s}{1+t_s}c_{22} + \frac{p_{12}t_s}{1+t_n}c_{12}$$

$$G_n = (c_{11}+c_{12})g_n, \quad G_s = (c_{22}+c_{21})g_s$$

$$\frac{p_{21}t_n}{1+t_s}c_{21} = \frac{p_{12}t_s}{1+t_n}c_{12}$$

假设本地税收全部用于本地公共品供给，即 $T_n = G_n$，$T_s = G_s$，亦即：

$$\left(\frac{p_{11}t_n}{1+t_n} - g_n\right)c_{11} + \left(\frac{p_{12}t_s}{1+t_n} - g_n\right)c_{12} = 0, \quad \left(\frac{p_{22}t_s}{1+t_s} - g_s\right)c_{22} + \left(\frac{p_{21}t_n}{1+t_s} - g_s\right)c_{21} = 0$$

因为需求量 $c > 0$，则有：

$$g_n = \frac{t_n}{1+t_n}p_{11} = \frac{t_s}{1+t_n}\gamma_{n\to s}p_{11}, \quad g_s = \frac{t_s}{1+t_s}p_{22} = \frac{t_n}{1+t_s}\gamma_{s\to n}p_{22}$$

消除公因式解得：

$$t_n\big/t_s = \gamma_{n\to s}, \quad t_s\big/t_n = \gamma_{s\to n}, \quad 亦即\ \gamma_{n\to s} \times \gamma_{s\to n} = 1；又知标准化后的价格$$

$p_n = (1-g_n)w$，$p_s = (1-g_s)w$，于是：

$$g_n = \frac{t_n}{1+(1+w)t_n}, \quad g_s\frac{t_s}{1+(1+w^*)t_s} \tag{5-13}$$

由于上式分母明显大于分子，所以 $g_n < t_n$，$g_s < t_s$，可以得到以下推论：

（1）地方性财政补贴水平必须低于其税率水平才能保持辖区预算平衡。

（2）补贴水平直接取决于辖区内税率和名义工资的相对变化，且间接受到辖区间财政博弈的影响。即当博弈幅度为 r 时，差额博弈或比例博弈机制下辖区间税率满足 $t_n - t_s = r$ 或 $t_n/t_s = 1 - r$，这使得 g_n、g_s 之间也存在与税收竞争相类似的动态协调关系。

（3）辖区间可以通过税率和补贴水平的动态调整实现相向交易成本的乘积单位化，此时地方性公共品在区际的净溢出为零。

上述推论的政策启发在于，如果辖区政府之间存在某种公平竞争的协议或默契，即为了吸引产业转移和工业劳动力的迁入，在竞相提供税收减免优惠的同时确保辖区间税源转移规模公平，在预算平衡约束下，式（5-13）即可被视为地方性财政补贴的门槛标准，并可参照税率和名义工资水平而动态调整。补贴水平高于这一标准时，税源转移规模扩大将导致地方公共品向竞争地区的溢出增加，财政赤字风险增大；低于这一标准则将导致地区吸引力下降，产业流失风险加大。

同时，上述推论还为辖区间横向转移支付制度的设计提供了新思路。空间经济学理论认为，外生冲击可以改变需求的空间分布，进而引致产业的突发性集聚并产生区位黏性，市场接近效应和生活成本效应作为集聚力大于企业拥挤竞争产生的分散力。这时，产业集聚区可以对集聚产生的额外收益征收较高税率而不至于造成产业流失，产业流失地区则面临本地税源减少的压力，无法同时提高名义工资和补贴水平，公平的税源转移无法实现，地区差异进一步扩大。在此背景下，通过上级政府规定或辖区间协议生效的横向转移支付制度实质上就是一种对集聚租金的分享机制，即由产业集聚地区向产业流失地区提供一定额度的补偿，它等于产业流失区因提高名义工资水平而造成的补贴水平的下降。

5.3.4　数值模拟与解析

前面的分析基本理顺了辖区间竞争性财政博弈下税收与补贴的交互关系，以及它们如何对不同市场的差异产品价格、交易成本和贸易自由度、名义工资等变量施加影响，这些讨论在核心-边缘的原模型中是不存在的。

为简化分析并保持数值模拟的一致性，仍令 $\tau=1.75$、$\sigma=5$，同时 $\mu=0.45$，仅考虑博弈幅度为 5% 的情况；仍然使用标准化条件使 Θ 和 Θ^* 的系数标准化为 1；模拟精度控制在万分之一[①]。考虑非对称均衡下产业受外部冲击而向北迁移的情况，各变量随着产业份额动态调整，假设起点处的南北名义工资保持对称均衡的 $w=w^*=1$。南部为了争取产业优势首先降低了税率，北部追随开展竞争，在 Θ 和 Θ^* 机制作用下形成的新的名义工资，随即又被产业转移和财政竞争打破。这种过程不断反复，直到达到某一临界水平。经过大量数值模拟，并将模拟情况绘制成具有一般特点的平滑图示，得到以下几个推论：

推论一：存在产业转移和财政竞争性博弈的情形下，名义工资的变动存在拐点处的极大值和收敛的最小值，相对于税收和补贴变化，名义工资表现出先快升、后缓降的趋势。博弈方式并不会显著改变工资水平的变化趋势，但影响拐点处对应的名义工资的值（如图 5-4 所示）。

---

① 由于名义工资表达式是一组非线性函数关系，通过数值模拟的解若使等式两边误差小于万分之一，即认为等式可以成立。

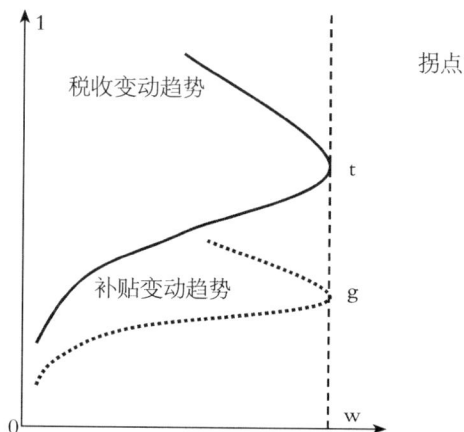

图 5-4　税收、补贴与名义工资的关系

其政策启发在于，如果辖区财政竞争可以达成和解，那么税收和补贴的拐点可视为政策抉择的最优时点，此时税收与补贴的差额最大，且辖区实现了名义工资最大化。即使政策介入时点落在拐点前后的弯折区域，工资水平仍然可以维持在较高的次优水平。因此，对于一个集权的中央政府来说，有效约束辖区间财政竞争或促进辖区间合作有利于避免"竞争到底"带来的税收、补贴减少和工资下降。

推论二：如果存在外生冲击引致产业的持续转移，受辖区间财政竞争的影响，辖区间支出份额或消费水平的差异将随着产业的转移而逐渐缩小甚至趋同（如图 5-5 所示）。

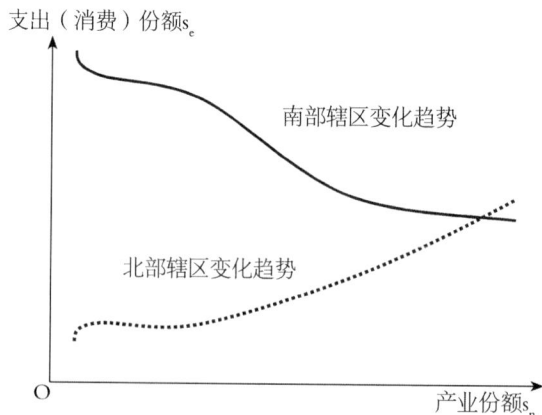

图 5-5　辖区间产业份额与支出份额的变动关系

这是由于，在工业品支出比例 μ 短期不变的条件下，财政竞争导致补贴水平不断下降，产业迁入地的名义工资逐渐低于产业迁出地，支出份额随着产业份额的提高而提高，产业迁出地的支出份额变化则刚好相反。

推论三：随着产业集聚趋势的增强，辖区间实际工资差异主要受到价格指数的影响，财政竞争则影响不同时点上实际工资差异的波动幅度（如图 5-6 所示）。

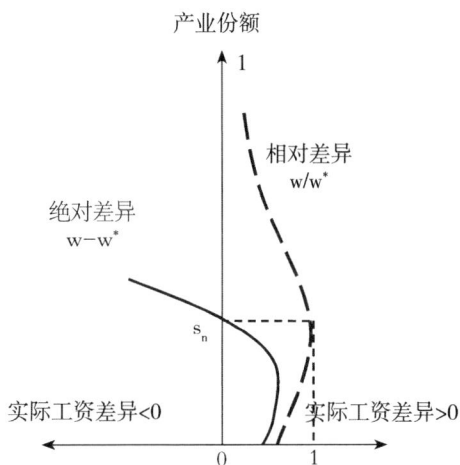

图 5-6 存在财政博弈时的工资差异与产业份额

产业迁移初期实际工资 $\bar{w} > \bar{w}^*$，随着集聚力的增强开始出现 $\bar{w} < \bar{w}^*$，在产业份额达到某个临界点时，$\bar{w} = \bar{w}^*$。超过这一临界点亦即要素迁入地产业份额进一步提升时，辖区间实际工资的绝对差异 $\bar{w} - \bar{w}^*$ 扩大，而相对差异 $\bar{w}/\bar{w}^*$ 趋于收敛。财政因素在这一过程中正如前文所述被"消化"进入名义工资，并因博弈幅度和方式不同而不同。其政策启发在于，通过适当的财政政策调节保持适度的产业集聚，有利于缩小地区间的真实收入差距，或使其保持在相对合理的水平上。

推论四：即使辖区间实际工资水平相等，财政竞争也不能改变辖区居民最大化效用的"天然"差异（如图 5-7 所示）。

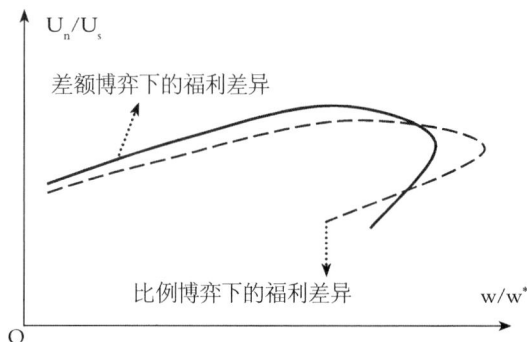

图 5-7　收入与效用差异

由间接效用函数可知，辖区间最大化效用的相对差异可以表示为 $U_n/U_s = (P_M/P_M^*)^{-\mu}[s_E/(1-s_E)]$，而 $\bar{w} - \bar{w}^* = 0$ 即 $\bar{w}/\bar{w}^* = 1$ 对应的 P_M 和 P_M^* 是由机制 Θ、Θ^* 非线性决定的，其中辖区间税收、补贴、交易成本、名义工资以及产业份额都是不同的，支出份额也是不相等的，这就必然导致 $U_n/U_s \neq 1$，且 $U_n/U_s < 1$。这是由于，如果劳动力要素的迁移收入并不消费在工作地点，而是返回原地也就意味着不存在消费的转移，那么南部劳动力的最大化效用取决于从北部获得的收入与南部 P_M^* 的比值。

5.4　小结

本章将财政要素嵌入 C-P 模型，即在生产环节对可变成本提供补贴、在消费环节对差异性产品征收从价税，解析了空间经济机制下的财政作用，并结合体制背景扩展为对不同辖区、不同博弈机制下的财政竞争及其影响的深入讨论，得出了某些新鲜的理论观点，或许可以为相关实证研究或政策研究提供某些参考，比如不同财政博弈机制下的相向交易成本差异、税源转移总量公平视角下的区际公共品溢出均衡、产业集聚收益分享机制下的区际横向转移支付制度构想、伴随产业转移动态调整过程的相机决策，等等。

另外，本书的研究发现，只要辖区政府财政行为存在差异，就几乎必然存在地区间的"市场分割"现象。这种现象不同于地方保护，它是在稳健可控的辖区财政博弈机制下出现的、因相向交易成本差异产生的市场效率的降低，不妨将其理解为一种弱的市场失灵。伴随发生的还有"市场脱节"现象，即当地区市场受到突发的外部冲击等因素影响时，辖区政府将难以通过既定的门槛标准保持税源转移规模的总量公平，并因受制于竞争性策略和政策滞后性，难以对税源进行有效调控，从而导致财政行为与市场脱节，不妨将其理解为一种弱的政府失灵，且这种失灵具有动态持续性。不难发现，在引入财政竞争的扩展模型中，产业难以形成空间上完全集聚的形态，只能在一定产业份额上保持不完全集聚的某种平衡，并需要借助财政调控的力量予以维持。市场分割与市场脱节现象或许是一个重要内因。

6 非对称财政调控的稳定性与非均衡协调

本章主要从财政政策层面对前文的理论建模进行扩展和补充。现实中，与微观经济决策相伴生的辖区间财政行为未必对等或对称，更具一般性的情形是非对称辖区间的财政不均衡现象，这使得针对非对称辖区开展财政调控和公共政策协调具有较强的现实必要性。与一般宏观分析不同，本章对财政调控及有关公共政策的理论描述主要基于微观的经济决策或中观的产业调整视角，并遵循上述空间财政的模型框架以保持理论连续性。

6.1 非对称的财政调控机制

6.1.1 政策目标与调控对象

财政政策是在一定经济理论指导下制定并贯彻执行的财政行为准则，是政府干预经济的控制手段和间接工具。纵观其理论发展，财政政策逐渐由强调手段向强调目标转移，存在不同理论学派的多种政策主张和不同划分标准下的多重分类。就本书的研究视角来看，按照财政收支活动与社会经济活动之间的关系划分，财政政策可以分为总量政策和个量政策，亦即宏观政策和微观政策；按照财政政策所规范的内容划分，财政政策可以分为财政收入政策、财政支出政策和财政调控政策。财政收支政策主要是指通过调整财政收支的总量水平、结构和方式来实现对经济的调节，而财政调控政策是指根据一定时期经济和社会发展的要求，对中央政府和地方政府、政府与企业、预算资金和预算外资金之间的关系进行调节和控制①。由于本书的理论建模主要基于居民企业和个人进行的跨辖区生产、消费的经济决策以及流动性生产要素的空间配置，财政行为作为这一微观经济机制的重要参量而发生作用，因此本书语境中的财政政策主要适用于个量政策或财政调控政策的有关讨论。

若将财政调控视为财政政策的重要内容，与其直接相关且联系紧密的内容即财政调控的目标，亦即财政政策的目标。通用的财政学理论教材对财政政策目标的论述大都侧重于一般宏观经济视角，内在地联系着财政的基本职能，即资源配置、收入分配、经济稳定与经济增长，因此财政政策的基本目标即宏观经济学理论上的充分就业、物价稳定、经济增长和国际收支平衡。

就本书的微观理论建模而言，难以就上述宏观目标进行周全的讨论，但这并不是说微观经济视角的空间财政模型不能阐述宏观财政政策问题，只是政策手段和分析方法的选择需要更具针对性。一般而言，宏观财政政策的工具主要分为预算、支出和收入三大类。其中，预算工具分为赤字、盈余和平衡三种；支出主要包括各种政府购买支出（亦即公共物品供给）和转移支付；收入包括税收（以及非税收入）和政府公债。

出于理论简化和抽象的目的，本书构建的空间财政理论模型假定政府实行平衡预算，因此省去了对政府债务的讨论。并且，基础假设中并未涉及转移支付，尤其是没有包含中央–地方、上级–下级的纵向转移支付，这是基于对横向财政关系进行理论建模的考虑，并且在实证分析中试图证明了横向财政失衡中有相当一部分的财力差异来自经济系统内生的作用。因此，在涉及转移支付的讨论时，本书将主要讨论基于地区间内生的财政差异进行的财政调控与利益分享，也就是横向转移支付的

① 孙开 . 公共经济学［M］. 武汉：武汉大学出版社，2007.

可能路径。由于将各种可能的税收和非税收入合并抽象为针对销售行为而征收的从价税，因此，辖区间财政博弈和调控的影响能够有效地体现于差异性产品价格、名义工资以及产业和消费的转移过程中。尽管税收作用是强制性的，但它允许私人部门通过市场机制实现调整。同时，商品课税改变了应税商品的相对价格，也就反映出了政府对社会关于市场价格偏好的解释①。因此，在本书的理论分析框架中，相对价格即成为财政调控的核心对象，而税收和补贴是财政调控的手段或工具。对相对价格的调控亦即政策目标包括统一的两个方面：

一是调控产品的相对价格。辖区间不同的税收和补贴水平直接影响着不同销售方向上的交易成本、应税工业品的销售价格以及包含在销售价格中的生产成本优势，即使不同地区的差异性产品出厂价格完全相同，也可能由于财政差异的存在出现相对价格差异，从而导致市场份额的变动，进而能够决定辖区间企业的利润水平和宏观税基变化，影响着地方性公共物品的供给水平和辖区间财政关系。

二是调控要素的相对价格。在农业部门劳动力工资作为计价物标准化为1的条件下，可流动的工业劳动力作为唯一使用的生产要素进入企业的成本函数，并衡量厂商的固定成本和可变成本投入，影响企业利税水平。生产要素的价格亦即工人的名义工资。税收和补贴手段通过进入企业的成本和利润函数影响着辖区间生产要素的相对价格。相对价格差异亦即名义工资差异或实际工资差异又是促进产业、人口、消费和收入在辖区间进行空间配置的驱动力。通过财政调控熨平利益驱动导致的市场失灵，才能有效调节地区间收入分配的不公平，并且促进财政不均衡的收敛。

对上述内在机制更为直观的表述就是，尽管财政手段上的差异是地区间财政差异和财政不均衡的重要表现，但财政差异并不是财政调控要消除的对象，其政策实质或目标应是经济增长过程中基于资源有效配置的地区收入分配合理化。这样，宏观财政职能和政策目标才能与微观财政调控机制有机配合。

---

① 郭庆旺，赵志耕.财政学［M］.北京：中国人民大学出版社，2002.

6.1.2 非对称性与财政差异

"对称"是经济学分析最为常见的理论假设，往往是分析的起点和理想状态。在微观经济学的市场理论中，对称往往指代市场信息的充分完备性，以及完全竞争、充分有效的市场形态。在信息对称的市场模型中，微观经济主体能够对信息变化做出理性、即时而富有市场效率的调整。在空间经济学的理论体系中，对称往往指代两个地区在初始状态上产业规模对等的稳定均衡，随着对称的打破以及产业的迁移，最终形成内生的非对称结构，亦即稳定的核心-边缘结构。尽管对称经济在理论分析中应用普遍，但非对称性才是现实经济的常态。在本书的语境中，非对称并不单指代市场效率不充分或产业规模不对等的含义，还包含其他几方面的含义：

（1）市场条件不对称。其包括：①要素禀赋不对称。现实中几乎没有哪两个地区的要素禀赋完全相同。经济要素禀赋的范畴较广，理论意义上特指不同辖区内的资本与劳动的比值不同。②交易成本不对称。从前文的理论模型中可以看出，即使在一个对称的空间经济机制中，由于辖区财政手段和财政博弈的介入，差异性产品面临的广义交易成本也会因销售方向的不同而存在差异。③市场或产业规模不对称。如果将分析的起点设定在产业规模对称的状态上，随着这种均衡被外部冲击打破，仍然可能出现产业规模非对称甚至产业完全聚集的核心-边缘结构，这种非对称与空间经济学的一般理论条件是吻合的；另一种情况则是初始的市场或产业规模非对称。④经济区位不对称。不包含①~③的内容，仅指狭义的经济区位条件，包含了地理位置带来的可能影响。

（2）行政管理条件不对称。其包括：①政府层级不对称。由于本书的理论建模主要基于横向的财政关系，因此暗含的假设是南北两辖区在政府层级上是对等的，如不加特别注明，仍然假定两辖区处于相同的政府层级。②管理权限不对称，主要指辖区财政部门可能因财政体制安排上的差异存在财税管理上的自由裁量权限差异，亦即各自的财权与事权匹配程度不同。③财政能力和政策效果不对称。它是指不同辖区的收入筹集能力、公共物品供给能力不同，以及即使财政能力上不存在显著差异，其财政政策取得的效果也会由于各自所处的市场和政治环境不同而存在效果上的差异。

非对称性的直接影响是导致辖区间财政差异或财政不均衡。从市场经济的角度看，市场条件的非对称性可视为造成辖区间财政差异的首要原因，行政管理条件的非对称性则可视为次要原因。但是，行政管理条件上的非对称性也促使辖区政府采取有差别的财政政策手段参与微观市场机制，进而实现各自的财政调控目标。从理论条件的适用性考虑，本书仍然将对称性假设作为重要的分析起点，以便在已经建立的模型框架下继续探讨相关问题，同时将非对称性假设视为一个新的理论前提，针对所要讨论的不同问题对理论模型进行必要的扩展。

6.1.3 市场拥挤与循环累积因果效应

市场拥挤效应或称本地竞争效应是促进经济发散的作用力，市场接近效应和生活成本效应分别对应需求关联和成本关联的循环累积因果效应，亦即后向联系和前向联系，是两种促进经济集聚的作用力。这三种作用力的此消彼长和共同作用，构成了空间财政的调控机制。

市场拥挤效应是指，出于某种原因一部分工业劳动力（流动性生产要素）向北转移打破了对称均衡，扩大了北部的产品种类数量 n，从而减少了南部的产品种类数量 n^*，这将提高北部企业争夺消费者的竞争，降低企业收益水平，从而只能支付较低的名义工资以保持收支平衡，在其他条件不变的情况下，较低的名义工资导致北部相比南部缺乏吸引力，使得南部的流动性要素不会继续向北转移，产业集聚趋势减弱，甚至可能导致已经转移到北部的流动性要素返回南部。

基于后向联系、需求关联的市场接近效应是指，在存在交易成本且其他条件相同的情况下，任何企业都选择市场规模较大的经济区位。一般假设迁移劳动力将收入消费在工作地点，这样人口转移导致消费转移，进而又导致生产的转移。随着南部厂商的迁入，工业部门劳动力需求大大超出北部劳动力供给，就业机会的提供将进一步激励人口向北部转移。因此，要素迁入地区的厂商销售收入和营业利润相对提高，要素迁出地区的厂商销售收入和营业利润相对降低，因此厂商倾向于离开南部迁入北部。

基于前向联系、成本关联的生活成本效应是指，由于本地自产自销的产品无须支付外销时的交易成本，且在其他条件不变的情况下，要素迁入扩大了北部地区的产品种类数量，降低了北部的生活成本（价格指数）而提高了南部的生活成本，这相当于提高了北部的实际工资水平而降低了南部的实际工资水平，将进一步激励要素向北部的转移，扩大北部在整个产品禀赋中所占的份额。

分散力和集聚力的合力决定了辖区间流动性税源的空间分布，也决定了市场作用与政府干预的力量对比，内在地蕴含着非对称的财政调控机制。从市场作用来看，聚集力和分散力的相对大小是不对称的，理论上稳定的对称均衡会因外部冲击而变得不稳定，甚至出现产业完全集聚和分散的核心-边缘结构。这种产业结构的变化是内生的，也就是空间经济理论所谓的内生的非对称性。如果进一步考虑地区间在资源禀赋、经济区位等因素上的天然不对称，经济集聚和分散的作用力可能更强，从而导致地区间经济和财政差异的进一步扩大。从政府干预的角度看，任何一个辖区政府都不会容忍产业和税源的完全流失，必须保持财政收支的稳健和连续，因此，在维护正常市场秩序的条件下，辖区政府必然利用其在财政博弈中的地位和影响对市场作用力加以干预和调节。要素迁入的辖区倾向于增强市场集聚力，要素迁出地区则倾向于增强产业分散力。其共同目标是提高对流动要素的吸引力，辖区间政府必须在一定的预算约束下利用财政政策工具，调整辖区内税负水平，提高地方性公共物品供给水平。其实质是影响生产要素的相对价格以合理化经济资源的空间配置，也就是空间财政调控的微观机制。

6.1.4 税收、补贴对产业区位的影响

在产业集聚力和分散力共同作用的经济系统中，财政调控的政策效果往往是非线性的，即使手段和力度相同的财政调控，取得的政策效果也可能完全不同。首先，讨论税收对产业转移的一般影响。假设北部存在产业集聚的趋势，流动要素（税源）由南部向北部转移。要素价格的差异表现为两地实际工资水平的差异。税收的收入效应取决于税率的大

小和税率变化时的税基损失或增加。政府收入 R 可以表示为税率 t 与税基 B 的乘积，并且 dR/dt=B（1−ε），ε≡−t/B（∂B/∂t）。可见，ε 表示税基关于税率变动的弹性，也就是税基反应。由于存在集聚力和分散力的对比是经济系统内的动态过程，因此长期税基反应是一个变量而非短期常量。增税对产业区位的非线性影响如图 6-1 所示，横轴表示北部的流动要素（工业劳动力）份额，E 点时初始的对称均衡点，这时南北两地产业份额均为 1/2。如果北部辖区为了增加财政收入而提高流动要素税负，均衡点由 E 变动至 A，北部的实际工资水平 w 减去 △t 至少要等于南部的实际工资 w*，才能保证流动要素不会进一步流失。此时北部损失的流动要素为（1/2−n'），此时税基的减少小于收入的增加；假设北部进一步提高税率水平，这将加速流动要素的迁出，使市场分散力大于集聚力，税基损失为（n*−n'），大于 △t。也就是由税基损失而导致的收入损失大于税率提高而带来的收入增加，北部的财政收入反而下降了。尽管收入增长的效应在一定范围内存在渐进的特征，但一旦超过了某个临界值，很可能导致相同的税收政策因面临的税基反应不同而收到完全不同的政策效果。

实际工资差异（北部实际工资减去南部实际工资）

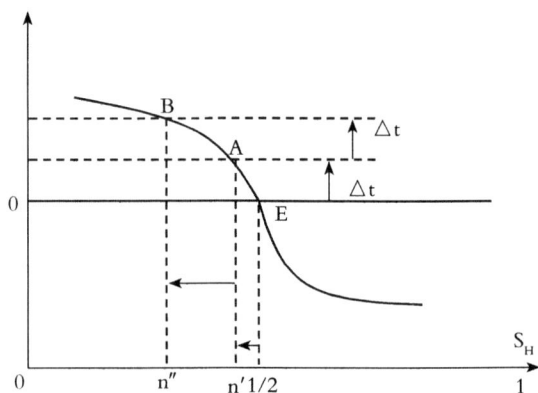

图 6-1　增税对产业区位的非线性影响

其次，讨论补贴对产业区位的影响。这里假设政府补贴是以直接方式提供给流动要素（劳动力）的。第 5 章模型中的补贴是以间接形式支付的，即通过降低企业生产成本提高利润水平，从而间接提高要素报酬。现实中财政部门通过各种减免税、增加基础设施投入等方式提供的补贴大都是间接形式，这里假定税收和补贴采取直接方式主要为了讨论的简便。补贴与产业区位变动关系如图 6-2 所示，在对称均衡点 E，南北辖区的实际工资水平相同。假设产业集聚仍然存在于北部，当北部的产业份额大于 1/2，由于市场接近效应和生活成本效应的影响，北部的实际工资高于南部（也就是说，即使名义工资相同，北部的价格指数更低，因此实际购买力更强）。如果完全聚集形成核心-边缘结构，即此时工资差异最大，对应点 CPN。这时，如果南部辖区为了吸引产业迁入而提供补贴 S，使南部实际工资 w^*+S 追赶北部的实际工资 w。由于存在聚集力大于分散力时的聚集租金（即实际工资差异），在南部追赶的过程中，只要 $S \leq (w-w^*)$，产业区位就不会发生变动。因此，在 A、B 和 CNP 点，尽管南部提供了 S_0、S_1、S_T 的补贴，但流动要素仍然向北部集聚。只有当 $S_2 > S_T = w-w^*$，才会导致产业区位的重新选择，使流动要素向南部迁移。对于财政调控而言，这一过程具有非连续性和突发性。如果南部具有较强的平衡预算约束，使得补贴的提供无法对北部实际工资实现有效追赶，那么，在北部具有明显的经济集聚优势情况下，显然对南部辖区是不利的。这就需要上级政府对要素的空间配置实行有效的调控，并对辖区间的财政博弈进行约束，以保障公平有效的市场机制和健康的辖区间财政关系。

实际工资差异（北部实际工资减去南部实际工资）

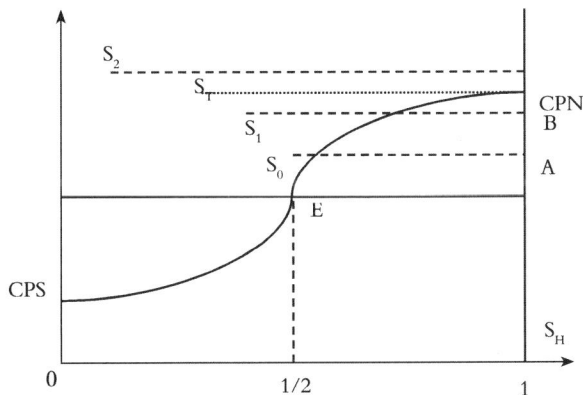

图 6-2　补贴与产业区位变动关系

6.2 约束条件分析

从财政调控的角度，须对辖区间的财政博弈机制给予有效约束。仍然在前文的基础模型框架下讨论这一问题。前文设计的财政博弈机制是一个紧紧跟随的序贯博弈，通过人为设定博弈顺序和幅度，模拟了财政博弈对核心变量的可能影响，暗含着南北两辖区在市场条件和行政管理条件上享有对等的地位。但是，如果辖区政府具有非对称特征，那么不加约束的财政博弈就可能演变为逐低的恶性竞争；或者，尽管南部辖区不断提高补贴水平仍然难以扭转产业向北集聚的趋势，而只能提高税率以维持公共品的供给水平，而北部辖区则可以坐享其成地提高税率同时提高公共品供给水平，那么就可能出现空间经济理论所揭示的存在经济集聚时的逐高竞争，进而对经济运行和要素配置产生不利影响。因此，财政手段不仅要干预市场失灵，也要限制政府失灵，对辖区间财政博弈须加以条件限定。

6.2.1 效率约束

从经济效率的角度考虑，充分效率意味着不存在市场的分割和脱节，正如第 5 章基础模型所推导的，要么集权政府不赋予辖区政府政策自由度，要么辖区间市场完全开放，且伴随厂商的跨区域销售行为而发生的辖区间地方性公共物品的溢出保持均衡。这就要求满足：

$t_n = t_s$ 且 $\gamma_{n \to s} = \gamma_{s \to n} = \phi_{s \to n} = \phi_{s \to n} = 1$

由包含税收的贸易自由度定义，可知：

$$\frac{\tau t_s}{1 + t_n} = \frac{t_n}{t_s} \Rightarrow \tau t_n^2 = t_n + t_n^2 \Rightarrow \tau t_s = 1 + t_n \Rightarrow t_{n,s} = \frac{1}{\tau - 1} \tag{6-1}$$

因此，进行辖区间财政调控理论上的效率要求是辖区政府的税率等于运输效率的倒数，亦即纯市场效率的倒数。在本书的语境中，τ 不仅仅代表"冰山运输成本"，还具有广义的空间交易成本的含义。τ 越高，1/（$\tau-1$）越小，即，为了保持市场开放，如果出于某种"市场失灵"的原因导致市场交易成本过高，税收手段必须实行"逆调节"从而保持较低的税率水平，有效降低跨辖区的宏观交易成本，以维持市场的统一和贸易自由。这就需要通过中央政府或上级政府行政性干预，或者辖区政府间达成某种税率协定，从而使辖区间税率保持相同税率水平并处于理论上的市场效率倒数之水平，并且在保持市场开放的基础上能够实现辖区间公共品溢出的均衡。

6.2.2 公平约束

诚然，理论上的效率约束在现实中很难实现。财政调控往往就是在效率和公平之间做取舍，难以完全实现哪一端，更不能有所偏废；既不存在绝对的效率，也无法实现绝对的公平。从经济学意义上讲，公平主要包括三个层次，即规则公平、起点公平和结果公平；对公平的价值判断也不尽相同，主要包括[①]基于社会所有成员效用最大化的功利主义公平观、使境况最糟的人效用最大化的罗尔斯主义公平观、市场主导的公平观以及以满足人的需要为基础的能力主义公平观等。

由于本书的建模主要基于消费、生产等微观行为而展开，财政调控下的"公平"主要针对微观经济主体而言，其核心环节是厂商对差异性产品的销售行为，也是实现消费者效用最大化的基础。由第5章的模型推导可知，对于理想的对称均衡态，差异性工业品的出厂价格和成本构成是一致的，在不包含财政博弈影响时面临相同的空间交易成本 τ。由于南北辖区财政博弈下税收和补贴的差异，导致厂商跨辖区销售面临不同的贸易自由度和交易成本，其实质是销售价格出现了南北差异。为了实现基本公平，南部厂商外销到北部地区的工业品价格至少应该等于北部地区内销的工业品价格才能获得相应的市场份额，北部厂商外销到南部地区的情况也是如此。因此，这里所指的"公平"既包含了规则公平和结果公平，也兼顾了功利主义和市场主导的公平判断。

由于辖区政府为了鼓励外销和避免重复征税，对本地外销的工业品

---

① 孙开.公共经济学 [M].武汉：武汉大学出版社，2007.

不征税，对辖内销售的来自两个市场的产品征收相同的从价税。仍然用 p_{11} 和 p_{22} 分别表示北部和南部的内销产品价格，p_0 为不含税价格；用 p_{12} 和 p_{21} 分别表示北部和南部外销产品价格。其中，p_{11} 和 p_{22} 包含产地税收 t_n 和 t_s，p_{12} 和 p_{21} 不包含产地税收（退税）却包含销售地税收 t_s 和 t_n。那么，不妨在理论上对财政调控的公平约束进行界定，即为了实现财政调控下的基本公平，则需要满足：

$$p_{11} = p_{21} \text{ 且 } p_{22} = p_{12}，展开即：$$

$$p_{11} = \frac{p_0}{1 + t_n}， \quad p_{21} = \frac{p_{22}}{1 + t_s}\tau t_n = \frac{p_0}{(1 + t_s)^2}\tau t_n$$

$$p_{22} = \frac{p_0}{1 + t_s}， \quad p_{12} = \frac{p_{11}}{1 + t_n}\tau t_s = \frac{p_0}{(1 + t_n)^2}\tau t_s$$

整理得：

$$\tau t_n(1 + t_n) = (1 + t_s)^2$$

且

$$\tau t_s(1 + t_s) = (1 + t_n)^2$$

也就是：

$$\tau = \frac{(1 + t_s)^2}{t_n(1 + t_n)} = \frac{(1 + t_n)^2}{t_s(1 + t_s)} \tag{6-2}$$

由于辖区间市场交易成本 $\tau \geq 1$，客观上要求南北辖区税率不能出现一方为 1，另一方为 0 的极端情形。对于 $t_n = t_s \neq 0$ 的情形，显然 $\tau = (1 + t_n) / t_s = (1 + t_s) / t_n > 1$；对于 $t_n \neq t_s$ 的情形，由于财政博弈使 t_n 和 t_s 在极限意义上相互趋近，那么，上式则转化为两个极限问题：

$$\lim_{t_n = t_s \to 0} \tau = \lim_{t_n = t_s \to 0} \frac{(1 + t_s)^2}{t_n(1 + t_n)} = \lim_{t_n = t_s \to 0} \frac{(1 + t_n)^2}{t_s(1 + t_s)} = 1$$

$$\lim_{t_n = t_s \to 1} \tau = \lim_{t_n = t_s \to 1} \frac{(1 + t_s)^2}{t_n(1 + t_n)} = \lim_{t_n = t_s \to 1} \frac{(1 + t_n)^2}{t_s(1 + t_s)} = 2$$

也就是对于正常的税率范围，总能够通过辖区间税率的协调保证 $\tau \geq 1$。已知广义的空间交易成本定义：

$$\gamma_{n \to s} = \frac{\tau t_s}{1 + t_n}， \quad \gamma_{s \to n} = \frac{\tau t_n}{1 + t_s}$$

代入式（6-2）得：

$$\frac{\gamma_{n \to s}}{1 + t_n} = \frac{\gamma_{s \to n}}{1 + t_s}$$

亦即：

$$(1 + t_s)\gamma_{n \to s} = (1 + t_n)\gamma_{s \to n} \tag{6-3}$$

式（6-3）即为辖区间财政调控的公平约束条件，可以从两个角度来分别理解上式中的两个等式，即：相向交易成本受厂商所在地税率影响而降低，降低的程度相当于本地退税；或者受到销售地税率的影响而提高，提高的程度相当于被销售地征税。

6.2.3 幅度约束

由于贸易自由度是广义空间交易成本的函数，即：

$$\phi_{n \to s} = (\gamma_{n \to s})^{1-\sigma}, \quad \phi_{s \to n} = (\gamma_{s \to n})^{1-\sigma}$$

已知 $\phi \in [0,1]$ 且 $\sigma > 1$，也就是：

$$\gamma_{n \to s} = \frac{\tau t_s}{1 + t_n} \geq 1 \text{ 且 } \gamma_{s \to n} = \frac{\tau t_n}{1 + t_s} \geq 1$$

两式相加整理得：

$$t_n + t_s \geq \frac{2}{\tau - 1} \tag{6-4}$$

对于 $t_n = t_s$，则可知 $t_n = t_s \geq 1/(\tau-1)$。特别地，当 $t_n = t_s = 1/(\tau-1)$ 时即满足式（6-1）的效率约束条件，也就是幅度约束的最低限。

对于 $t_n \neq t_s$，$t_n + t_s$ 的上限则取决于税制设计。若 t_n，$t_s \in [0，1]$ 则 $2/(\tau-1) \leq t_n + t_s \leq 2$，即 $\tau \geq 2$；若 t_n，$t_s \geq 1$ 则 $\tau \geq 1$ 且趋近于 1。

这并非表明税收博弈 $t_n - t_s$ 是市场交易成本 τ 变化的充分条件。恰恰相反，辖区间税率水平要根据市场交易成本的变化而变化。对于富有自由裁量权的两个辖区而言，如果市场的交易成本很高亦即区际市场比较封闭和不统一，那么辖区间财税政策很可能维持在一个较低水平的趋同状态上，形成双方税率都处于较低水平也能维持地区间产业格局；反之，如果区际市场较为开放，也就是市场交易成本较低，那么在存在产业集聚的状况下，产业流失的一方必须维持较低的税收水平以减少产业流失和吸引产业迁入，存在产业集聚的一方则可能征收较高的税率水平以维持较高的公共物品供给水平，这时辖区间的财税政策则可能表现为一定程度的趋异状态，也就是本章所关注的非对称的态势。除非存在一个有效的集权上级政府，强制规定两个辖区保持相同的最低限度的税率水平并保证市场的充分效率，才能实现第 5 章基础模型所阐述的理想机制。

6.3 财政调控的稳定性分析

6.3.1 稳定性的理论内涵

在本书的理论分析框架中，财政调控的稳定性不同于一般理论意义上财政行为的稳健性或财政收支的稳定连续，而是特指对辖区间财政差异的有效控制，也就是通过财政调控的实施维持辖区间相对合理的产业格局、市场规模和税源分布，避免辖区间财政差异的扩大，有效控制横向财政失衡的程度。在市场集聚力和分散力的作用下，资本、劳动力等生产要素的转移将带动生产、消费的转移，导致地区间产业结构的调整。对于辖区财政部门来说，这将对税源分布产生直接影响，从而关系到不同辖区的收入筹集能力和公共物品供给水平。如果存在理论意义上的极端情形，也就是产业（税源）的分布呈现核心-边缘的空间结构，核心区享有全部的工业部门和税源，边缘区沦为农业区而无法获得税收，也就不能为工业部门提供有效的地方公共物品。对于对称辖区而言，此时的财政差异最大，横向财政关系完全失衡，不能满足也不存在财政的效率和公平约束。

那么，辖区间财政关系处于怎样的状态时可视为一种稳定状态呢？由前文的基础理论模型可知，对称均衡和核心-边缘均衡都是稳定的长期均衡，即要素转移处于稳定的状态，这时南北两地的收入水平相同或者产业在一方完全集聚。对于对称辖区而言，对称均衡显然是最完美的均衡状态，而核心-边缘结构则是"最坏"的情形。因此，围绕对称均衡对要素和产品的相对价格开展调控，最符合对称辖区的财政利益，也是开展财政博弈的关键。对于经济和行政上非对称的辖区而言，非对称性可视为辖区间财政的天然差异，也势必导致辖区间交易成本和相对价格存在差异，因此，有效控制和避免财政差异扩大就成为辖区间财政调控的关键，尤其对于弱势辖区而言。如果存在实施公共财政均等化的上级政府，那么实施这种控制辖区间财政差异的调控措施显然更具现实意义。

理论上，可以将这种调控方式定义为一种关于产业份额变动的负反馈机制，即在某种产业冲击影响下产业份额发生了变动使生产要素由一方向另一方转移，转移后的实际工资至少应该与转移前的水平相当，否则转移就不划算，生产要素又会返回原地。更为一般化的表达就是：$d(w - w^*)/ds_n \leq 0$。在保持正常贸易自由度的效率和公平约束下，通过对要素的相对价格施加动态影响将财政差异控制在合理的范围，也就是财政调控的稳定性体现。

另外还需要注意，财政调控的稳定性具有经济学意义上的长期性和周期性两个特点。首先，经济学意义上的长期并非较长的会计周期，而是指全部变量都能够充分调整的一般均衡。因此，财政调控的稳定性是动态调整机制下的均衡，不是短期、局部和静态的均衡。其次，如果将产业调整周期视为一个经济周期，那么伴随产业转移而发生且注重稳定性的调控方式显然具有顺周期逆调节的特征。

6.3.2 基于劳动力自由迁移的视角

以劳动力为代表的流动性生产要素实际报酬差异取决于不同辖区的工业品价格指数（由于农业品视为计价物即 $P_A=1$，那么完全价格指数不妨只用工业品价格指数代表），而一个地区的工业品价格指数取决于产品禀赋和价格。对于北部辖区而言，P_M 取决于自产自销的产品种类数量和价格，以及来自南部辖区的产品种类数量和价格；南部亦然。假设两地的生产技术不存在差异，初始的名义工资相同且等于 1，这使得要素流动取决于实际工资差异。

由短期均衡的价格表达式（5-4）和标准化条件 $a_m=1-1/\sigma$，可知 $p_{11} = (1 - g_n)w$ 和 $p_{22} = (1 - g_s)w^*$。

由工业价格指数的定义式（5-1）可知：

$$P_M^{1-\sigma} = \int_0^{n^*} p_i^{1-\sigma}di = np_{11}^{1-\sigma} + n^*(\frac{\tau t_n}{1+t_s}p_{22})^{1-\sigma} = n^w w^{1-\sigma}\left[(1-g_n)^{1-\sigma}s_n + \phi_{s\to n}(1-g_s)^{1-\sigma}s_n^*\right]$$

$$(P_M^*)^{1-\sigma} = \int_0^{n^*} p_i^{1-\sigma}di = n^* p_{22}^{1-\sigma} + n(\frac{\tau t_s}{1+t_n}p_{11})^{1-\sigma} = n^w (w^*)^{1-\sigma}\left[(1-g_s)^{1-\sigma}s_n^* + \phi_{n\to s}(1-g_n)^{1-\sigma}s_n\right]$$

（6-5）

令 $\bar{w}$ 、$\bar{w}^*$ 分别表示北部和南部的实际工资，$G = (1 - g_n)^{1-\sigma}$ 和 $G^* = (1 - g_s)^{1-\sigma}$ 分别代表北部和南部辖区的公共品供给，且经济系统的产品禀赋 $n^w = 1$，又知 $w = w^* = 1$，$s_n^* = 1 - s_n$，则上两式可以整理为：

$$\bar{w} = w/P_M = P_M^{-1} = \left[Gs_n + \phi_{s \to n} G^*(1 - s_n) \right]^{\frac{-1}{1-\sigma}}$$

$$\bar{w}^* = w^*/P_M^* = (P_M^*)^{-1} = \left[G^*(1 - s_n) + \phi_{n \to s} Gs_n \right]^{\frac{-1}{1-\sigma}}$$

因此，按照财政调控的稳定性要求，也就是要求 $d(\bar{w} - \bar{w}^*)/ds_n \leq 0$，亦即：

$$\frac{1}{\sigma - 1} \left\{ \left[Gs_n + \phi_{s \to n} G^*(1 - s_n) \right]^{\frac{1}{\sigma-1}} (G - \phi_{s \to n} G^*) - \left[G^*(1 - s_n) + \phi_{n \to s} Gs_n \right]^{\frac{1}{\sigma-1}} (\phi_{n \to s} G - G^*) \right\} \leq 0$$

由于 $\sigma > 1$，$1/(\sigma - 1) > 0$，函数 $x^{1/(\sigma-1)}$ 大于 0 且为增函数，于是上式等价于：

$$\left[Gs_n + \phi_{s \to n} G^*(1 - s_n) \right]^{\frac{1}{\sigma-1}} (G - \phi_{s \to n} G^*) \leq \left[G^*(1 - s_n) + \phi_{n \to s} Gs_n \right]^{\frac{1}{\sigma-1}} (\phi_{n \to s} G - G^*)$$

对于财政调控的基本约束条件（见 6.2 节），上式等号显然成立。

假设存在某种促使产业向北转移的事件，使 $s_n > 1/2 > (1 - s_n)$，这将导致南部辖区采取提高补贴水平的方式减少税基损失，使 $g_s > g_n$，即 $G^* > G$。由于贸易自由度 $\phi \leq 1$，所以 $\phi_{n \to s} G - G^* < 0$。又由幂函数性质知：$\left[Gs_n + \phi_{s \to n} G^*(1 - s_n) \right]^{\frac{1}{\sigma-1}} > 0$ 和 $\left[G^*(1 - s_n) + \phi_{n \to s} Gs_n \right]^{\frac{1}{\sigma-1}} > 0$，

因此，不等式转化为：

$$\frac{G - \phi_{s \to n} G^*}{\phi_{n \to s} G - G^*} > \left[\frac{G^*(1 - s_n) + \phi_{n \to s} Gs_n}{Gs_n + \phi_{s \to n} G^*(1 - s_n)} \right]^{\frac{1}{\sigma-1}} > 0$$

这就要求 $G - \phi_{s \to n} G^* < 0$，即：

$$G/G^* < \phi_{s \to n} \tag{6-6}$$

由此不难得出，如果存在反向的要素迁移趋势，即发生产业向南部辖区的聚集，财政调控的稳定性要求即为：$G^*/G < \phi_{n \to s}$。

不妨将辖区间的公共物品溢出效应定义为税源（流动性生产要素）迁入地与迁出地之间的相对公共品供给水平（比值），那么非对称辖区间财政调控的稳定性要求就是：通过运用税收和补贴等财政政策工具，使辖区间公共品溢出效应小于税源流失地面临的空间交易成本。

6.3.3　基于跨辖区资本流动的视角

下文将讨论资本要素跨辖区流动时的财政调控稳定性。这里的资本具有两层含义：一是物质资本，以实体投资或货币化的形式存在；二是人力资本，代表工业部门的企业家和技术工人。对于第一种情况，假定劳动力要素在辖区内实现空间配置，从而只有物质资本进行跨辖区流动；对于第二种情况，假定企业家或技术工人能够进行跨辖区配置，而一般劳动力即非技术工人不具有空间流动性。有观点认为，非技术工人（如农村转移劳动力）流动性要大于技术工人。但是，也有观点认为，拥有城市户籍的非技术工人向其他城市流动的人数比较少。也就是说，在理论建模的语境中，作为非技术工人的农民工具有农业劳动力的计价属性，度量了工业部门的可变成本投入规模，而在名义上难以确切地归属于某个辖区。因此，假定企业家或者技术工人是具有跨区流动性的人力资本，具有一定的现实意义。

将上述两种情形写入统一的厂商成本函数，假设一个厂商只使用一单位资本作为固定成本，每单位产出需要 a_m 单位可变成本（劳动力），则厂商成本函数表示为[①]： $\pi + a_m(1-g)wx$ ， π 和 w 表示流动性资本 K 和一般劳动力 L 的报酬，g 为补贴水平，x 代表产出。假定辖区间不存在生产技术上的差异，一般劳动力的名义工资 w 和 w^* 标准化为 1[②]。

在垄断竞争条件下，厂商获得零超额利润，销售收入等于生产成本，即 $px = \pi + a_m(1-g)wx$ 。又由市场出清时的价格表达式 $p = a_m(1-g)w/(1-1/\sigma)$ ，可知 $\pi = px/\sigma$[③]。再由需求函数 $c = \mu E p^{-\sigma}/P_M^{1-\sigma}$ 和 $c^* = \mu E^*(p^*)^{-\sigma}/(P_M^*)^{1-\sigma}$ 以及南北辖区的价格指数表达式（6-5）可知资本收益 π 在两种不同情形下的表达式：

第一种情形，假设流动性资本与其所有者可以分离，异地收入返回

---

①　在第 5 章的基础模型中，成本函数的形式为 $w[F + a_m(1-g)x]$ 。这里相当于 F=1，w 分为资本和劳动力两种报酬；另外，辖区政府的补贴政策没有发生改变，即仍然对可变成本提供补贴。

②　本书中，变量标准化为 1 并不代表绝对数量关系，而是反映计价基础的相对比例关系，从而使逻辑推导形式得以简化。

③　在许多空间经济理论模型中，这一关系也表明营业利润是销售收入的一个固定份额 $1/\sigma$ 。

所有者所在地进行消费，这意味着生产的转移虽然改变了生活成本却不导致支出的转移，生活成本的改变并不必然导致生产的转移，因而需求和成本关联的循环因果效应不存在，资本流动主要受名义收益率差异的驱动。令经济系统内的资本禀赋标准化为 1，于是 π 的表达式为：

$$\pi = \mu/\sigma[\frac{s_E}{s_n + \phi_{s \to n}(1 - s_n)} + \phi_{n \to s}\frac{1 - s_E}{(1 - s_n) + \phi_{n \to s}s_n}]$$

$$\pi = \mu/\sigma[\frac{1 - s_E}{\phi_{s \to n}s_n(1 - s_n)} + \phi_{n \to s}\frac{s_E}{s_n + \phi_{n \to s}(1 - s_n)}] \qquad (6-7)$$

当 $\pi = \pi^*$ 时，解得

$$s_n = \frac{-\phi_{s \to n}}{1 - \phi_{s \to n}} + \frac{1 - \phi_{s \to n}\phi_{n \to s}}{(1 - \phi_{s \to n})(1 - \phi_{n \to s})}s_E$$

按照财政调控稳定性的要求，求解资本收益差异为 0 时关于产业份额的偏导数，即：

$$\frac{\partial(\pi - \pi^*)}{\partial s_n} = -\mu/\sigma\frac{(1 - \phi_{s \to n})^2(1 - \phi_{n \to s})^2}{s_E(1 - s_E)(1 - \phi_{s \to n}\phi_{n \to s})^2}$$

对于正常的贸易自由度 $0 < \phi < 1$，即不存在完全聚集的核心边缘结构，即使存在产业转移的趋势仍然能够保证 $\partial(\pi - \pi^*)/\partial s_n < 0$。这显然是一种特殊的情形，即限制劳动力和资本要素所有者的空间移动而对资本红利坐享其成的辖区财政部门，即使实行较低的税收和补贴水平，仍然能够实现稳定的财政调控。

第二种情形则更具一般性，即假设企业家和技术工人等具有流动性的人力资本要素与其所有者不分离，资本收益能够直接消费在投资地，而不必返回原地。非技术性的一般劳动力仍在辖区内配置。那么，人力资本的迁移即生产转移将带动消费支出份额的改变，在不存在核心-边缘结构的情况下满足财政调控的稳定性要求，则须满足资本实际收益差异为 0 时对产业份额的偏导数为负，即：

$$\pi/P = \pi^*/P^* \qquad (\frac{\partial(\pi/P - \pi^*/P^*)}{\partial s_n} < 0)$$

由于辖区间的生产技术（资本劳动比）不存在差异，且在市场出清条件下垄断竞争厂商获得零超额利润，因此，资本使用的名义成本（亦即名义收益）等于社会平均的资本收益率。那么，实际资本收益率取决于辖区间工业价格指数的差异。为了便于分析，将资本和劳动力要素的

名义报酬以及经济系统内的资源禀赋标准化为 1，那么上述稳定性条件转化为形同 6.3.2 节所讨论的不等式条件（式（6-6）及其推导过程），只是经济内涵发生了变化。即如果以一般的非技术劳动力作为固定成本和可变成本的度量且具有充分的流动性，那么工业品出厂价格取决于流动要素的价格；如果从实物资本和人力资本流动的角度分析，工业品出厂价格则取决于不流动要素价格。这时，即使辖区间要素禀赋相同，也会由于流动要素的空间配置导致辖区间交易成本的差异，从而在税源发生变动时导致地区间财政差异的扩大。因此要么完全限制人口（劳动力）的流动而允许辖区居民使用自有资产对外投资且限制收入的转移，要么在不限制人力资本溢出效应的同时确保公共物品的溢出效应较小且低于面临的空间交易成本。

6.4 财政差异的非均衡协调

现在将非对称辖区间的财政调控扩展至无法保持稳定性条件的情况，也就是存在经济集聚力大于分散力以至于财政手段无法有效减少税源流失的情形。此时，经济存在完全聚集的核心-边缘结构或者接近于这一结构，即准聚集。正如本书所指出的，任何政府都不能坐视辖区内产业的完全流失。因此，即使税源出现了大量流失，辖区政府总会通过某种方式使地方产业不至于全部流失。因此，完全聚集的情况难以发生，而准集聚情形更接近现实。在空间经济学理论中，对称和核心-边缘结构都是稳定的均衡，而准集聚的情形显然既不稳定也不均衡。这种非均衡态的结果是，较为悬殊的经济差异导致财政差异突破了稳定性限制，甚至使弱势辖区无力扭转颓势，强势辖区则可以坐享聚集带来的利益。从社会公平的角度看，要么依靠强有力的上级政府对下级政府提供财力补助，即纵向转移支付；要么借助具有"援助"性质的辖区间财政合作协议达成利益补偿和分享机制，即横向的转移支付。因此，非稳定性条件下的辖区间财政调控（协调），也就是对财政差异的非均衡协调，体现着地区公共政策维护社会公平的内在要求。

6.4.1　存在准聚集租金的财政差异

在本书的语境中，税源进行动态的空间配置形成的准集聚形态，意味着稳定的对称均衡难以维持或者核心–边缘均衡不存在，此时经济处于不稳定的非均衡状态，相应的财政调控则需要本着非均衡协调发展的基本思想做出调整。

假如准集聚的情形出现在北部辖区，南部辖区由于税源流失、收支拮据而无力保持较高的公共物品供给水平即 $G^*>G$，导致要素实际收益差异关于产业份额的变动形成了破坏稳定性的正反馈机制，即出现了与式（6–7）相反的情况：

$$G/G^* > \phi_{s \to n} \qquad\qquad (6\text{--}8)$$

对于北部辖区而言，由于税源迁入带来税基扩大和财政收入的增加，可以进一步提高公共物品的供给水平以吸引生产的转移。南部辖区面临的情况与之相反，为了调控税基萎缩而降低税率，如果北部税率不变，则必然导致北部向南部销售产品面临更低的交易成本①，使得南部产业向北部转移再向南部销售产品变得更加有利可图，因为此时北部的价格指数更低而实际收益率更高。与此同时，南部辖区由于筹资能力降低，提高公共物品供给水平的机会成本更高昂，政策操作空间越来越小。综合地看，对于不等式的左边，北部公共物品供给 G 大于南部的公共物品供给 G^*，从而使 $G/G^*>1$。对于正常的贸易自由度水平，显然能够保证 $G/G^*>\phi_{s \to n}$。

退一步讲，假设北部辖区面对准集聚租金采取不作为的态度，既不改变税率水平也不改变公共物品的供给水平，那么，即使南部辖区不断调低税率从而使北部税率显得相对更高，由于实际收益率差异的驱动，也就是产业向北转移、向南销售仍然有利可图，南部辖区仍然无法通过减税的方式扭转税源流失趋势，加之平衡预算和政策自由度的约束，其政策运作空间很小。如果南部辖区采取"破釜沉舟"的态度从而提高税率水平呢？也就是，南部认定流动性税源的税收弹性有限，税率提高某

---

① 也就是对于 $\Phi_{n \to s}=\left[\tau \times t_s/(1+t_n)\right]^{1-\sigma}$，由于 t_s 减小，交易成本变小而贸易自由度变大，进而北部向南部的产品销售更有利。

个百分比不会导致税源更大程度的流失；再者，与其拱手送人，不如对流失得慢的甚至跑不掉的税源多征税，以减缓财政收入的下滑且能够保证至少提供某些公共物品。那么，这种策略不仅无助于扭转颓势，反而有可能在产业的区位调整弹性很大的情况下，进一步加速税源流失。

因此，如果经济系统存在较强的集聚力量，"逐低"或"逐高"的税率竞争都将令税源流失的弱势辖区得不偿失。其政策含义在于，当经济系统处于显著的非对称和非均衡状态时，市场规模和交易成本上的差异将导致辖区政府难以通过实施博弈性质的财政政策实现稳定的财政调控，政策的细微变化不会对经济系统带来较大变化。

在非均衡的经济调整过程中，财政差异即综合体现着有限财政分权背景下的财政相对比较优势[1]，如式（6-8）所示，财政差异（用 Ω 代表）综合体现着辖区间公共品供给水平与税收水平的比较（或博弈）。对于式（6-8）的左边，用 Ω_G 表示公共物品供给上的差异，由于 G 和 G^* 具有相同幂函数形式，为了表述上的简便去掉幂指数，令 $\Omega_G = (1-g_s)/(1-g_n)$；对于式（6-8）的右边，假设其包含的市场交易成本 τ 是既定的，如同辖区间共通的公路等基础设施对过往的商品征收既定的费用，那么不妨用 Ω_T 表示辖区间税收水平上的差异，令 $\Omega_T = (1+t_n)/(1+t_s)$[2]。假定北部地区存在准集聚的情形，而南部是面临税源不断流失的弱势地区，于是可将财政差异与贸易自由度的动态关系抽象为图 6-3。

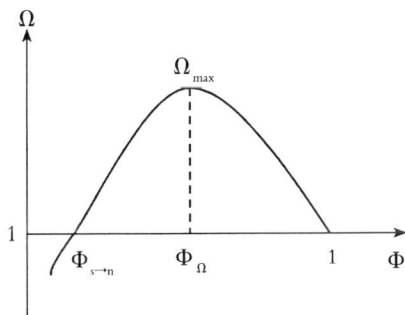

图 6-3　存在准聚集租金的财政差异

---

[1]　这一思想在实证研究中比较全面地呈现在本书的第 3 章。财政差异的维度不止于收支两个方面，但在理论建模中出于抽象和简化的目的，没有对其他方面展开讨论。
[2]　Ω_T 的表达式没有严格按照 $\Phi_{s\to n}$ 的定义展开，这是为了在形式上与 Ω_G 类似，使得财政差异更易理解。但这里的 t_n 具有了宏观税负的含义。

在图 6-3 中，横纵轴的交点为 1，表明随着贸易自由度的变化，存在两个财政差异最小的临界点，也就是辖区间财政差异即将突破稳定性条件时的贸易自由度（$\Phi=\Phi_{n\to s}$）和市场完全开放时的贸易自由度（$\Phi=1$）；同时，存在一个财政差异最大的临界点（$\Phi=\Phi_\Omega$），这时北部与南部辖区的流动性要素份额 s_n 与 s_n^* 差异最大，即 $2s_n-1$ 最大。由于假设在财政调控作用下，不存在完全聚集的极端情形，因此北部辖区的产业份额仅在极限意义上趋近于 1[①]。另外，上述情形揭示了两个特征：一是稳定的财政差异可能面临不同的产业格局和税源变化趋势，对于 $\Phi=\Phi_{n\to s}$，税源向北部聚集区迁移的趋势增强，而在 $\Phi=1$ 时面临税源向南部迁移聚集的趋势；二是在辖区间市场规模和交易成本不对称的情况下，准聚集未必出现在贸易自由度很高的情况下。也就是说，在 $(\Phi_{n\to s}, 1)$ 的正常范围内，只要经济集聚导致了流动要素实际收益率差异关于产业份额的正反馈机制，那么辖区间财政差异就无法满足稳定性要求，此时对于产业份额较大的区域（$1/2<s_n\to 1$），产业的区位调整弹性很小，财税政策的较小变动不会导致税源结构出现较大变动，除非 $\Omega<1$。

与此同时，尽管可以通过更丰富的理论假设和烦琐的数学关系求解 $\Phi_{n\to s}$、Φ_Ω 关于 s_n 和 t、g 的表达式，但在理论分析上并无必要，主要因为：辖区间财政博弈的形式不是既定的，面对准集聚的情形，弱势辖区面临多样化的选择，并且财政政策的效应很可能是非线性的；这种非线性效应与税源结构及其变动具有密切的联系，因为流动性税源的区位调整弹性是可变的，对应不同的交易成本和预期实际收益存在多种细分的情形。

如果财政调控的主要目标是使辖区间财政差异保持稳定的收敛，进而实现基本公共服务均等化或某种公平效率，那么分析的重点就是，对于不稳定、非均衡条件下的财政差异，怎样调控才能促进财政差异收敛和地区福利改进？

这又回到本章开头所提到的政策目标上。在本书的建模框架下，税

---

① 空间经济学理论模型一般着重分析 $s_n=1/2$ 和 $s_n=1$ 两种均衡，以便推导变量之间的数理关系。由于本书主要探讨财政调控的有关问题，无需一一求解产业变量的函数，因此只从趋势上进行了近似，即 $s_n\to 1$。

收制度是一种抽象的工业品从价税，而财政补贴是普惠式的地方性公共物品，这两种财政手段都以"隐性"的形式出现在厂商的价格和成本中，进而能够融入微观市场机制发生作用。因此，财政差异的均衡或失衡都源自市场力量主导下的产业格局变化，财政调控也势必归结于对生产要素相对价格的干预，正如对财政调控稳定性的分析，非均衡协调只是稳定性调控的相对面而已。

6.4.2　基于补偿准则的转移支付机制

那么，财政调控手段如何干预要素的相对价格呢？在本书的框架下，无外乎两种途径：

一是直接干预名义价格。由于税源转移主要受实际收益率的驱动，集权政府可以规定辖区间最低的名义工资，使 $w^*>w$，对于存在生活成本效应的聚集区（北部）而言，虽然短期的价格指数相对更低，但由于政府的价格规制，使得较低的价格指数对应较低的名义工资，而南部的情形正相反，这将导致流动性要素的实际收益水平趋同或者相等。这一短期、局部干预的后果是直接扭曲要素价格，加剧市场失灵。由第 5 章基础模型的推导可知，名义工资是由微观市场机制 Θ 和 Θ^* 动态决定的社会平均收益水平，也就是流动要素的名义价格，其中已然包含了税收、补贴的影响。强权式的价格干预似乎可以对财政差异的控制起到立竿见影的效果，但必然造成 Θ 和 Θ^* 的失调失效，从而导致实际的市场分割。

二是间接调整价格指数。由式（6-5）关于价格指数的推导可知，对于经济系统既定的资源禀赋和要素的平均收益（名义价格），令其标准化为 1 后，价格指数的相对变动实际反映着辖区间通过财政手段进行调整的财政差异，也就是既定市场交易成本下的税收和公共品供给水平的对比。显然，间接的政府干预优于强权式的价格管控，至少在本书的框架中是这样。

当财政差异突破了稳定性条件后，通过价格指数自身的调整无法有效控制财政差异的扩大，因此，转移支付手段的介入势在必行。介入方式已经明确，因为名义价格的形成属于私人部门的市场行为，而价格指数则侧重于宏观政策范畴，财政手段间接影响要素的实际收益率而不会直接扭曲要素价格。随之而来的问题是，通过转移支付要达成怎样的利益补偿，转移支付所涉及的分配原则或福利目标是什么？

福利经济学和公共经济学文献主要涉及两种原则标准，一是帕累托标准，二是补偿标准。在本书的理论框架下，不论从理论前提还是从配置结果上看，帕累托最优的效率配置并不太适合分析非均衡的财政调控情形[①]。而补偿标准是指，如果一种变革使受益者所得足以补偿受损者的损失，甚至有所剩余，那么整体的效益就改进了，这一标准又称为卡尔多-希克斯改进[②]。更一般化的表述[③]是，如果存在某种分配 x'，$\sum_{i=1}^{n} x''_i = \sum_{i=1}^{n} x'_i$（$x''$ 是 x' 的重新分配），满足对所有当事人 i，有 $x''_i > ix'_i$，那么 x'' 潜在帕累托优于原始分配 x（x'' 是对 x 的潜在帕累托改进）。对此，福利经济学的解释是，补偿是否实施的问题实际上是一个收入分配问题，并且独立于分配效率问题。显然，对于存在税源流失的弱势地区，补偿是一种潜在的帕累托改进。

假设中央（上级）政府不存在额外的税源，因此不存在国际（区际）贸易，全部收入来自南北两个辖区。对于中央（上级）政府而言，宏观税基并未改变，改变的只是空间配置结构。那么，由中央（上级）政府提供的转移支付无异于抽肥补瘦和削峰填谷，也就是通过"纵向不均衡"机制对地区间的"横向不均衡"加以调节[④]。为此，存在两种机制可供选择：

第一种机制称为总量支付，即中央（上级）政府凭借行政权威要求辖区间公共品净溢出效应为零，也就是相向的税源转移规模相等[⑤]，亦即：

$$\gamma_{n \to s} \times \gamma_{s \to n} = 1$$

这时，辖区间财政差异收敛为 1，即 $\Omega = 1$。解得南北辖区的税率水平：

---

① 参见第 2 章有关"以足投票"机制中新古典主义的理论局限及理论分析框架上的差异内容。
② 孙开.公共经济学［M］.武汉：武汉大学出版社，2007.
③ 瓦里安.微观经济学（高级教程）［M］.北京：经济科学出版社，2010.
④ 贾康，梁季.中央地方财力分配关系的体制逻辑与表象辨析［J］.财政研究，2011（1）.
⑤ 推导过程详见 5.3.3。

$$t_{n,s} = \frac{1}{\tau - 1}$$

根据门槛补贴条件式（5-13）可知南北辖区的补贴水平：

$g_{n,s} = \dfrac{\tau - 1}{\tau + w}$ （对于南部，w 则替换为 w*）

可见，总量调控对应着图 6-3 中 $\Phi_{n \to s} = 1$ 时的稳定性临界点；税收水平满足效率约束条件式（6-1），补贴水平取决于市场交易成本和要素名义价格。显然，这是一种比较特殊的完美情形。虽然财政差异收敛为 1，但这种临界点上的收敛不具有稳定性，即 $d(w - w^*)/ds_n = 0$。同时，总量支付的实行要求中央（上级）政府充分掌握辖区的收支情况、厂商的成本构成以及流动要素的区位调整弹性等信息，以至于稳定性刚刚被打破，中央（上级）政府就能够及时采取富有效率的总量调控措施，使财政差异迅速"抹平"至调整前的临界状态。因此，总量支付机制可以视为应对财政差异极化的政策底线，虽然可以通过既定的税率和补贴水平影响价格指数，使前述微观机理得以发挥作用，但这种调整需要不留余地地一步到位，尽管它是有效的，但不具有长期稳定性。

第二种机制称为个量支付，其基本原理在于：中央（上级）政府出于基本公共服务均等化的考虑，通过转移支付的方式向税源流失的辖区（南部）提供财力补助 ε，使 $g_s + \varepsilon \approx g_n$，即南部的公共物品供给水平与北部基本持平，也就是对流动性税源的吸引力基本相当。但是，由于北部辖区经济集聚导致的财政差异突破了稳定性条件，中央（上级）政府必须通过财力补偿降低南部辖区的价格指数，使流动要素的实际收益率在辖区间趋于均等。尽管辖区间财政差异仍然可能存在，但通过长期的动态调整，流动性税源的空间分布将趋于平稳和均衡，除非辖区间在资源禀赋和市场规模等方面"先天"地存在悬殊差距。

个量转移支付机制也体现着本书的基本理论思想，即地区间财政的相对差异（或者相对比较优势）始终客观存在，只需将财政差异稳定地控制在合理、适度的水平上即可，政府不必过分干预市场，只需利用财政政策工具进行符合稳定性要求的非均衡调控，剩下的事情则由市场说了算。

由价格指数的表达式（6-5）可知，将要素禀赋和名义价格标准化后，北部和南部的价格指数可以表示为关于财政政策和产业空间分布的函数：

$$P_M = \left[Gs_n + \phi_{s \to n} G^*(1 - s_n) \right]^{\frac{1}{1-\sigma}}$$

$$P_M^* = \left[G^*(1 - s_n) + \phi_{n \to s} Gs_n \right]^{\frac{1}{1-\sigma}}$$

其中，$G = (1 - g_n)^{1-\sigma}$ 和 $G^* = (1 - g_s)^{1-\sigma}$ 是关于补贴水平的增函数。于是，对于 $g_n > g_s$，有 $G > G^*$。进而，定义财政差异 $\Omega = (G^*/G)^{\frac{1}{1-\sigma}}$，对于 $g_n > g_s$，则有 $\Omega > 1$。

于是，$G = G^* \Omega^{\sigma - 1}$。要使辖区间价格指数彼此趋近，则需满足以下关系：

$$\left[G^* \Omega^{\sigma-1} s_n + \phi_{s \to n} G^*(1 - s_n) \right]^{\frac{1}{1-\sigma}} = \left[G^*(1 - s_n) + \phi_{n \to s} G^* \Omega^{\sigma-1} s_n \right]^{\frac{1}{1-\sigma}}$$

$$\Rightarrow s_n(\Omega^{\sigma-1} - \phi_{s \to n}) + \phi_{s \to n} = s_n(\phi_{n \to s} \Omega^{\sigma-1} - 1) + 1$$

$$\Rightarrow \Omega^{\sigma-1} = (\frac{1}{s_n} - 1)\frac{1 - \phi_{s \to n}}{1 - \phi_{n \to s}}$$

由于个量转移支付 ε 弥补了南部辖区在公共品供给上与北部的差距，使得 $\Omega \approx 1$，并且北部的要素份额 $s_n > 1/2$，也就是 $0 < (1/s_n - 1) < 1$，于是上式等价于：$(1 - \phi_{s \to n})/(1 - \phi_{n \to s}) > 1$ 亦即 $\phi_{n \to s} > \phi_{s \to n}$。

已知贸易自由度是关于交易成本的减函数，上式展开并化简为：

$$(t_n - t_s)(t_n + t_s + 1) > 0$$

显然有 $t_n > t_s$。

也就是说，在北部辖区存在准集聚的情况下，中央（上级）政府可以利用上述个量转移支付机制对税收差异进行抽成，抽成比例决定了支付水平 ε 的大小，但总能够保证 $t_n > t_s + \varepsilon$，并使 $g_s + \varepsilon \approx g_n$，以保持辖区间公共物品供给的基本均等。在此机制下，由于转移支付不直接干预微观市场主体的经济决策，不会扭曲要素名义价格，但通过调节辖区间价格指数变化，使要素跨辖区流动的实际收益率差异趋于收敛。同时，北部辖区继续享有经济集聚的优势，福利未受减损，而南部辖区则有所增进。因此，个量转移支付机制实现了潜在的帕累托改进，是一个比较典型的卡尔多-希克斯效率。

6.4.3 辖区间财政合作的可能性

上述两种机制主要基于自上而下的纵向转移支付视角，如果不存在中央（上级）政府的协调干预，辖区间是否具有某种合作的可能和现实激励，建立横向的转移支付机制以促使财政差异收敛呢？

从世界范围内的现实经验来看，横向转移支付机制的实际发起者大都是中央（上级）政府，因此，横向转移支付机制往往是一国政府或联邦制国家内具有较高财政自主权的州（省）和市（县）对所辖地区做出的制度性安排或专门协调。在我国，正式的横向转移支付机制尚未建立，主要体现在对跨地区的利益分享或补偿进行的临时性安排，是中央（上级）政府牵头协调的结果。尽管横向转移支付机制客观存在，但现实中脱离中央（上级）政府制度框架、仅出于睦邻友好或道义援助的目的而进行的横向转移支付比较少见。除非辖区间存在某种现实的互利互补需要，否则难以形成激励。

在本书的理论框架下，如果南北辖区不存在共同的中央（上级）政府，也就不存在既定制度框架下需要担负的公平义务，辖区间的财政关系是基于经济理性的竞争性博弈关系。存在经济优势的北部辖区没有向南部进行转移支付的经济激励和政治义务，南部辖区即使提出补偿主张也无法获得实质支持。

空间经济学理论提出了两种合作可能，即双方采取同一税率分担财政差异或者同时提高税率到某一水平。结果证明，在不对称的情况下，税收合作无法带来"双赢"，不仅不能实现帕累托改进，还可能使双方的福利水平均出现恶化。只有规模较大的地区才有推动税收合作的能力，而规模较小且落后的地区在选择税率时不受税收竞争的限制，在没有得到转移支付的实质性补偿的情况下，没有动机改变税率。因此，政治经济角度上的税收合作是很困难的[①]。

如果存在另一种可能性，即南北辖区存在经济利益上的互补，生产要素的空间分布由产业部门的专业化分工内在地决定，那么南部可以视

---

① 安虎森，等.新经济地理学原理［M］.北京：经济科学出版社，2009.

为北部的经济腹地，税源转移则是产业分工和要素输出在财政上的体现。那么，北部向南部的横向转移支付相当于对准集聚租金按比例"分红"，即北部要素的实际收益率减去南部要素的实际收益率后，确定一个合适的提取比例补偿给要素输出地。显然，这种横向转移支付具有浓厚的协议购买色彩，难以形成稳定的契约关系。因为一旦产业区位选择发生了变化，辖区间财政相对比较优势随之改变，临时性的利益分享机制难以维系。

依照公共物品的受益范围，旨在收敛辖区间财政差异、促进公平效率的财政调控措施显然属于中央（上级）政府的职责。因此，总量和个量转移支付机制在规范分析上的具有更为丰富的理论意义。在本书的框架下，如果将辖区间横向转移支付制度化，就必须依赖中央（上级）政府的制度框架。因此，辖区间的财政合作机制实质上仍然可以归结于总量和个量的转移支付机制，只是名义上的资金调拨方向不同而已。

6.5　小结：变量影响及模型的适用性

作为初步的尝试，模型的适用性仍待拓展，模型变量也有待进一步修正。众所周知，公共部门经济具有显著区别于私人部门经济的特征，而空间因素有可能放大这些特征。因为，市场受到空间的"分割"而从"平滑"变为"非平滑"，这一过程可以体现在交易的成本和效率上；而公共经济部门的空间影响则难以充分地映射为成本与收益、投入与产出的关系，正如第 2 章所归纳的空间属性和效应，空间财政理论模型势必要综合考虑市场和政府在空间属性和效应上的映射关系。从微观机制上看，诸多因素直接关系着不同空间范围内的公共物品供给方式和需求偏好，这也是蒂布特模型难以克服的空间障碍——在完美的"以足投票"机制中，公共产品的供给不存在规模经济且平均成本不变，因此"以足投票"显示了流动要素对公共物品的真实偏好。但是，在本书所尝试建立的空间财政模型中，经济集聚辖区政府可以提供更高水平的公共物品、征收较高的税收，辖区财政部门同样拥有规模收益，而公共品的供给成本并非一成不变，辖区间在不破坏"以足投票"机制的动态博弈过程中，能够内在地产生和控制财政差异，甚至可能通过不均衡协调的转移支付机制，使弱势辖区获得潜在的帕累托改进。当然，这些推论的成立取决于建模条件的约束和模型变量的限制，这些前提的变化可能对模型推衍和结论产生不容小觑的影响。这里仅就制度性的因素做以粗略分析：

第一类是经济制度，涵盖的内容较为丰富，作为模型变量具有理论和现实意义的主要有：①税制结构。本书出于理论抽象的需要，假设政府实行针对工业品销售的从价税，并对农业部门免税，体现了我国以流转税为主的税制结构，以及对第一产业实行税收减免的税收政策。从主要发达国家的税制结构以及我国正在进行的税制改革情况来看，直接税显然是地方税体系的重要基础，在税收的征管、归宿和分配上都与间接税存在机理上的差异，对政府间财政关系和流动要素的空间配置具有重要影响①。②预算约束，包括私人部门的预算约束和公共部门的预算约束。对于前者，本书假定没有储蓄，因此收入等于支出；对于后者，假定收支平衡，因此没有政府债务。如果考虑了私人部门的储蓄，那么要素的实际收益需要考虑利率水平以及与利息收入相关的财产税税率，财税政策亦须与货币政策相配合。如果允许政府举债，则需要分析扩张性财政政策的影响。显然，经济实力较强意味着举债能力更强，乘数效应更大，由此而产生的财政差异可能放大，财政调控的方式和力度也将有异。③经济体制差异。经济体制决定着国民经济结构，在我国尤其表现为国有经济占主体的社会主义市场经济体制。经济体制上的差异一定程度上体现着政府对市场经济干预能力的强弱。由于政府可以通过国有经济盈利而进行财力分配活动，形成了一般预算财力和政府基金财力之外的又一项实际财力，有学者称其为"第三财政"②，这在我国影响尤为深远。如果要将微观主体的经济性质纳入分析框架，则必须做以专门的设计和讨论，这一领域的理论建模目前在国内尚不多见，但显然具有非

---

① 当然，理论上也存在着销售税（增值税）和所得税、消费税与工资税存在等价性的认识，即在长期中具有完全相同的效应，只是短期的效应可能明显不同（参见斯蒂格利茨．公共部门经济学 [M]．北京：中国人民大学出版社，2012：422-425）。因此，本书主要对我国的间接税制进行了理论上的抽象。

② 张馨．论第三财政 [J]．财政研究，2012（8）；张馨．再论第三财政 [J]．财政研究，2013（7）．

常现实的理论意义。

第二类是政治体制因素，在经济理论建模中尚未引起充分的重视。由于其涵盖的政治和社会意义颇为丰富，不同国家和地区间的体制跨度较大，因此模型化的难度较高且极为抽象和简化。但是，近年在涉及公共选择的财政学文献中已经越来越多地被述及，甚至有学者将我国的"两会"制度作为解释变量加入了实证模拟。就空间财政的理论模型来看，在体制话语权较强的情况下，政治体制能够显著影响财权与事权的匹配关系，对空间财政运行构成实质影响。若体现在理论模型中，就是不同的政府目标函数下的福利准则和公共政策，微观机制上决定着公共物品的供给方式以及私人部门对公共物品的消费偏好。

本书虽然未能从这些方面一一进行拓展，但由这些未尽之处恰能看到空间财政理论模型可能的适用性和现实解释力。第5、6两章的理论建模与第3、4两章的实证分析都是围绕财政差异（财政相对比较优势）而展开的，不难发现，在一个存在空间分割和非平滑特征的经济系统内，"以足投票"的机制难以形成蒂布特式的效率均衡。正如某些研究所表明的，蒂布特假说即使是帕累托效率也可能不可取，因为社区间福利分配的不平等可能达到令人无法接受的地步①。这也在侧面印证了本书第2章所阐述的新古典主义财政理论的某些局限。而空间财政研究更倾向于揭示更为普遍且接近现实的状况，即辖区间存在着非对称和非均衡条件下的财政差异，只要经济系统不具有完美的对称性，财政差异就必然存在；同时，试图阐释这样一种思想，即财政调控的目标并不是消除差异，而是将财政差异稳定地保持在某个合理的界限内，利用其生成机理，采取不均衡的手段以逆调节的方式"反制"财政差异的扩大，促进财政差异的收敛。

---

① 斯蒂格利茨．公共部门经济学［M］．北京：中国人民大学出版社，2012．

7 分区建制构想下的财政协同与公共规制

本章是空间财政研究在公共政策和制度层面的拓展和应用。作为一种纯理论上的构想，分区建制并非要另创一套体系，而仅仅尝试在既定财政体制框架下进行制度和规制上的创新应变，因此并不涉及对宏观财政体制问题的系统论述及其利弊变革的具体讨论。按照空间财政的研究视角，分区基于空间经济的联系，具有动态多维特征；建制是理论上的制度、经验上的规制，具有稳定协调的特点。因此，分区建制构想与前文的实证研究和理论研究具有密切而深刻的联系。如果要将这些内在联系放在一个理论与实践相互兼容的框架中加以认识，那么，出于不同空间范围内公共部门经济所体现出的内在属性和外在效应，分区建制构想显然是一种比较理想的制度架构，具有公共政策层面上的协同和规制等理论外延。此外，分区建制构想亦非无源之水、无本之木，来自国内外的现实经验为其提供了比较清晰的借鉴和启发，使空间财政的理论实验具备了一定的现实操作性。

7.1 分区建制的基本构想

7.1.1 理论内涵

空间财政的分区建制构想主要基于三方面内容的内在统一，即：有限分权体制下的财政分区、基于经济联系和政策目标的财政协同、适度财政差异下的公共规制。这三个方面，不仅是分区建制的基本内容，也在理论内涵上构成了一个有机整体。不难理解，财政分权意味着某种程度的财政分区，空间经济配置促进了财政协同，而有效调控财政差异涉及必要的公共规制。此中三个核心概念，虽然在内涵上有所交叠，比如财政协同也可以归入公共规制的范畴，但为了更加清晰地对分区建制的基本内涵以及逻辑框架进行阐释，本书仍须从概念上进行必要的区分和界定：

（1）财政分区

在一般的理论研究中，"财政分区"似乎并不是一个正式的概念，主要与财政分权以及某些制度分割现象自动地联系在一起。比如，蒂布特模型中的"社区"和布坎南的"俱乐部"，都是由"以足投票"的效用最大化居民根据对公共物品供给的偏好而自动形成的效率均衡。正如第 2 章所分析的，这实际上忽略了空间影响，甚至辖区的边界也是模糊的。在汉密尔顿（Hamilton）等的后续研究中，财政分区实际上是通过法规进行准入限制，直接表现在土地和房产等征税对象的用途及价值变化上，而这关系到辖区公共物品的筹资和供给，同时包含了公共规制的某些内容，这在美国等国家存在丰富的实践。在我国，关系到财政分区的研究主要集中在由户籍制度约束而产生的对人口流动的限制，由此对辖区财政竞争和公共物品供给产生了诸多正负影响。因此，有学者将财政分区定义为"分区中的某些规定……和政府财政收入和支出有直接联系的土地限制措施；财政分区并不是一种单独的分区措施，而是体现分区动机的一种称法①"。

但是，在空间财政的研究视角下，财政分区不仅包括空间的影响，更在经济上体现为广义的空间交易成本（如本书第 2 章所分析指出的）。因此，本书所界定的财政分区至少有两层理论含义：

一是有限财政分权体制下的财政分区。如第 3 章的实证研究所揭示的，财政分权包含了多个侧面的财政相对比较优势，从而具有多维特点，同时具有空间上的相关性，即不同范围、不同程度的趋同或趋异。因此，财政分区应是财政相对比较优势的综合对比，客观上体现着人为行政区划因素之外的财政俱乐部效应，现实表现为空间毗邻或相隔地区之间具有财政收支结构或运行上的共性特点或差异特征。

二是基于空间经济联系的财政分区。正如理论建模部分所抽象的那样，地区间财政差异内生于经济差异，是要素迁移和地域分工的动态结果。对私人经济部门而言，由于经济区位强调由地理坐标（空间位置）所标识的经济利益差别②，因此区位差异影响要素收益和迁移决策。公共经济部门的"区位"相对固定，但公共经济资源的配置活动本身就是一种区位条件③且存在空间上的溢出，进而影响着私人经济部门的区位选择，反过来又受其影响。由第 4 章我国税源转移的大致情况可以看出，基于空间经济联系的财政差异具有较为显著的内生性特点，并且理论上存在着诸如非对称、非均衡和非线性等特征（见本书第 5 章、第 6 章）。从这个意义上看，财政分区内在地体现地区间不同特征的经济差异。

综上所述，在本书的语境中，财政分区是基于财政差异及其调控而言的，并非狭义的某项限制性措施。财政分区的范围（可能包含多个相同层级或不同层级的辖区）根据财政差异的大小、特征以及调控目标的不同而不同。

（2）财政协同

从财政调控的非均衡协调视角出发，正如第 6 章所指出的，在存在经济要素跨区配置的经济系统中，政府间财政关系具有竞争性博弈的特

① 王丽娟. 人口流动与财政竞争——基于财政分区和户口政策的比较视角 [J]. 中央财经大学学报，2010（3）.
② 高洪深. 区域经济学 [M]. 北京：中国人民大学出版社，2002.
③ 即如果相同经济区位上的其他条件相同，公共物品供给水平高的地区对流动要素（税源）更具吸引力。

点，如果没有中央或上级政府正式的制度框架或专门协调，地区间难以真正形成促进财政合作的利益激励。因此，财政协同必然涉及不同层级政府间财政利益的协调。较为规范和正式的描述则来自"协同政府"的概念，即由英国等西方国家提出的一种有别于传统官僚制政府和新公共管理的新型政府治理模式，采用协调、合作与整合的方法提高公共管理水平和公共服务质量[①]。其基本观点在于，公共管理目标的实现既不能依靠相互隔离的政府部门，也不能靠设立新的"超级部门"，唯一可行的办法是围绕特定的管理目标，在不取消部门边界的前提下实行跨部门合作与协同[②]。

财政协同应该视为政府协同的组成部分和重要内容。从政府协同的角度，财政协同至少应该包括三个层面：一是基于国家和区域性经济发展战略、规划和政策而产生的财政协同，是财政部门为配合地区政府之间的经济分工和政治任务而产生的协同；二是上下级财政部门之间的协同，即财政系统内部不同层级之间的协同，以转移支付和行政计划、指令居多；三是出于本级政府的发展规划、重点市政和产业项目以及具体的治理目标，财政部门与其他职能部门之间的协同，主要体现于本级财政收入在辖区内的分配，以正式或追加预算、临时筹措等方式予以实现。

（3）公共规制

关于规制的定义较多，按照《韦氏英文大辞典》的释义，尤指权威机构制定的规制某种行为的法律、规则或命令；丹尼尔·史普博认为，规制是由行政机构制定并执行的直接干预市场机制或间接改变企业和消费者供需决策的一般规则或特殊行为[③]；现实中，公共规制一般是指具有法律地位的公共部门，为了实现市场的效率和公平，依照法律法规对私人经济相关的个人或群体实施的一系列行政管理与监督行为，可以理解为政府为市场改变或补充游戏规则，以使得经济更加平稳、有效地运行[④]。在本书的语境中，公共规制并不是仅仅针对公共经济或私人经济行为而言，而是一个包含政治、经济、社会等方面的广义范畴，因此既

① 王洛忠.中国推进绿色经济中的跨部门协同 [J]. 经济研究参考，2011（2）.
② 解亚红."协同政府"：新公共管理改革的新阶段 [J]. 中国行政管理，2004（5）.
③ 史普博.管制与市场 [M]. 余晖，等，译. 上海：上海三联书店，1999.
④ 孙开.公共经济学 [M]. 武汉：武汉大学出版社，2007.

是财政分区和财政协同的框架，又是两者实践规则的补充。

7.1.2 逻辑关系

分区建制的内在逻辑即如何处理好财政分区、财政协同与公共规制三者的关系，亦即分区建制实践目标的体现。如果将财政分区视为空间框架，将公共规制视为规则安排，那么财政协同无疑是促使三者有机结合的核心架构，也是分区建制的关键。

财政协同的幅度取决于财政分区的范围和层次，强度则取决于公共规制的供给规模和实施力度。既定财政分区内的财政协同侧重于"同"，而区际的财政协同则侧重于"协"，即：既要体现一定的行政计划性，又要体现适度的灵活协调性，这在本质上体现着对财政差异的规范和协调。对于收敛的财政差异，应以侧重于行政计划性的财政协同实现调控的稳定性；对于发散的财政差异，则应以非均衡的协调方式加以控制，这些内容即对应着第 6 章的相关理论探讨。

由于财政差异内在地体现着地区间的财政比较优势，而财政比较优势又是财政分权框架下制度安排的结果，财政差异的变化既可由财政分区和公共规制动态地影响，也可以视为既定（或根据实际需要而改变的）空间框架下多种规则的影响结果。

因此，无论从理论还是从实践来看，财政协同都面临着立体的现实框架，并且具有经济学意义上的长期性和动态性。落实到分区建制的实践目标上，就是要处理好不同范围和层级的财政竞争与财政合作的关系，使之有机地相互包容和促进。具体而言，就是在一定政策目标下，有针对性地进行财政分区、协同以及规制。

7.1.3 框架层次

将我国行政区划的五个层级作为财政分区的空间单元，或者将地理上的经纬坐标划为边界，对于财政分区的实际意义都不大，因为从空间财政的视角上看财政分区实际上是体现行政区划之间经济联系与公共规制作用的空间框架。正如第 2 章对于空间的解析，财政分区实质上就是一个"有界而范围不固定"的定义域，可以随着经济联系和政策目标的变化而动态调整。

但是，这并不等于说，财政分区类似一个蒂布特式的"以足投票"形成的"社区"，在中国以及其他不同体制下的国家，财政分区都不能脱离所在国家和地区的基本体制框架。与此同时，财政分区无法忽视市场的力量——在沿海发达地区生产的商品可以销售到最偏远的小山村，偏远地区的农业劳动力也能够到繁荣的都市务工就业，只要这些市场经济行为的效用或者收益足以抵偿付出的空间交易成本，那么财政分区必然被市场牵制和塑造。本书所界定的空间交易成本是一种广义的经济效率概念，由于它的存在，市场并非是一个平滑的机体，而是在整体统一的基础上存在不同程度的失效或者弱的分割。因此，宏观大市场可以笼统地划分为区内和区际两种市场关系，市场分区或经济分区与行政分区存在不同程度的重叠和逾越，而这些即构成了财政分区的基本框架与层次（如图7-1所示）。

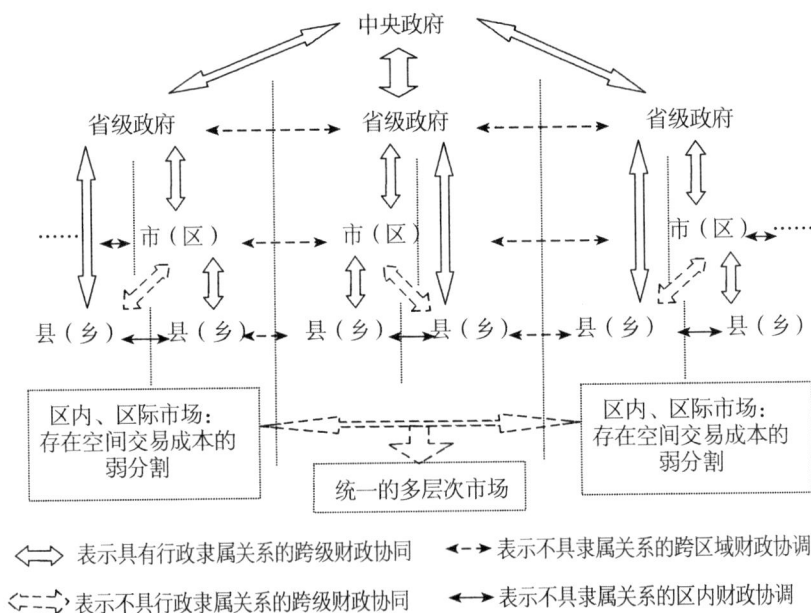

图 7-1 分区建制的框架层次

纵向来看，中央与省级政府之间的财政协同（统筹部署）体现了中国财政分权的体制安排，省级政府与市（区）、县（乡）的财政协同则体现了"省管市"与"省管县"并存的现行财政管理和运行特点；同时，在各层级政府之间还存在着有别于财权安排的事权安排，在公共预算制度不够完善且落实不到位的情况下，事权安排往往被作为政治任务或政绩需要而逾越了正式的财权安排，实际情况要比图7-1中所反映的情况复杂得多。因此，纵向来看至少包含了三个层次：一是央－省分权下的财政协同，二是省－市、县的财政协同，三是不同层级政府间事权安排连带的财政协同。前两项属于比较正式的财政安排，由纵向的宽实线双箭头表示；后一项包含的非正式情况较多，图中只列示了一种不典型情形，即不具有行政隶属关系的低层次政府如一个地市与另一个地市所辖的县发生的财政协同，这种情形往往是共同的上级政府如省政府专门协调的产物。

横向来看，基于经济联系的财政协同则灵活得多，大致分为两类三层：第一类是区内市场同层级政府之间的财政协同，用黑色实线双箭头表示；第二类是区际市场同层级政府之间的财政协同，用黑色虚线双箭头表示。三个层次是指与省、市、县三级政府辖区基本相应的区内市场层次，竖虚线表示空间交易成本作用下的市场分割。实际上，由于空间交易成本广泛存在，在某些地方，区内市场的交易成本甚至高出跨省的区际市场交易，进而使区内市场也可以细分。但是，一般而言，政府对所辖地区所面临的市场环境统一实行没有歧视的调控措施。因此，如果将一个省域视为一个相对完整的较大的区内市场，那么同一市所辖的县、同一县所辖的乡之间不应存在较大的制度差异。另一方面，地方政府之间的协调往往遵循行政层级对等的规则，因此，跨省区并且跨层级财政协同的情况非常少见，比如，若在甲省（市）与乙省某市（县）之间开展某种财政合作，须先征得甲、乙两省的共同认可，从而实际上成为省与省之间的合作；跨省的市与市、县与县之间开展财政协同也面临类似的情况，但可以更为灵活地采用非正式的形式。比如，地理接邻的不同省份的两个市或县，出于利益共赢的考虑，可以在污水治理上开展财政合作以保护共同的水源，而无需省级政府之间订立契约。这种跨省的市与市、县与县之间的财政协同也使用虚线的双箭头表示。

7.2 财政分区的动因与实践形式

由图 7-1 不难看出，横向框架更为接近空间财政的理论研究。纵向框架与现行财政管理体制比较吻合，虽然未必具有充分的经济效率，但其产生的影响是实质性的。因此，从空间财政研究的实践应用来看，财政分区须综合体现两种框架影响，从而具有独特的分区动因与实践形式。

7.2.1 存在相对比较优势的空间俱乐部

基于财政相对比较优势的空间俱乐部是财政分区的第一个动因。比较优势理论来自国际分工和国际贸易理论，包括绝对比较优势、相对比较优势以及要素禀赋论等理论学说，是产业和地域分工的理论基础。比较优势理论在公共财政领域虽鲜有述及，却可能不自觉地加以运用（或者实际体现了这种理论思想）。比如，财政资金由盈余地区向亏缺地区的调拨可以视为基于地区财力的绝对比较优势而发生的。本书的研究视角则侧重于财政的相对比较优势①。这是由于，在空间影响下，包括地理区位以及各种反映在经济上的交易成本，地区之间财政差异是"先天"和"后天"上客观存在的，好比遗传基因好、营养摄入足的高个子与身体羸弱的小个子比身高，高低立显，却没有多少可比性和实际意义。

财政上的相对比较优势则建立了一种可比性，即通过一个相对公允的"折算"方式将财政上不同侧面的绝对差异转化为相对优势（见表 3-2），从而避免了"富裕"和"贫穷"两类财政俱乐部的简单划分。正如现有情况所展示的（见表 3-1），在仅仅落实到央-省层面的有限分权体制下，各个省内部的财政体制安排存在相当大的差异。从推进基本公共服务均等化的角度看，试图缩小地区间财政差异的"均贫"或"均富"方式都内在地包含了很多不公平的因素。

---

① 本书只是借鉴了比较优势的理论思想，理论内容则不同。大卫·李嘉图是以单一劳动力作为投入要素，且生产技术外生给定、规模报酬不变。在公共经济领域，税收筹集和公共物品供给的平均成本是可变的，且变化的比率不同。

如果以财政相对比较优势的视角来看待财政差异，在认识方式上将产生两个转变：一是单方面的比较优势相当于地方财政特色，客观上有利于因素法在均等化转移支付中的运用；二是综合考虑财政比较优势能够反映地区间财政差异的均衡状况。正如第 3 章所实证的，经济发达程度不一定决定财政分权水平的高低，比如沪、浙、苏、闽四省市的经济规模、财政丰裕程度均在绝对值上高于我国大部分省区，但财政分权水平却呈现了低值聚集的情况。因此，相对于财政上的绝对比较优势，在由财政相对比较优势体现的空间财政俱乐部中，成员间往往具有相似的财政运行特征和相对收敛的财政差异，因此可以作为财政分区的重要借鉴和依据。

7.2.2 公共经济资源空间配置非均衡

财政分区的第二个动因是公共经济资源空间配置的非均衡。与前文实证研究的空间口径一致，以我国 8 个经济区域作为空间考察单元，以各经济区域经济要素占全国经济要素的比重来体现公共经济资源配置情况，如表 7-1 所示，不均衡配置状态显而易见；若以 31 个省市为空间考察单元，经济差异则更为显著。

表 7-1　　我国区域经济（要素）的不均衡分布情况

指标 地区	经济规模	就业水平	人力资本	消费水平	居民财富	投资水平	利润水平
东北地区	8.64%	8.26%	9.26%	9.36%	8.39%	10.56%	7.71%
北部沿海经济区	18.55%	16.5%	16.05%	19.2%	18.78%	17.24%	22.79%
东部沿海	18.78%	17.64%	12.76%	18.53%	18.64%	14.25%	21.7%
南部沿海	13.82%	14.96%	10.59%	14.6%	14.38%	9.15%	12.61%
长江中游地区	12.32%	12.97%	15.28%	11.64%	11.93%	15.03%	13.71%
黄河中游地区	13.1%	12.49%	17.97%	13.05%	11.8%	15.57%	11.43%
西南地区	11.59%	13.12%	14.4%	11.21%	12.59%	13.62%	7.87%
大西北地区	3.19%	4.05%	3.69%	2.41%	3.5%	4.57%	2.18%

注：表中指标从左向右依次由地区生产总值、城镇从业人员、普通高等院校在校学生人数、社会消费品零售总额、居民储蓄、固定资产投资总额、规模以上企业利润总额代表，并按各经济区域内省份值的加总计算在全国的比重。数据源自中国统计局官网-分省年度数据库：http://data.stats.gov.cn/workspace/index?m=fsnd.

广义上，公共经济资源应包括公共经济部门支配和影响的各种流动和非流动经济要素及其收益，而不止于狭义的财政收支。因此，公共经济资源空间配置的不均衡实质上很大程度是经济资源市场配置的结果，亦是产业分工和地域联系的具体体现。因此，只要市场在资源配置过程中发挥基础性作用，财政分区就必然受到经济分区的影响，这也是构建市场经济体制的内在要求。

先于财政分区的构想，实际统计工作已经采用了不同的"经济分区"口径，比如东、中、西部的一般划分以及本书所使用的"八大经济区域"，都是较为正式的划分。虽然划分标准不同，但一个可信原则应是，这些区域及其内部省份之间，由于不同程度的地理毗邻和经济社会联系，能够表现出相似或相异的经济地理特征。用本书的术语表述就是，区域经济具有显著的空间相关性。正如第 4 章所实证的，在剔除了中央转移支付的影响后，以经济区域为空间考察范围的财政差异表现出人口和经济两类权重下的收敛特征，在不均等系数上的表现优于全国范围的省际财政差异。同时，从流动性税源空间配置的角度看，要素的经济决策对于不同区域和省份之间的财力对比关系具有比较显著的内生影响，使得地区间财政差异可能出现类似核心-边缘的结构，从而扩大财政差异。结合本书所进行的理论研究不难理解，以经济区域作为空间单元实施财政调控，便于将省际财政差异"锁定"在一个比较适度的水平，从而促进财政差异的收敛。

7.2.3　我国财政分区的具体表现

虽然财政分区尚未在官方语言中被提及，也算不上一个正式的制度术语，但在上述两种动因的可能促动下，我国实际上一直奉行着有空间差别的财政管理和运行体制，因此也积累了独具特色的财政分区经验。从具体实践形式来看，我国的财政分区可以分为以下两类：

第一类是正式[①]的财政分区安排，主要形式包括：

①财政管理体制上的分区。比如，现行的计划单列市、民族自治地

---

① 所谓正式，主要是这些财政分区的形式在体制或政策上得到了确认，但"财政分区"本身并不正式。

区等在收支管理、转移支付等方面都实际构成了财政分区。此外，现行财政管理体制甚至正是由若干个财政分区组成的，比如，如果比较笼统地划分，现行体制下有 21 个收入较高的地方政府（北京、天津、河北、山西、辽宁、大连、黑龙江、上海、江苏、浙江、宁波、安徽、厦门、山东、青岛、河南、湖北、湖南、广东、深圳、重庆）仍按原来和中央政府的约定额继续递增上解，有 16 个财政收入较低的地方政府（内蒙古、吉林、福建、江西、山东、广西、海南、四川、贵州、云南、西藏、陕西、甘肃、青海、宁夏、新疆）继续按规定得到补助[①]。如果详加追溯，在不同的历史时期以及不同的财政管理方面，我国的财政管理体制都存在着较多不同标准、不同范围、不同层次的事实上的财政分区制。尽管"变化多端"，但从动因上看，财政分区始终难以脱离财政比较优势和公共经济资源配置这两大因素。比如，经过几番调整而现存的 5 个计划单列城市（大连、青岛、宁波、厦门、深圳）不仅在财政收支上直接与中央挂钩、行政层级上均为副省级城市，而且或为沿海开放城市，或为经济特区，或列为国家综合配套改革实验区（新经济特区），拥有经济和政治上的双重优势。这种制度上的特殊地区，无疑是一种事实上的财政分区。

②财政政策上的分区。与财政管理体制上的财政分区相似，政策上的财政分区伴随着国家发展战略调整以及区域经济发展规划的出台，同样表现出不同空间范围的多层次财政分区特点。比如，西部大开发、东北振兴、中部崛起、东部率先发展战略的实施，出台了大量财政政策，而这些财税优惠政策往往只适用于战略实施区域；再如，对革命老区、民族地区、边疆地区和贫困地区进行的国家重点援助，即针对"老少边穷地区"的财政政策扶持；以及实施国家主体功能区建设、国家综合配套改革试验区[②]以及某些上升为国家战略的重点区域发展规划，如天津滨海新区、辽宁沿海经济带建设等，都出台了一系列有专门的适用性和针对性的财政政策，形成了大量事实上的财政分区。

---

① 谷成. 财政分权与中国税制改革研究［M］. 北京：北京师范大学出版社，2012.
② 亦即新经济特区，指 2005—2014 年的十年间国家先后批准浦东新区、天津滨海新区、重庆市和成都市、武汉城市圈和长株潭城市群、深圳市、沈阳经济区、山西省、义乌市、厦门市、黑龙江省"两大平原"、江苏南通、汕头市成立的 14 个国家综合配套改革试验区。

第二类是非正式的财政分区安排，主要形式包括：

①协调性的利益分享或补偿机制。大多以财税部门出台"暂行办法"或"通知"的形式出现，使相关利益方（主要是省与省之间）明暗角力地分享财政政策上的"红利"，从而客观上形成一个具有特殊共同利益的财政分区。但是，由于游离于正式的财税法律法规和征管条例之外，且往往属于影响较大的临时性措施，实践中时常备受争议，突出表现在跨地区的水电工程、铁路、管道等大型建设项目上。比如，中国三峡总公司缴纳的税款涉及湖北宜昌市、四川溪洛渡工地和向家坝工地、重庆市、北京市5个地方15个税种[①]。按照相关规定，从2003年始发电到2009年工程竣工，三峡电站产生的税收按以下方法分配：一是增值税75%入中央库，另25%的增值税和全额城建税、教育费附加按15.67：84.33[②]的比例分别入湖北库和重庆库；二是增值税超税负的8%以上部分实行即征即退，用于三峡工程建设；三是三峡电站及葛洲坝电厂的企业所得税全额入中央库，作为三峡基金。前两项由2002年2月4日起实施，到2014年1月1日起废止[③]；后一项的三峡工程建设基金原则上应止于竣工时。但是，直到现在质疑批评的声音仍未休止。

②地区性经济发展规划等政策性文件、重要党政会议的报告和纪要以及列入地方政府绩效考核的各类涉及财政部门的任务分工。从全国范围看，这一形式下的财政分区可谓五花八门、层出不穷，大规划套着小规划，连带着各个职能部门的任务分解直至基层，对财政部门的直接影响是订立"军令状"式的财力保障和匹配任务，加重预算内外的收支负担。这些任务分工将不同的地市、县区划分为若干个任务分担区，一级财政部门往往要在多个地区性发展规划中承担多项分解任务，其中不乏矛盾交叉，甚至存在罔顾财力实际的硬性摊派。

③地方财政联席会议。这一形式更为松散和不正式，大致分为两种

---

① 张克平.中国三峡总公司税收筹划探析 [D].北京：华北电力大学，2007.

② 这一比例是在20世纪90年代中期，由上级部门依照"库区移民"比例制定的分配方案，主要来自1994年三峡水库移民补偿投资切块包干时的做法。因为三峡工程的坝址虽然在湖北宜昌市境内，但三峡库区的淹没区却大多集中在重庆市，两省淹没面积和移民数比例大致为15.67：84.33。——引自姚海鹰，等.鄂渝三峡电站税收分配之辩 [N].长江商报，2009-04-14（A03）.

③ 见《财政部 国家税务总局关于三峡电站电力产品增值税税收政策问题的通知》（财税〔2002〕24号）和《财政部 国家税务总局关于大型水电企业增值税政策的通知》（财税〔2014〕10号）。

形态：一是共同的上级政府召集指定的辖区政府，针对某项临时任务的落实（往往不能体现在政策性的正式文件或重要会议中），要求地方财政在政策和资金上进行配套和保障；二是不具有行政隶属关系的平级政府之间针对专门事项（如地区性的污染、疫情、自然灾害等）开展的工作协调，比如长三角城市群中 16 个成员城市每年召开一次协调会、环渤海地区 32 个成员城市每半年举行一次联席会议①。

7.3 财政协同的内在激励与路径选择

大量事实上的财政分区客观存在，使我们不得不对财政分区的合理性提出质疑，甚至对其法制基础也要划上一个大大的问号。因为，在相当多的情形中，财政政策的供给、公共资源的动用并不是一个简单的政府财务问题，而是涉及"纳税人的钱要怎么用该由谁说了算"的问题。从现代财政管理的法制基础来看，这是一个基础且根本的问题。假设财政分区的实践形式都在政策上具备充分的合理性，那么接踵而至的技术性问题就是，如果财政分区存在内在的结构性矛盾从而产生了财政上的不协同，该怎么解决？协调的出路在哪里？

从空间财政的研究视角来看，虽然本书有限的尝试不能提供全部的解释，但至少可以提供一种理论上的参考。如果将财政分区视为财政协同的空间框架，那么正如前文所阐释的，区内侧重于"同"而区际侧重于"协"不失为现行体制下的折中办法。尽管空间框架具有多层次动态变化的特点，但是，根据财政分区的内在动因，以及图 7-1 所示的行政层级与市场区域的空间联系，可以将财政分区的边界锁定在一定的行政层级和市场区域内，也就是根据政策目标和经济联系开展财政协同。那么，这必然涉及行政区域与市场区域的空间交叠及其可能产生的结构性矛盾，也就回到了最初的问题——由财政分区的结构性矛盾而产生财政上的不协同。因此，有必要首先从机理上阐述财政协同的激励，进而提供可能的路径选择。

---

① 丁靖轶.创新财政支持政策助力环首都绿色经济圈崛起［J］.中国财经信息资料，2012（17）.

7.3.1　分权与分区之辨

　　财政协同或不协同似乎可以不假思索地视为财政分权的产物，因为财政协同与否都是政府间财政关系的体现，而能够在地方财政层面为之提供合理性支持的理论莫过于财政分权。财政联邦主义者们似乎一直在强调一种信念，即财政分权促进了地方政府效率的提升以及可能的福利改进。这种理论愿景至少从蒂布特以来，成为分析和处理地方政府间财政关系尤其是引入辖区间财政竞争的主流思想。中央政府被认为应当在分权中削弱，甚至只保留维护统一市场的权威并保证地方政府之间展开公正有效的竞争即可，进而只需提供全国范围内的公共物品并纠正地区间的外部效应。尤其是被称为"第二代财政分权理论"的"市场维护型联邦主义"（market-preserving federalism，简称 MPF）更把"中国式联邦主义"[1]视为最有力的当代证据。然而，系统而严厉的批评却指出，上述理论框架的"缺陷根源于其借助的新古典经济学的竞争理论和经典代理理论，且简单地将政府组织类比为企业，从而导致缺乏地方政府关于制度供给的政治微观基础，难以全面地理解中央政府在整个国家政治经济生活中的作用[2]"。

　　如果正视空间的影响并使之有效地引入到理论模型中来，那么不加修正的 MPF 将在现实经济中面临更严苛的拷问。正如本书在第 2 章所进行的分析，其分析框架和微观基础难以适用于包含空间交易成本的非平滑经济。这导致了一个更为深刻的矛盾，即财政分权下的辖区难以与面临的市场区域建立起有效地联系和互动。这是因为，财政分权的思维定式是将辖区及其提供的公共物品理想化地与私人经济部门以及私人物品近似等同起来从而能够进行竞争配置，因此辖区最优规模亦即公共物品供给效率的实现就是一种理想均衡。若再进一步处理政府与市场共同作用下的经济增长和社会发展问题，使用该思维定式就只能望而却步

---

　　[1]　在对实行民主政治和私有化改革的前社会主义国家与改革开放后仍然保持相对集权体制的中国进行对比后，MPF 认为民主政治并不是财政分权的必要条件。通过对地方政府进行行政和财政上的分权，使其能够与中央政府分享收入，从而具有强烈的激励动机去维护市场并推动地方经济增长。因此，中国的财政分权探索被贴上了"中国式"或"中国特色"的标签。

　　[2]　杨其静，聂辉华．保护市场的联邦主义及其批判［J］．经济研究，2008（3）．

了。如果政府与市场的界限模糊到近乎无，并且市场面临各种动态的非对称条件，那么分权的均衡在哪里呢？如果要将政府与市场共同纳入一个包含空间影响的分析框架，那么尝试着突破一个"乌托邦"式的愿景而将财政分区作为财政分权的替代，是不是更适合呢？从这个角度来讲，本书的理论思想实际上是一种对现实世界的妥协，因此不具有理论上的挑衅性和革命性。财政分权不论在本书的实证研究还是理论模型的建设中，都被作为一种正式的制度框架加以考虑。但是，当它被应用到现实体制中来的时候则拓展为财政分区的构想，这似乎在中国特色的体制和市场环境下显得更为妥帖。

7.3.2 考核激励下的市场合意

如果政府的行政边界无法与基于市场联系的经济区域相吻合，那么财政不协同的现象就几乎必然发生，且体现在不同的行政层级和市场区域之间。反观财政不协同，现实中几乎不存在纯粹的协同，即要么市场受行政强权的迫使而完全受制于计划，要么放任到无政府的状态。介于两个极端之间，财政协同和不协同都客观存在，而它们发生的内在机制是一理相通的。如果用"合意"这一法学概念来表述财政协同的契约性质，那么，财政协同就可以近似为政府与市场所达成的一致。

现实经济中，政府与市场并不是格格不入的。但是，在相当多的理论语境中，要么出于尊重"经济理性"而侧重于市场，要么侧重于政府治理和公共选择从而强调政府作用。实际上，从利益的角度说，不论出于公共利益还是私人利益，政府和市场的关系往往都是暧昧的，甚至彼此靠拢，相互迎合。如同一句俗语说的，没有永恒的敌友，只有永恒的利益。

除了前面所述及的财政分权理论，官员晋升的锦标赛理论也是本书处理财政分区及协同问题的重要参考。正如越来越多的研究所认识到的，地方政府在地方经济发展过程中发挥了非常重要的作用，甚至有学者将中国的经济形态称为地方政府主导型的市场经济[①]。与维护市场的

---

① 何晓星. 论中国地方政府主导型市场经济 [J]. 社会科学研究, 2003 (5).

联邦主义不同，以周黎安等为代表的政治锦标赛理论认为，中国治理地方官员的激励模式在深层次上与市场经济的培育和发展存在内在的矛盾，使得行政与财政分权无法确保市场维护的合理激励[①]。并且，在政治锦标赛下地方政府的竞争空间非常巨大，而合作空间非常狭小[②]——关于这一点，本书 6.4.3 节对辖区间财政合作的可能性也进行了理论探讨，得出了类似的推论。这样一来，若从"合作"的角度看待财政协同，前景似乎并不乐观。

但是，协同虽有合作的意味，却可能是不对等和非对称的合作，即跨越行政层级并且面临不同的市场规模和区位条件。因此，中央或上级政府在行政与市场影响力上表现出的权威是不容忽视的。对此，前文 6.4.2 节曾指出，转移支付机制的有效实行依赖于中央（上级）政府的制度框架，而转移支付实际上也是财政协同的一种形式。以晋升锦标赛理论来看，推进财政协同未必直接决定了政治晋升，但存在潜在的间接影响，比如非正式晋升的隐性激励[③]。因为，中央与地方之间的给付关系很明确，即中央需求经济增长、支付政治晋升；地方供给辖区经济增长，得到政治晋升，从而使"经济增长市场"成为一个买方（中央政府）垄断市场，供给方（地方政府）则有多家[④]。对于省及以下层级，情况基本相同。由此可以看到由政治权威推动财政分区和协同的可能性，即中央或上级政府可以通过调控地方官员的任命来达到协调区域发展的目的[⑤]，这将体现为晋升激励与财政（经济）激励结合的复合激励机制——对于地方政府而言，财政是促进经济发展的有力抓手，同时又是经济发展成果的体现。随着经济发展阶段和外部条件的变化，治理模式也在由"为增长而竞争"向"为和谐而竞争"转变[⑥]。因此，财政协同能够与财政竞争并存，两者并不存在根本冲突。在多级同构的现行行政体制下，省级政府的晋升激励会逐层转化为地市、县、乡乃至最基层

① 周黎安.中国地方官员的晋升锦标赛模式研究 [J].经济研究，2007（7）.
② 皮建才.中国式分权下的地方官员治理研究 [J].经济研究，2012（10）.
③ 张晖.官员异质性、努力扭曲与隐性激励 [J].中国经济问题，2011（5）.
④ 徐现祥，王贤彬.中国地方官员治理的增长绩效 [M].北京：科学出版社，2011：85.
⑤ 徐现祥，王贤彬.任命制下的官员经济增长行为 [J].经济学（季刊），2010（9）.
⑥ 陈钊，徐彤.走向"为和谐竞争"：晋升锦标赛下的中央和地方治理模式变迁 [J].世界经济，2011（9）.

的激励，上级党委和政府在对下级的考核中天然成为了权威代表，这种激励的传递和放大"在相当程度上解决了监督激励依次递减和信息不对称的问题，大大节约了监督成本"①。

至此，不难理解考核激励（包括政治晋升和经济增长双机制）如何促进财政协同，但这毕竟是政府角度的"一厢情愿"，市场的"合意"又该如何体现呢？

在本书的理论语境中，市场与政府不是割裂的对立面，来自政府的考核激励要考虑市场潜力，市场也要根据变化的政策成本进行动态的经济决策。从这个意义上说，市场与政府是相互靠拢而非彼此离散的，但两者又实质上构成了一对利益协调下的合作博弈关系，其动态结果取决于彼此面对的空间交易成本，也可以理解为一种相互的让步与妥协。

从本书的理论观点出发，市场的合意体现为政府治理激励下的区域市场整合。第 5 章的理论模型指出，政府的财税手段能够通过改变空间交易成本而进入要素价格，市场也要根据空间交易成本进行生产定价和空间配置。在这一过程中，只要财政差异存在②，市场就面临分割和脱节的现象——但是，这种现象并不意味着必然存在地方保护；与此同时，地方保护却可能意味着财政差异超过了适度的水平，从而使保护地方既得利益成为具有一定政治经济理性的选择。事实上，我国的财政体制安排及分税制改革的推进，都在不同程度上考虑和照顾了地方的既得利益，这也是形成财政分区的重要原因。不仅如此，现有研究已经注意到地方保护与区域市场整合的问题，认为地方保护是基于短期利益的、落后与发达地区博弈的结果，是内生于经济发展过程中的必然现象，而取消贸易保护并提升交易效率则是符合长期利益的最优选择③；另外，从政府间竞争框架下区域市场整合的成本与收益来看，有研究认为地区间收入差异是阻碍市场整合的决定性力量，而正的外部溢出效应则是推进市场整合的决定性力量④。这些观点与本书不谋而合——正如第 6 章

① 周黎安. 中国地方官员的晋升锦标赛模式研究 [J]. 经济研究，2007（7）.
② 在第 5 章的模型语境中，财政差异主要由辖区间财政竞争而产生；第 6 章则内含了市场规模条件不对称等经济差异产生的财政差异。
③ 王小龙，李斌. 经济发展、地区分工与地方贸易保护 [J]. 经济学（季刊），2002（4）.
④ 皮建才. 中国地方政府间竞争下的区域市场整合 [J]. 经济研究，2008（3）.

的理论模型所揭示的，由于财政差异内在地体现着地区间的经济差异，对财政差异的稳定调控和非均衡协调具有动态的特点以及经济学意义上的长期性。在这个过程中，市场会根据现实或预期的实际收益做出空间上的调整，财政手段只是市场决策的参考。这实质上体现着财政协同的基本思想及其面临的市场条件。财政协同只是一种促进地区间财政差异收敛的调控方式，本质上是对区际政治和经济利益的协调。

因此，在政府与市场的联袂决策激励下，财政协同至少在理论上体现了市场区域与行政辖区边界的趋同。比如总部经济，往往存在于一定经济政治区域的权威中心，尽管它的市场影响力可能超越辖区边界，但是跨越行政边界的市场行为可能因属地征管而产生额外的空间交易成本。从这个意义上说，市场与政府的边界存在交叠包容下的趋同。这实际上与地方保护并无多大关系，因为后者仅仅是一种经济表象，它的存在并不影响财政协同的实施。当然，也有研究认为，这可能导致了地方官员控制下的"零碎分割的区域市场"[1]，但是同样有证据表明，中国区域市场的一体化进程正在加快且朝着有利的方向发展[2]。

7.3.3 分区供给的财政政策整合

由上述分析不难理解，分权体制下的财政分区以及政府与市场的合力作用能够作为内在激励推动不同层级间的财政协同。从具体实施来看，依靠财政政策的分区供给实施不同政策目标下的财政协同，也是我国财政管理实践中的惯用方式。但是，时常能够观察到的现象是，从协同目的出发的财政政策可能引发新的不协同。反观这种现象，政策初衷是好的，多数情况下政策本身也是好的，偏偏政策预期难以实现。究其可能原因在于，分区供给的财政政策缺乏有效地整合。

以西部大开发涉及的税收优惠政策为例。从最初的 12 个西部省、市、自治区开始，先后将中部 3 个自治州和 6 省 243 个县（市、区）纳

---

① YOUNG, ALWYN, The Razor's Edge： Distortions and incremental reform in the People's Republic of China［J］. Quarterly Journal of Economics，2000.
② NAUGHTON B. How Much Can Regional Integration Do to Unify China's Markets?［R］. Conference for Research on Economic Development and Policy Research，1999.

入有关优惠政策的实施范围，进而扩展至 80% 以上的国土①。但是，与东部省省区的税收优惠政策相比，西部大开发的政策优惠却显不足：一是优惠的年限较短。比如，首轮西部大开发规定优惠年限为 10 年，而经济特区、沿海开放城市等区域性税收优惠政策一般不规定时间上限，这将对回收期较长的项目投资决策产生重要影响。另外，税收优惠主要针对新办企业，名义上享受了税收优惠，而在投产达效时税收优惠已然过期，实际上并未获得减免。二是优惠税率与非优惠税率的"落差"小。新的《中华人民共和国企业所得税法》（以下简称《企业所得税法》）实施后，内外资企业实行统一税率且下降到 25%，使得原有的政策优惠打了折扣。三是税收优惠政策中与企业所得税相配合的税种较少。除企业所得税外，其他小税种实施的优惠如农业特产税、耕地占用税的免征都因政策调整或受益主体为政府等原因而形同虚设，实际收效不大。

此外，政策叠加的问题也造成了财政难以协同的局面，比如西部 12 个省市区中有 5 个自治区，滇、黔、青三省参照民族自治地方执行，川、渝、甘也有一部分民族自治州、县。在这些地区，既有西部大开发政策又有民族区域自治政策，同时存在特别经济区域（如经济区、综合改革试验区等）政策，存在交叠赘余之嫌，实际实施时又"力不从心"②。调查研究显示，西部大开发政策倾向于特定的行业和企业（基本上属于垄断行业），未能真正体现税负公平③。

不仅在较大和较高层级的财政分区中存在政策供给的不协同问题，在较小规模的财政分区中，省市区之间及其内部同样存在上述问题，使相同的政策内容对于不同辖区显示出不同的供给偏好。比如，企业所得税减按 15% 征收的区域性优惠政策在新的《企业所得税法》实施前即由西部大开发地区适用，而在该法颁布实施后中央又特批了广东横琴、福建平潭和深圳前海适用此项优惠，在税法普遍适用的区域内设立了脱离

① 参见《国务院关于实施西部大开发若干政策措施的通知》（国发〔2000〕33 号）、《关于西部大开发若干政策措施的实施意见》（国办发〔2001〕73 号）、《国务院办公厅关于中部六省比照实施振兴东北地区等老工业基地和西部大开发有关政策范围的通知》（国办函〔2007〕2 号）等政策文件。
② 蓝常高. 西部大开发税收政策的回顾与展望 [J]. 经济研究参考，2011（65）.
③ 李俊杰，等. 西部大开发以来广西税收优惠政策实施效果的调查研究 [J]. 经济研究参考，2011（11）.

法律框架的特殊区域；在较低的行政层级上，有调查研究发现①，由于上市企业作为地方官员的政绩体现和重要的"壳资源"，因此在政府补助政策上倍受青睐，不仅在补助结构上存在地区偏向性、在行业选择上更倾向于制造业，对某些成长性好且社会反哺度高的行业反而关注较少。

上述情况说明，分区供给的财政政策整合至少在权威层面势在必行。整合并不意味着整齐划一，在中国这样幅员辽阔、地区差异较大的国家，"一刀切"的教训是深刻的。在本书的语境中，整合更接近整章建制的意味，也是财政协同的题中之义。因为，财政协同本质上是基于政府和市场关系的利益协调。那么，在基于这对基本关系而形成的财政分区内，政府与市场所面临的政治生态、经济发展阶段以及各种可能反映在空间交易成本上的社会文化等因素都是近似的。不论是市场本位还是官本位的政策供给，都可能产生内在的不协调。因此，分区供给的财政政策整合意味着区内侧重于"同"而区际侧重于"协"，也就是将政治和经济上的利益差异以财政差异的形式保持在一个适度的水平上。

7.3.4 基于区域经济联系的财政合作

接下来考虑另外一种财政协同的路径，即基于区域经济联系的财政合作。如果上述政策上的整合侧重于行政权威的主导，那么财政合作则相对注重经济联系，并且往往跨越一定的市场区域和行政区域。比如浙江的舟山群岛新区②进行的综合保税区、自由贸易园区建设以及自由港市的探索，客观上需要开展大量的具有公共财政性质的部门间合作和区际合作。推进综合保税区建设，需要与上海、宁波的海关特殊监管区域实现功能互补和错位发展，避免低端产业和项目的同质竞争；同时，由于保税区对地方财政的贡献较小，在经济总量较小、财政缺口较大的情况下，必须实行以保税加工和高端的海洋制造业为主的产业定位，引导

① 冯钰钰，等.政府对上市公司补助行为研究［J］.经济研究参考，2011（71）.
② 舟山群岛新区以海洋战略性新兴产业为主题和特色，是继上海浦东、天津滨海、重庆两江之后第四个国家级新区。由于地处南北海运通道和长江黄金水道交汇地带，对内作为江海联运枢纽，能够辐射整个长江流域和东部沿海，对外则是我国除台湾外唯一深入太平洋的地区，经济区位优势独特。

产业链条长的项目入住并拉动区外产业的发展①，这就需要财政、税务、国土、城建等职能部门根据区内和区际产业经济联系展开深度的分工合作，同时也需要财政部门通过系统内的有机协同，完善财政性资金的分配管理与使用制度。

从财政管理体制与经济联系相适应的角度来看，地区间财政合作的方式并非一成不变，类似于前文中所阐述的财政分区的多层次性以及实践形式的多样化，在既定的体制格局中是存在某些具体安排的。因此，财政合作的方式取决于合作的对象和目标，这就需要综合考虑区域经济的具体特征，比如在中心（核心）地区的影响下地区之间的离散关联程度。在此方面，辽宁省业已开展了某些尝试和探索（见表7-2），可以作为我国不同地区之间尤其是省以下层级开展财政合作的现实参考。

表7-2 基于区域经济联系的财政合作方式

经济区域	合作方式	中心地	召集地或机构常设地	合作关联度	主要职责
辽宁沿海经济带	联席会议	大连	大连或轮流	松散	①制定区域发展规划 ②制定、协调区域产业政策
沈阳经济区	城市联盟	沈阳	沈阳	紧密	①制定区域发展规划 ②制定、协调、仲裁区域产业政策 ③区域生态环境治理 ④区域交通、住房供给管理
辽西北地区	省政府主导的联席会议	无	轮流	松散	①区域专项资金分配 ②制定区域发展规划 ③集体与省政府交流扶持问题

资料来源：徐雪梅，王洪运，王宁."省直管县"管理体制改革对策研究——以辽宁省为个案 [J]. 财政研究，2011（2）.

辽宁模式具有比较鲜明的区域经济特征：由于沈阳、大连两个副省级中心城市的带动和辐射作用，辽宁沿海经济带和沈阳经济区均表现出了一定地理空间范围内的经济集聚特征，但是，以地市为空间单元来看，前者内部成员距经济核心的地理距离普遍大于后者，中心地（大

---

① 何一平.浙江舟山群岛新区地方性税收制度创新的理性选择 [J].中国财经信息资料，2013（5）.

连）三面环海，经济腹地是狭长的半岛和海湾，而后者（沈阳）面临更为纵深宽广的经济腹地，经济上的整体性和互补性更强，并且中心地（沈阳）不仅是地区经济中心又是全省政治文化中心，因此，沈阳经济区能够采取城市联盟的合作模式，而沿海经济带则适合比较松散的联席会议模式。辽西北地区之所以适合由省政府主导的联席会议模式，主要是因为其内部城市空间分布较为分散，县域经济欠发达，相对沈阳、大连两个地区性中心地而言，辽西北地区没有突出的（亚）中心城市，并且，在实行了"省管县"财政管理体制后，地市不再截留县（市）的专项资金，各县（市）将更为倾向于独立发展。可以说，相对辽宁沿海经济带和沈阳经济区，辽西北地区内部地区间缺乏经济和财政上进行合作的利益基础。

从利益协调的角度来看待财政合作，前者既是后者的基础，又是后者的结果。从掌握的现有资料来看，由于缺乏明确的预算约束和正式安排，财政合作中规定的收入分配与支出义务主要表现为某些零散的、临时性的管理办法，这也在侧面上表现出了财政合作具有比较灵活的软约束特点。比如，福建平潭综合试验区[①]在财政体制上实行了计划单列管理下的地方财政收入全留体制，在电价补贴等财政扶持方面实行了省、市、县三级财政各分担一点的办法，实现了平潭电价与福州市区同价[②]等。实际上，类似的经验在我国已经具有了相当的积累。比如，自2009年以来我国就密集批复实施了十几项重点区域发展规划，包括珠江三角洲、海峡西岸经济区（福建平潭）、江苏沿海地区、广东横琴、关中－天水经济区、辽宁沿海经济带、中部地区崛起、图们江区域合作开发、黄河三角洲高效生态经济区、鄱阳湖生态经济区、甘肃省循环经济、海南国际旅游岛建设、皖江城市带等。从基于区域经济联系的财政合作的视角来看，这些重点区域规划与国家设立的经济特区、综合配套改革试验区等交相呼应与重叠，均在在各自的层面出台了某些具有特殊性和针对性的政策措施，如详加梳理，其中所涉及的财政合作，包括各

---

① 位于福建省东部，是中国大陆距离我国台湾最近的地方，区位条件优越，资源丰富，产业特色突出，定位为探索两岸合作新模式的示范区、海峡西岸经济区科学发展的先行区等，在财税政策上享受中央和省政府的特殊优惠。
② 魏志甫，周占杰.支持郑州航空港经济综合试验区的财政政策研究［J］.财政研究，2014（1）.

种政策上的优惠和制度创新，将不胜枚举。

从内在激励上看，正如前面分析指出的，分权体制下的财政分区以及政府与市场的合力作用促进了财政上的协同，当然也同时产生了不协同的现象。从具体表现上看，财政政策的分区供给与基于经济联系的财政合作是内在统一的，只是在财政协同的形式上因利益协调的侧重点不同而有所区分。

作为利益调整的一种方式，财政协同必然连带产生某些体制和机制上的矛盾。在现实经济中，完全没有矛盾的地区间经济交往是不存在的。尤其在竞争性的合作区域之间，不仅存在追求各自利益最大化的政治动机和市场动机，也需要基于共同的利益需求进行有效协调。但是，就中国特色的财政体制而言，财政协同的外衣无法掩盖的深层次问题在于，不论分区的政策供给还是基于经济联系的财政合作，都在一定程度上缺乏坚实的法制基础。中央和省级政府等行政权威的决定、批复、意见甚至通知或者函，都可能随时突破财税管理体制的总体框架，不仅不能充分得到立法机关和社会舆论的有效监督，甚至屡屡违背和突破预算、税收等法律规定的适用条件和范围，形成了一个又一个事实上独立于相关法律法规的财政"特区"。

向国际社会寻求经验借鉴不难发现，主要发达国家及某些发展中国家大都在协调区域经济发展的财政政策方面进行了立法保障。比如，美国以 1961 年颁布的《地区再开发法》、1965 年颁布的《阿巴拉契亚区域开发法案》等正式的法律文件为依托，并成立了专门机构，促进了相关区域的开发和复兴；日本早在 1950 年即制定颁布了《国土综合开发法》并在之后的几十年内陆续颁布了《山村振兴法》《过疏地区振兴特别措施法》，并实行了"特定地区开发计划""全国综合开发计划"等多项国家规划，为财税政策支持落后地区以及在政府间进行大规模转移支付提供了法律上的依据；德国则将国家财政均衡地区间经济实力和保持生活水平一致的责任和义务通过《基本法》予以确认和规定，并出台了《德国共同任务法》，促进资本和劳动力向欠发达地区流动以实现区域经济的平衡发展。英国、法国、意大利、巴西等国也都开展了类似的法制工作，在法制框架下成立专门的协调机构并设立专项基金，不仅从法制高度先行确定了相关财税政策措施的合法性，更确认和规范了财税政策在协调区域发展中的法律责任。

这也凸显了空间财政研究视角下"分区建制"的必要性，它不仅意味着财政体制的改革、财税管理制度的完善，更为重要的是提示了整章建制的法制基础及其重要性，从而使"中国特色"能够真正成为一种持久的内在激励而非间歇不断的制度性扭曲。从渐进式的改革进程来看，财政协同或许正是一种折中的推进方式。

7.4 适度财政差异下的公共规制

正是由于法制基础及财政体制本身所连带的种种经济社会问题较为普遍地存在，使得展开相应的公共规制势在必行。规制的缺失，可能导致政府与市场达成的默契转变为某种政治经济合谋或者寻租行为，从而难以将地区间的经济和财政差异收敛在某个适度的水平上。这必然需要秉持公序良俗的权威机构通过有针对性地颁行法律、制度和规则加以匡正。当然，前提条件是实施公共规制的部门足够公平正义，从而不会出现"规制俘虏"[①]的情况。

7.4.1 对公共财政行为的规制

本书所谓的公共规制主要是指针对公共经济部门尤其是公共财政行为所进行的规制。公共规制涵盖的范围相当广泛，主要针对源于自然垄断、外部性以及信息不对称等原因造成的市场缺陷，一般可以笼统地分为经济性规制与社会性规制、内生规制与外生规制等。从本书理论建模的框架来看，空间财政行为伴生于存在规模经济的垄断竞争市场，并且辖区间市场和财政博弈均面临着各种不对称的交易成本和内外部条件，公共部门提供地方性公共物品的平均成本不是一成不变的，税收规模随着提供地方性公共物品的筹资成本（税率）和机会成本（税率变化导致的税源流失或流入）而动态变化，既定预算约束下地方公共物品供给难

---

① 规制机构可能被受规制企业所俘虏，从而使政策发生偏离，从而损害委托人公众的利益，甚至成为被规制产业组织的牟利工具。

以公平地实现溢出均衡，因此，不加权威约束的竞争性财政博弈就可能恶化辖区间财政关系，从而使财政差异突破稳定性的要求。这使得本书所建立的空间财政模型内在地为公共财政规制留有余地。

一般观点认为，经济性规制主要包括进入和退出规制、质量和标准规制以及价格规制等措施手段，社会性规制则主要体现为安全、健康、卫生、环保等方面的基本保障。现实中，对公共经济部门和公共财政行为的规制具有一定的局限和难度，因为公共经济部门本身就具有颁布规制的职能，而规制又属于政府干预的范畴，且主要以市场失灵为规制对象，因此往往不适用于政府自身。

但是，不妨变通地看，将公共经济也纳入规制的范围，按照规制对象的产权归属或者经济性质来划分，这本就属于理论上的内生规制①范畴。因此，规制的理论概念在公共经济领域具有一定的适用性。比如，为了正确处理政府与市场的关系进而对公共经济部门职能进行科学定位，本质上就体现了对政府干预市场的"准入"限制，即哪些该管、哪些不该管而应由市场调节，比如 2015 年 1 月 1 日起正式实施的《中华人民共和国预算法》（以下简称《预算法》）第十六条明确规定："市场竞争机制能够有效调节的事项不得设立专项转移支付"，这实际上就是对转移支付行为做出的退出规制。再者，如果按照基本公共服务均等化的要求，通过法律规章赋予公共收支更为硬化的预算约束，从而明确和细化基本公共服务的质量和标准，那么此类规章即可视同一种经济性规制，只是规制的对象由市场经济转为政府经济。另外，某些关系社会福利基本公平与改善的重要制度变革与破立也可视为社会性的规制。比如将户籍与住房、教育、医疗、保险等地方公共物品挂钩进而限制人口流动、实施排他性和竞争性的供给政策，优先对地方财政供养人口按照体制内的身份职级足额高标安排养老、医疗等供养财力，不平等地拉大与社会普通公民的福利差距，等等，有被学者将类似现象归结为"二元体制下的公共物品供给"②，在我国比比皆是，针对此类制度现象进行的公共规制，具有明显的社会性规制特点。

---

① 一般指针对政府拥有大部分资产的公用事业部门、国有企业所实施的规制；对应地，对私人部门企业所实施的规制则称为外生性规制。

② 黄书猛.二元体制下的公共产品供给和财政竞争均衡［J］.财贸经济，2009（8）.

如果说前文所述的财政分区与协同更侧重于宏观和中观层面，那么，对公共财政行为的规制则更侧重于微观层面。正如理论模型所推衍的，公共财政手段能够内在地影响厂商的成本收益，包括生产要素的名义价格和实际收益，进而影响生产、消费的经济决策和产业区位选择。当然，制度或规制层面更注重微观机制下的调控目标或者财政结果，即如何通过规制的实施使地区间财政差异保持在比较适度的水平上，从而实现财政调控（协同以及合作）的稳定与非均衡协调。

7.4.2 "适度"的均等化含义

之所以在规制层面探讨适度财政差异的均等化含义，出于两方面原因：一是现行财政体制下客观存在的财政分区和不协同现象，可能人为地扩大地区间财政差异。事实上，财政管理体制在某些方面的低效率和内在的诸多不公平因素一直以来就被学界广为诟病。如果把此类问题归结为财政体制的不完善，那么对公共财政的规制显然是一种补充。二是"适度"的理论含义虽然比较明确，但在现实语境中界定模糊，对于不同需求偏好的人们来说几乎没有一致的标准。因此，有必要将"适度"的含义落实在公共财政的基本职能和政策目标上。尽管我国的公共财政建设尚在推进中，不成熟、不确定的因素较多，但这恰恰为公共规制提供了发挥作用的空间。

如果适度的财政差异意味着地区间的基本公共服务水平基本相当，那么均等化无疑是比较确切的政策落脚点。毋庸置疑，理论上"以足投票"的实现条件在我国并不具备，并且不同地区之间的地域性差异和经济差距显著存在。因此，基于人口和要素自由流动的均等化亦即个人平等基础上的均等化在我国并不具有现实性，以省级行政区划作为可比的空间单元似乎更具可操作性，这也与分税制改革的阶段性（即实际上只推进到省）基本吻合。当然，完全实现地区间基本公共服务水平的均等化也是不切合实际的，即使在要素自由流动和均等化制度比较完备的国家，均等化也只是一个相对的概念。

第6章关于财政调控的模型指出，促进财政差异收敛以实现均等化需要中央（上级）政府的权威以及正式的制度框架，不论横向还是纵向的转移支付机制都是如此。这一点，在联邦制国家也是基本适用的，即均等化"被视为是对那些由偏好生产活动和财政资源空间聚集的共同市场所实施的社会分配进行重新分配的过程，也许这种重新分配是在联邦政府的政策帮助下进行的[①]"。况且，由于地区间自发的财政合作非常有限，兄弟援助式的罗宾汉模式[②]在我国的经济效率并不高，比如对口援助、抗震救灾中的紧急支援等，其重点凸显的往往是政治上的意义，而非经济上的公平效率。这些情况说明，如果体制本身出于"惯性"的行为和逻辑方式不能对财政差异做出即时调整，那么至少应当做到规制先行，即在制度规章和规则上首先做出调整。

7.4.3 差异控制与预算约束的硬化

一个关键的问题在于，地区间的财政差异如何体现并界定在一个合适的水平上？这里，借用一个表示人口增加与公共支出关系的"拥挤函数"[③]（crowding function）来说明上述问题，但是本书对其理论意义做了修正。因为财政支出（公共物品的供给）在相当多的情形中并不是为了吸引人口流入的，相反可能是排斥性的，即使在"以足投票"的完美机制中为了保持最优社区规模也具有一定的排他性。因此，不妨将拥挤函数定义为关于要素迁移与公共物品供给水平的映射关系，形如下式：

$$E_i = \frac{G_i}{n^\alpha}$$

其中，E_i 表示 i 地区（或第 i 种）公共物品供给的均等化水平，G_i 表示 i 地区（或第 i 种）的公共物品供给水平，n 表示要素规模，α 为表示拥挤的参数。对于 $\alpha=0$，表示公共部门提供的是纯粹的公共物品，此时亦即完全均等化，因为纯粹公共物品具有非竞争性和非排他性；对于 $\alpha=1$，说明提供的是私人物品，相当于 G 可以根据要素规模进行效用分割，从而充分地竞争排他。

显然，正常情况下 α 应介于 0 和 1 之间，此时公共部门提供的是

---

① 韦斯奎泽，瓦力恩考特.区域发展的公共政策 [M].安虎森，等，译.北京：经济科学出版社，2013.
② 又称为兄弟互助模式，即将富裕地区的资金转移到较落后地区，而不需要中央财政的资金，以减轻中央财政的负担。——参见刘黎明，等.财政体制的理论与模型方法研究 [M].北京：首都经济贸易大学出版社，2007.
③ 实证研究中已有多种应用和简化的版本，这里主要采取较为一般的形式。

混合公共物品。但是，这时的均等化并非一般财政工作者所关注的简单平均或加权平均，对公共物品供给增长的要求也非代数增长，而是几何级数的增长。实际财政工作受管理方法的约束以及本位主义政绩观的影响，很容易出现将财政均等化简单理解为财力上的平均或均等，尤其以财政供养人口为基数编制预算的方法，更易使公共财政均等化脱离正确的轨道。这在数学上的解释很简单，对于不同地区 i 和 j，如果不考虑具有地区特点的供给因素（抽象为所谓的拥挤参数），那么对于大致相同的受益群体，尤其是以财政供养为准绳的支付体系下，很容易做到地区间财政支出水平相当，即 $G_i/n=G_j/n$，甚至在预算程序上无可挑剔，因为 G 是根据 n 的规模事先编制好的。但是，当地区性因素被考虑进来以后，不同地区的财政支出将面临不同的参数 α，即使地区间拥有相同规模的要素规模，实现均等化所要求的公共物品供给增速也是不同的，甚至存在较大差异。何况，地区间的要素规模 n 并不相同，且在一定时期内还存在着地域间的迁移。

如果地区 i、j 分别对应的要素规模为 n、m，拥挤参数为 α 和 β，那么根据均等化条件（$E_i \approx E_j$）则须满足 $G_i/G_j \approx n^{\alpha}/m^{\beta}$，显然这时辖区间的财政支出存在规模差异。如果地方公共物品 G 可以根据要素种类及其需求偏好进一步细分，那么地区间财政支出将出现多样化的结构性差异。不仅对于公共物品的供给，对于不同规模和种类的税源分布所能产生的财政收入，也适用同样的道理。

这说明，财政差异的适度与否并不必然取决于（人均或总量）财政收支的绝对比，不仅 $G_i/G_j \approx 1$ 不能视为财政差异的收敛，相反地，它甚至可能片面地忽视、人为地掩盖地区间真实的财政差异。从均等化的角度衡量适度的财政差异，必须将地区间财政上的绝对比较优势转化为相对比较优势的考量，建立起 G_i/G_j 与 n^{α}/m^{β} 之间的动态预算约束，使两者趋于相等，而不是各自在比值上趋于 1。这客观上要求建立科学的因素分析方法，系统地考虑地区间财政收支的差异性因素。

在本书的研究视角下，能够体现上述理论思想的理想机制莫过于横向均等的转移支付机制。尽管在中国现实财政体制安排下，横向转移支付机制的构建尚处于萌芽和探索阶段，现阶段主要以对口支援为主要内容，远达不到诸如德国等发达国家的完备化和法制化水平①。但是，从我国部分地区业已开展的尝试来看，横向转移支付完全能够以多样化的形式存在，并有望逐步构建起内容科学、标准明确的支付体系。现有的做法主要是资金、实物或人力资源支援以及项目共建等②，个别以省级政府的规划纲要的形式予以确认，如广东省政府 2009 年 12 月在率先印发了全国第一个基本公共服务均等化的规划纲要《广东省基本公共服务均等化规划纲要（2009—2020 年）》③。有别于"以纵向不均衡调节横向不均衡④"的传统的集权管理思路，构建有中国特色的横向转移支付体系客观上要求包括伦理基础、法理依据、内容体系、执行标准、绩效考核、运行体系等基本框架，伍文中（2012）将我国横向转移支付的内容体系划分为五个方面：基本公共服务均等化、民族团结和特殊文化保护、生态补偿、灾害及突发事故救助、区域共同开发，前两项属于"共享"范畴，中间两项为"共担"范畴，最后一项为"共赢"范畴，并对相应内容进行了执行标准和绩效考核上的设计，比较系统完整地构建了一个横向转移支付的制度框架。毋庸置疑，均等化的标准并非一成不变的死板僵化，因为财政差异的控制或者说因素法在均等化中的运用实际上体现的是一种非均衡调节的、动态的预算约束，其规则的权威性则依赖于法制框架内的正式确认和定制。从这个层面讲，控制财政差异的均等化制度可以视为硬化的预算约束。

在我国，对预算行为具有法律约束的正式条款主要来自《预算法》，尽管 2015 年 1 月 1 日起正式实施的新《预算法》明确规定了"财政转移支付应当规范、公平、公开，以推进地区间基本公共服务均等化为主要目标"，但并未实质推进横向的财政均等化机制，而是规定"财政转移支付包括中央对地方的转移支付和地方上级政府对下级政府的转

① 德国的转移支付制度实际上是以横向转移支付为主的统一体，即使在纵向转移支付中也较多地蕴含了横向因素。另外，德国政府间转移支付的目的、范围等被明确写进法律，而且据以计算均等化拨款的税收能力和标准税收需求等技术性参数也用法律的形式加以明确规定。——参见靳友雯和罗捷（2008）以及胡德仁（2011）。
② 贾若祥 . 我国区域间横向转移支付刍议 [J]. 宏观经济管理，2013（2）.
③ 陈琼 . 瑞典地方政府财力均等化机制的借鉴与启示——兼论广东基本公共服务均等化财力均衡机制的建设 [J]. 中国财经信息资料，2011（27）.
④ 贾康，梁季 . 中央地方财力分配关系的体制逻辑与表象辨析——客观存在的地区间"横向不均衡"需要合理的中央、地方间"纵向不均衡"机制加以调节 [J]. 财政研究，2011（1）.

移支付，以为均衡地区间基本财力、由下级政府统筹安排使用的一般性转移支付为主体"。因此，从现阶段的财政实践来看，由于法制进程相对于公共财政理论实践的滞后，对地区间财政差异的控制主要依靠政策上渐进式的改革创新及其实践积累，比如2015年中央审议通过的《关于全面深化公安改革若干重大问题的框架意见》规定，"扎实推进户籍制度改革，取消暂住证制度，全面实施居住证制度，建立健全与居住年限等条件相挂钩的基本公共服务提供机制"，就在政策层面为前文提到的"二元体制下的公共物品供给"问题的解决提供了政策依据。与此同时，也正如前文所指出的，这也凸显了法制基础的相对薄弱和整章建制的必要性。因为，只有切实保障地区间公共服务水平的横向均等化，才能将"由政治热情所支撑的应急对策演进为一种制度化、规范化的经常性财政行为"[1]。

7.4.4　对软预算约束的规范

如果将预算约束中具有明确法律地位和法律效力的正式条款称为硬预算约束，那么不妨将其他形式统称为软预算约束。在我国，软预算约束的名目种类繁多，涉及公共经济行为的诸多方面，难以一概而论。从"对公共财政行为的规制"这一视角来看，预算的软约束问题集中体现在地区间（包括上下级之间）财政博弈具有相当宽松的利益空间、制度空间、技术空间和回旋空间[2]。就"适度财政差异控制"而言，这一问题突出表现在存在策略性互动关系的不同财政行为主体之间进行空间"交易"所付出的成本非对称，抑或相同成本下的收益不均等，使得公共经济资源的空间配置对于不同的行政辖区（或层级）和经济区域而言面临不同的"引力"或"阻力"。这里所谓的交易是指财政分权和分区框架下形式各异的政府间财政博弈行为；引力主要指经济集聚地区具有较高的公共物品供给水平与预期收益率，阻力则对应着较低的公共物品供给水平或地方保护下的流动性障碍。因此，预算软约束能否促进财政差异的收敛，很大程度上取决于它是否具有相应的财政均等化作用。

---

① 伍文中.构建有中国特色的横向转移支付制度框架［J］.财政研究，2012（1）.
② 刘瑜婷.博弈论视角下规范我国政府间财政关系的财政体制选择［D］.成都：西南财经大学，2008.

从财政分区、协同以及合作的角度看，预算软约束的突出表现就是政策制度的凌乱叠加，政绩激励下向市场"寻租"的行政指令与临时性随机安排较多，甚至突破了法律法规和财税体制的基本框架。从规制的原因或对象上来看，预算软约束现象实际上与财政外部性问题①密切联系。甚至可以说，对软预算约束的规范实质上可以视为对财政外部性的规制。在本书的理论分析中，财政外部性是作为一种内在的空间属性而与财政行为的广义空间交易成本联系在一起的，其外在表现为理论模型中伴随差异性产品销售而发生的地方性公共物品溢出，这使得在流动性税源空间配置的视角下通过对税收转移的测度能够在一定程度上间接表示横向的财政外部性。尽管相当多的理论文献进一步细分了税收和公共物品供给中的外部性，如自我和交叉税收外部性②、公共品供给的空间和代际外部性③等等，但是，诚如张五常、杨小凯等所言，外部性的概念模糊不清甚至没有意义，因为它实质上是界定产权的外生交易费用同不界定产权的内生交易费用之间的两难冲突④，或者说是合约本身的不完全性或不完善性。在空间财政的研究视角下，这些内容大都可以统归入空间交易成本的范畴。

那么，财政行为的空间交易成本是否可以作为规范预算软约束与财政外部性的"抓手"呢？在本书的研究视角下，尽管空间交易成本是一个体现财政差异的广义变量，但是，当以交易行为或交易的合约性质来看待现实财政分区实践下的财政协同路径时，它客观上体现了地区间财政利益的协调关系。因为，不论是财政政策分区供给的整合还是基于区域经济联系的财政合作，旨在促进横向均等化水平提高的正式和非正式的财政调控与协调行为最终都要或多或少地反映在财政利益上。在这个过程中，财政外部性几乎必然伴随着预算约束的调整而发生。但是，财政外部性不同于市场外部性，因为私人产权容易合约化，公共产权的"合约"往往是既定的体制安排，比如在我国的政体下中央政府和地方政府之间、上下级政府之间、各级人大与政府之间的"委托代理"关系

---

① 即未在税收中得以反映的公共服务交易成本或收益。
② 马恩涛. 分级财政体制下纵向税收外部性研究 [J]. 财经论丛，2008（1）.
③ 李郁芳. 政府公共品供给行为的外部性探析 [J]. 南方经济，2005（8）.
④ 杨小凯，张永生. 新兴古典经济学和超边际分析 [M]. 北京：中国人民大学出版社，2000.

是基本明确的，其信息不对称性和逆向选择风险基本上是控制在政治经济体制框架内的。而财政行为的空间交易成本是界定公共经济资源产权的关键，产权界定又是促进财政外部性内部化的有效途径。尽管理论上认为界定公共经济资源的产权非常困难且成本高昂，但是，在我国，公共经济资源产权（尤其是所有权）的界定相对简单，其基本依据在于社会主义公有制的基本经济制度，难点则在于收益、处置等具体产权权属上"自家兄弟"之间如何进行划分和协调。这就需要"家长式"的内部平均与私下沟通，也就是对软预算约束进行规范。

由于地区间财政上的相对比较优势客观存在，在政府的"委托代理链"中不同层级之间、同层级不同地区之间财权与事权不匹配的现象几乎是一种常态，且伴随着形式各异的财政博弈，使得基于公共经济资源配置的现实财政差异极易出现税基交迭和公共部门下的"共同财产资源问题"，导致不论是否开展财政协同与合作，都客观上需要付出一定的费用或成本加以协调，直接或间接地表现为税源流失、公共品溢出以及"公地悲剧"等不同形式的沉没成本与机会成本，这在理论上与财政外部性的内涵是基本吻合的。

基于以上认识，本书认为对软预算约束的规范应当着力处理好政府或公共财政部门之间及其对市场所施加的外部性。对于政府或公共部门内部，尽管存在多层级的委托代理关系，但对上负责的基本取向没有变化，因此，横向利益不均的主要软约束是竞争激励下的公共经济资源收益不共享与信息不对称。在这个语境中，与外部性相对的"内部性"概念似乎也是适用的①，但是财政协同与合作并不必然意味着公共经济资源的产权交易，却必然对社会经济产生一定的外部影响。从这个意义上说，政府或公共部门内的利益协调仍视为一种财政外部性。对于政府公共部门对市场所施加的财政外部性，主要侧重于对负外部性的规制，从促进财政差异收敛的角度兼顾对正外部性的控制。比如，形式内容多样且性质较为严重的地方保护，如要素流动限

---

① 内部性是信息不完全的情况下低效率产权交易所造成的成本或效益，主要强调具有信息优势的交易方对另一方造成的影响，而外部性是对不涉及交易的第三方造成的影响——何立胜，杨志强.内部性·外部性·政府规制 [J]. 经济评论，2006（1）.

制、技术壁垒、数量控制、价格控制、投入控制等①，就其内部而言可能产生一定的积极作用，但就横向财政关系的对比尤其是公平效率的宏观考量而言，其负外部性可能远大于正外部性，因此对相关预算约束必须加以严格的规范。

首先，要促进财政外部性的内部化，可以尝试建立比较规范的、法律和体制上短期内未必正式确认的双边或多边的利益补偿机制。利益补偿机制的建立须以信息对称为基础，近期措施是建立覆盖一定范围的流动性税源监测系统与信息共享平台。不妨首先完备涉税信息数据，建立全国统一（或者区域性的）通用的标准化唯一代码制度，由各部门运用唯一代码采集与其职责相关的个人、企业、政府、社会机构的基础性原始信息，建立本部门的全国（区域）大集中、全覆盖的专业信息系统，在此基础上形成基于各部门又独立于各部门的全国性（区域性）、综合性的信息互通共享大平台②。通过该平台共享流动性税源的变动如产业劳动力流动、资本投向、物流集散、重要应税资源的产销等，并分析其相关的主体税种收入增减变动情况，为地区间的利益协调提供必要的谈判基础，一定程度上促进财政差异的收敛。

其次是要强化社会性考核激励，弱化经济性考核激励下的政府行为扭曲，减少对市场经济利益的攫取或政府成本向市场的转嫁。在以经济指标为纲的政治晋升考核下，由于财权与事权的不匹配，地方政府极易产生向制度外谋求补偿的软预算约束行为。一个突出的现象是招商引资，不仅欠发达地区使尽解数，即使是经济集聚、公共支出水平较高的发达地区也纷纷出台名目繁多的税收优惠和政府补贴等措施，如北京、上海、天津、广州、深圳、杭州、苏州、厦门等地③，名义上对市场失灵进行的政府干预极易成为一种新的市场干扰，使得地区间开展财政协同与合作的现实激励进一步弱化，软预算约束下的财政差异持续放大。在启动新一轮财税价改革的大背景下，如"营改增"实施范围的扩大，

---

① 孙平军，丁四保.垂直型经济协调发展的区域外部性及其内化研究 [J].软科学，2011（5）.
② 财税改革课题研究组.新一轮价税财配套改革的基本思路、主要任务和实施构想 [J].财政研究，2014（1）.
③ 贾康，闫坤，鄢晓发.总部经济、地区间税收竞争与税收转移 [J].税务研究，2007（2）.

在地方税体系尚未充分建立和硬预算约束难以改变的情况下，软预算约束的规范将面临较大的现实压力。

如果将上述内容落实在空间财政的分区建制构想中，不妨选取地缘政治和经济联系较为紧密的区域进行某个方向上的初步尝试。以京津冀地区为例，其协同发展将进入实质操作阶段，按照 2014 年 12 月 26 日召开的京津冀协同发展工作推进会议的部署，京津冀地区将在加快推动交通一体化、生态环保、产业转移三个重点领域率先突破[①]。实际上，京津冀地区尤其是北京与河北之间的社会经济发展落差相当大，甚至在环首都区域还存在一条 180 万人口的贫困带，在"首都中心"发展模式下，北京对周边地区资源大量索取，却没有给予相应的补偿，一定程度上迟滞了环首都地区的发展，尤其是河北省环首都的14 个县已与北京的发展形成了断带之忧[②]。就其生态环保内容亦即环首都的绿色经济圈建设来看，对 14 个县（区、市）的发展形态指标体系可以进行再造，构建以经济区划为考核单位的评价体系，在财政协同方面尝试建立有效的横向生态补偿财政转移支付机制，理顺水资源等重要资源管理的价格机制，以"绿色财政"理念[③]调整公共财政投资方向，借鉴英国的"碳信托"及低碳投资补贴办法[④]推行激励低碳技术创新的政府采购政策[⑤]，建立区域性共同发展基金以及公私合作制（PPP）以促进财政合作。

类似的做法也可在国家划定的其他经济功能区域内开展实验，即先从单个经济区域内通过适当的财政分权促进各个空间单元间财政差异的实际收敛，如在一个省级行政区划的空间范围内推进市县层面的横向均等化，其实际难度和阻力可能小于全国，实际收效可能更为直观，从而为更大范围的推广积累经验。进一步的构想则是结合地区间财政运行的基本特点和经济联系的紧密程度，构建类似我国军区划分或央行系统管

---

① 佚名. 京津冀协同将进入实质操作阶段 [N]. 经济参考报，2015-02-11.
② 丁靖轶. 创新财政支持政策助力环首都绿色经济圈崛起 [J]. 中国财经信息资料，2012（17）.
③ 吴旭新，方建卿. 鄱阳湖生态经济区建设的绿色财政思考 [J]. 中国财经信息资料，2011（3）.
④ 财政部财政科学研究所课题组赴英国考察团. 英国促进低碳经济发展的财政政策及对我国的借鉴 [J]. 中国财经信息资料，2011（7）.
⑤ 李少民. 我国发展低碳经济面临的问题与财税政策研究 [J]. 中国财经信息资料，2011（2）.

理的财政大区制，在减少财政层级、压缩博弈空间的基础上有效促进地区间的财政协同与合作。当然这必然涉及相关法律和体制安排的正式跟进，并且需要经过长期反复的调研论证。但是，从软预算约束的视角先行开展某些尝试，未尝不是制度创新和体制改革的折中方式与渐进路径。

主要参考文献

[1] 安虎森，等.新经济地理 [M]．北京：经济科学出版社，2009．

[2] 安虎森，李锦.新经济地理学视角税收竞争研究评述 [J]．经济学动态，2009（9）．

[3] 才国伟，钱金保.解析空间相关的来源：理论模型与经验证据 [J]．经济学，2013（4）．

[4] 财税改革课题研究组.新一轮价税财配套改革的基本思路、主要任务和实施构想 [J]．财政研究，2014（1）．

[5] 杨德强.省以下财政体制改革研究 [D]．北京：财政部财政科学研究所，2011．

[6] 财政部财政科学研究所课题组赴英国考察团.英国促进低碳经济发展的财政政策及对我国的借鉴 [J]．中国财经信息资料，2011（7）．

[7] 柴志贤.略论两个空间经济研究范式 [J]．经济研究导刊，2006（1）．

[8] 曹荣湘，吴欣望.蒂布特模型 [M]．北京：社会科学文献出版社，2004．

[9] 曹远征.公共产品提供与政府经济管理职能改革研究 [J]．财政研究，2013（3）．

[10] 陈琼.瑞典地方政府财力均等化机制的借鉴与启示——兼论广东基本公共服务均等化财力均衡机制的建设 [J]．中国财经信息资料，2011（27）．

[11] 陈晏平.企业所得税税源税负分析及完善管理建议 [J]．中国财经信息资料，2011（22）．

[12] 陈钊，徐彤.走向"为和谐竞争"：晋升锦标赛下的中央和地方治理模式变

迁［J］.世界经济，2011（9）.

［13］ 崔亚飞.空间财政简介及研究述评［J］.地方财政研究，2010（5）.

［14］ 史普博.管制与市场［M］.余晖，等，译.上海：上海三联书店，1999.

［15］ 邓慧慧，虞义华，龚铭.空间溢出视角下的财政分权、公共服务与住宅价格［J］.
财经研究，2013（4）.

［16］ 邓菊秋，张帆.四川扩权强县改革的成效、问题与对策研究［J］.中国财经
信息资料，2012（25）.

［17］ 狄运中.从外部性和制度的视角分析我国环境污染问题［J］.中国财经信息
资料，2012（18）.

［18］ 丁波.省级地方财政支出结构与经济增长的空间计量分析［D］.大连：东北
财经大学，2012.

［19］ 丁靖轶.创新财政支持政策助力环首都绿色经济圈崛起［J］.中国财经信息
资料，2012（17）.

［20］ 董慧.当代资本的空间化实践——大卫·哈维对城市空间动力的探寻［J］.
哲学动态，2010（10）.

［21］ 董再平.财政分权、税收竞争和地区税收转移［J］.内蒙古社会科学：汉文
版，2008（5）.

［22］ 董再平，朱翠林.关于解决我国区域税收转移问题的宏观思考［J］.审计与
经济研究，2008（5）.

［23］ 段国旭.省以下财政体制导向研究——基于经济资源合理配置与流动视角［J］.
财贸经济，2009，（6）.

［24］ 冯等田，沈体雁.中国地方财政支出的空间外部效应研究［J］.财会研究，
2009（6）.

［25］ 冯钰钰，吴则实.政府对上市公司补助行为研究［J］.经济研究参考，
2011（71）.

［26］ 冯云廷.区域经济学［M］.大连：东北财经大学出版社，2006.

［27］ 符淼.地理距离和技术外溢效应——对技术和经济集聚现象的空间计量学解
释［J］.经济学，2009（7）.

［28］ 付文林.财政分权、财政竞争与经济绩效［M］.北京：高等教育出版社，
2011.

［29］ 付文林，宋顺峰.不完全竞争条件下的税收竞争与资本流动研究综述［J］.
经济学动态，2010（9）.

［30］ 高洪深.区域经济学［M］.北京：中国人民大学出版社，2002.

［31］ 谷成.财产税归宿：理论分析与政策引申［J］.改革，2005（8）.

［32］ 谷成.财政分权与中国税制改革研究［M］.北京：北京师范大学出版社，

2012.

[33] 广西财政协作课题组.完善开发区财政管理体制问题研究——以南宁、百色、北海三市为例 [J]. 经济研究参考，2013（65）.

[34] 郭明杰.促进产业集聚发展的财政政策研究——基于经济转型城市产业集聚的实证分析 [J]. 中国财经信息资料，2011（13）.

[35] 郭庆旺，贾俊雪.中央财政转移支付与地方公共服务提供 [J]. 世界经济，2008（9）.

[36] 郭庆旺，贾俊雪.地方政府间策略互动行为、财政支出竞争与地区经济增长 [J]. 管理世界，2009（10）.

[37] 郭庆旺，赵志耕.财政学 [M]. 北京：中国人民大学出版社，2002.

[38] 国务院发展研究中心"制度创新与区域协调研究"课题组.税收与税源背离的情况及其对区域协调发展的不利影响 [J]. 发展研究，2011（1）.

[39] 瓦里安.微观经济学（高级教程）[M]. 北京：经济科学出版社，2010.

[40] 韩峰，柯善咨.追踪我国制造业集聚的空间来源：马歇尔外部性与新经济地理的综合视角 [J]. 管理世界，2012（10）.

[41] 何立胜.政府规制与政府行为外部性研究 [J]. 经济评论，2005（6）.

[42] 何立胜，王萌.政府行为外部性的测度与负外部性的内部化 [J]. 学术研究，2004（6）.

[43] 何立胜，杨志强.内部性·外部性·政府规制 [J]. 经济评论，2006（1）.

[44] 何晓星.论中国地方政府主导型市场经济 [J]. 社会科学研究，2003（5）.

[45] 何雄浪，李国平.运输成本、交易成本与交易效率——新古典经济学分析框架的矫正 [J]. 学术月刊，2007（4）.

[46] 何一平.浙江舟山群岛新区地方性税收制度创新的理性选择 [J]. 中国财经信息资料，2013（5）.

[47] 胡德仁.中国地区间财政均等化问题研究 [M]. 北京：人民出版社，2011.

[48] 胡健，焦兵.空间计量经济学理论体系的解析及其展望 [J]. 统计与信息论坛，2012（1）.

[49] 胡鹏，覃成林.空间外部性、空间依赖与空间外溢之辨析 [J]. 地域研究与开发，2011（2）.

[50] 黄书猛.二元体制下的公共产品供给和财政竞争均衡 [J]. 财贸经济，2009（8）.

[51] 贾俊雪，郭庆旺.政府间财政收支责任安排的地区经济增长效应 [J]. 经济研究，2008（6）.

[52] 贾康，梁季.中央地方财力分配关系的体制逻辑与表象辨析 [J]. 财政研究，2011（1）.

［53］ 贾康，孙洁.运用PPP机制提供保障性住房的建议［J］.中国财经信息资料，2011（13）.

［54］ 贾康，闫坤，鄢晓发.总部经济、地区间税收竞争与税收转移［J］.税务研究，2007（2）.

［55］ 贾若祥.我国区域间横向转移支付刍议［J］.宏观经济管理，2013（2）.

［56］ 靳春平.财政政策效应的空间差异性与地区经济增长［J］.管理世界，2007（7）.

［57］ 靳友雯，罗捷.德、日转移支付制度对我国的启示［J］.广西大学学报：哲学社会科学版，2008（11）.

［58］ 蓝常高.西部大开发税收政策的回顾与展望［J］.经济研究参考，2011（65）.

［59］ 雷根强，何惠敏.产业集聚对我国区域税收竞争的影响——对我国省际面板数据的检验［J］.税务研究，2009（9）.

［60］ 李成威，赵福昌.能源消费与碳排放视角的产业结构优化财政政策［J］.中国财经信息资料，2011（24）.

［61］ 李杰.基于空间内生增长理论的区域差异成因探析［J］.南开经济研究，2009（3）.

［62］ 李俊杰，等.西部大开发以来广西税收优惠政策实施效果的调查研究［J］.经济研究参考，2011（11）.

［63］ 李少民.我国发展低碳经济面临的问题与财税政策研究［J］.中国财经信息资料，2011（2）.

［64］ 李涛，黄纯纯，周业安.税收、税收竞争与中国经济增长［J］.世界经济，2011（4）.

［65］ 李涛，周业安.中国地方政府间支出竞争研究——基于中国省级面板数据的经验证据［J］.管理世界，2009（2）.

［66］ 李杨.中国财政支出空间效应研究［D］.北京：首都经济贸易大学，2011.

［67］ 李永友，沈坤荣.辖区间竞争、策略性财政政策与FDI增长绩效的区域特征［J］.经济研究，2008（5）.

［68］ 李郁芳.政府公共品供给行为的外部性探析［J］.南方经济，2005（6）.

［69］ 李郁芳，郑杰.论政府行为外部性的形成［J］.学术研究，2004（6）.

［70］ 梁琦，吴俊.财政转移与产业集聚［J］.经济学（季刊），2008（4）.

［71］ 林颖.税收竞争框架下税收与税源背离问题研究——以湖北省为例［J］.财政经济评论，2011（6）.

［72］ 林毅夫，刘志强.中国的财政分权与经济增长［J］.北京大学学报：哲学社会科学版，2000（4）.

[73] 刘寒波.空间财政理论：研究方法、核心命题与主要内容 [J]. 中国财政，2012（2）.

[74] 刘寒波.财政行为的空间经济分析方法与体系构建 [J]. 湖南财政经济学院学报，2012（4）.

[75] 刘汉屏.地方政府财政能力研究 [M]. 北京：中国财政经济出版社，2002.

[76] 刘家庆.促进战略性新兴产业发展的财政政策研究 [J]. 财政研究，2011（4）.

[77] 刘剑雄.财政分权、政府竞争与政府治理 [M]. 北京：人民出版社，2009.

[78] 刘黎明，等.财政体制的理论与模型方法研究 [M]. 北京：首都经济贸易大学出版社，2007.

[79] 刘溶沧，焦国华.地区间财政能力差异与转移支付制度创新 [J]. 财贸经济，2002（6）.

[80] 刘勇政，赵建梅.论分税制下财政转移支付与地方财政努力差异——基于功能与地区多重分类考察的另类荷兰病分析 [J]. 财经研究，2009（12）.

[81] 刘小勇，丁焕峰.区域公共卫生服务收敛性研究：基于动态空间面板模型的实证分析 [J]. 经济评论，2011（4）.

[82] 刘瑜婷.博弈论视角下规范我国政府间财政关系的财政体制选择 [D]. 成都：西南财经大学，2008.

[83] 卢洪友，贾智莲.中国地方政府财政能力的检验与评价 [J]. 财经问题研究，2009（5）.

[84] 海宁.空间数据分析理论与实践 [M]. 李建松，秦昆，译.武汉：武汉大学出版社，2009.

[85] 罗春梅.地方财政预算权与预算行为研究 [M]. 成都：西南财经大学出版社，2010.

[86] 罗青林.地方公共品供给、人口迁移与户籍制度——Tiebout理论体系的地方性经验解释 [J]. 西北人口，2013（3）.

[87] 骆永民.财政分权对地方政府效率影响的空间面板数据分析 [J]. 商业经济与管理，2008（10）.

[88] 骆永民.财政分权、空间溢出与经济增长 [J]. 财贸研究，2008（3）.

[89] 骆祖春，高波，赵奉军.土地财政的标尺竞争机制与空间效应分析 [J]. 学海，2011（6）.

[90] 吕冰洋.税收分权研究 [M]. 北京：中国人民大学出版社，2011.

[91] 吕洪良.蒂布特式空间俱乐部：一个理论综述 [J]. 经济研究，2013（1）.

[92] 马恩涛.分级财政体制下纵向税收外部性研究 [J]. 财经论丛，2008（1）.

[93] 茂路.我国区域经济协调发展的财税政策研究 [J]. 中国财经信息资料，

2013（3）．

[94] 彭骥鸣，尹磊.税收横向转移：内涵、成因及对区域宏观税负的影响 [J].
扬州大学学报：人文社会科学版，2008（7）．

[95] 皮建才.中国地方政府间竞争下的区域市场整合 [J].经济研究，
2008（3）．

[96] 皮建才.中国式分权下的地方官员治理研究 [J].经济研究，2012（10）．

[97] 钱学锋，张艳军.克鲁格曼真的错了吗？——对《中心外围模型的错误和再
求解》的质疑 [J].经济学（季刊），2011（3）．

[98] 綦琪.对蒂布特定理是阿罗-德布鲁定理的区域经济表达形式的证明 [J].
贵阳市委党校学报，2011（2）．

[99] 韦斯奎泽，瓦力恩考特.区域发展的公共政策 [M].安虎森，等，译.北
京：经济科学出版社，2013.

[100] 沈坤荣，付文林.税收竞争、地区博弈及其增长绩效 [J].经济研究，
2006（6）．

[101] 沈坤荣，马俊.中国经济增长的"俱乐部收敛"特征及其成因研究 [J].经
济研究，2002（1）．

[102] 沈体雁，冯等田，孙铁山.空间计量经济学 [M].2版.北京：北京大学出
版社，2011.

[103] 沈满洪，何灵巧.外部性的分类及外部性理论的演化 [J].浙江大学学报，
2002（1）．

[104] 史达.我国省级低碳经济的财政支持政策研究 [J].财政研究，2011（1）．

[105] 宋玉华，吴聃.关税升级与垄断竞争产业发展：基于空间经济学的分析 [J].世
界经济，2006（7）．

[106] 孙鳌.外部性的类型、庇古解、科斯解和非内部化 [J].华东经济管理，
2006（9）．

[107] 孙开.公共经济学 [M].武汉：武汉大学出版社，2007.

[108] 孙开.省以下财政体制改革的深化与政策着力点 [J].财贸经济，2011（9）．

[109] 孙开.财政转移支付手段整合与分配方式优化研究 [J].财贸经济，2009（7）．

[110] 孙开，李万慧.横向财政失衡与均等化转移支付 [J].地方财政研究，
2008（7）．

[111] 孙洋.空间计量模型中空间矩阵的误用及其影响 [J].统计研究，2009（6）．

[112] 孙平军，丁四保.垂直型经济协调发展的区域外部性及其内化研究 [J].软
科学，2011（5）．

[113] 苏尚峰.空间理论的三次论争与"空间转向" [J].人文杂志，2008（4）．

[114] 泰兴市黄桥工业园区财政分局.谈工业园区财政管理体制的建设和管理对策 [J].

经济研究参考, 2011 (53).

[115] 谭真勇, 谢里, 罗能生. 地方保护与产业集聚: 基于空间经济模型的分析 [J]. 南京师范大学学报: 社会科学版, 2009 (1).

[116] 汤玉刚. "中国式"分权的一个理论探索 [M]. 北京: 经济管理出版社, 2012.

[117] 藤田昌久, 等. 空间经济学——城市、区域与国际贸易 [M]. 梁琦, 主译. 北京: 中国人民大学出版社, 2011.

[118] 汪冲. 资本集聚、税收互动与纵向税收竞争 [J]. 经济学 (季刊), 2011 (10).

[119] 王海南, 崔长彬. 财政分权与中国省域经济关系的空间计量检验 [J]. 经济经纬, 2012 (3).

[120] 王丽娟. 人口流动与财政竞争——基于财政分区和户口政策的比较视角 [J]. 中央财经大学学报, 2010 (3).

[121] 王洛忠. 中国推进绿色经济中的跨部门协同 [J]. 经济研究参考, 2011 (2).

[122] 王倩, 刘金山. 我国区域税收转移的成因与影响 [J]. 未来与发展, 2009 (5).

[123] 王守坤, 任保平. 中国省级政府间财政竞争效应的识别与解析: 1978—2006 年 [J]. 管理世界, 2008 (11).

[124] 王小龙, 李斌. 经济发展、地区分工与地方贸易保护 [J]. 经济学 (季刊), 2002 (4).

[125] 王瑛. 关于西湖区发展低碳经济的思考 [J]. 中国财经信息资料, 2011 (2).

[126] 魏志甫, 周占杰. 支持郑州航空港经济综合试验区的财政政策研究 [J]. 财政研究, 2014 (1).

[127] 伍文中. 构建有中国特色的横向财政转移支付制度框架 [J]. 财政研究, 2012 (1).

[128] 吴旭新, 方建卿. 鄱阳湖生态经济区建设的绿色财政思考 [J]. 中国财经信息资料, 2011 (3).

[129] 夏茂森, 朱宪辰, 江玲玲. 中国财政分权、户籍制度与区域经济增长——基于动态面板数据分析 [J]. 经济研究参考, 2011 (38).

[130] 肖金成, 李娟, 戚仁广. 京冀水资源补偿机制研究 [J]. 经济研究参考, 2011 (46).

[131] 解垩, 王晓峰. 财政支出的相互作用: 空间面板数据模型分析 [J]. 山东经济, 2009 (5).

[132] 解亚红. "协同政府": 新公共管理改革的新阶段 [J]. 中国行政管理, 2004 (5).

[133] 许海平, 傅国华. 城乡收入差距与财政分权的空间计量研究 [J]. 经济与管

理研究，2013（6）．

[134] 许慧.促进节能减排的公共政策研究［J］.财政研究，2011（4）．

[135] 徐博.论我国低碳经济发展的财政政策机制［J］.财政研究，2011（3）．

[136] 徐现祥，王贤彬.中国地方官员治理的增长绩效［M］.北京：科学出版社，2011.

[137] 徐现祥，王贤彬.任命制下的官员经济增长行为［J］.经济学（季刊），2010（9）．

[138] 徐雪梅，王洪运，王宁."省直管县"管理体制改革对策研究——以辽宁省为个案［J］.财政研究，2011（2）．

[139] 薛刚.地方政府债务诱发财政外部性问题的研究［J］.财政研究，2010（5）．

[140] 薛刚.对我国财政外部性问题的认识与规范［J］.湖北财税：理论版，2003（11）．

[141] 杨光军.建立洱海流域生态补偿机制的实践和探索［J］.中国财经信息资料，2012（18）．

[142] 杨其静，聂辉华.保护市场的联邦主义及其批判［J］.经济研究，2008（3）．

[143] 杨荣君.财政外部性的博弈论分析［J］.广西财经学院学报，2006（6）．

[144] 杨小凯，张永生.新兴古典经济学和超边际分析［M］.北京：中国人民大学出版社，2000.

[145] 余可.地方财政支出结构与地区经济增长的空间计量分析［J］.财经理论与实践（双月刊），2008（7）．

[146] 于长革.中国财政分权的演进与创新［M］.北京：经济科学出版社，2010.

[147] 袁方.社会研究方法教程［M］.北京：北京大学出版社，2011.

[148] 斯蒂格利茨.公共部门经济学［M］.北京：中国人民大学出版社，2012.

[149] 曾淑婉.财政支出、空间溢出与全要素生产率增长——基于动态空间面板模型的实证研究［J］.财贸研究，2013（1）．

[150] 曾淑婉.财政支出对全要素生产率的空间溢出效应研究——基于中国省际数据的静态与动态空间计量分析［J］.财经理论与实践（双月刊），2013（1）．

[151] 勒沙杰，佩斯.空间计量经济学导论［M］.肖光恩，杨勇，等，译.北京：北京大学出版社，2014.

[152] 张晨峰.中国省级政府财政支出的策略互动性［J］.财经科学，2011（7）．

[153] 张芳山，刘浩林.政府行为规制的新制度经济学分析［J］.求索，2006（8）．

[154] 张晖.官员异质性、努力扭曲与隐性激励［J］.中国经济问题，2011（5）．

[155] 张克平.中国三峡总公司税收筹划探析［D］.北京：华北电力大学，2007.

［156］张岜，徐蓓蓓，江栋.地方财政支出对经济增长影响的空间计量分析［J］. 科学决策，2010（5）.

［157］张馨.论第三财政［J］.财政研究，2012（8）.

［158］张馨.再论第三财政［J］.财政研究，2013（7）.

［159］张晏，夏纪军，张文谨.自上而下的标尺竞争与中国省级政府公共支出溢出效应差异［J］.浙江社会科学，2010（12）.

［160］张宇麟，柳锐.我国省际财政政策收敛研究：基于空间面板数据模型的分析［J］. 中央财经大学学报，2008（4）.

［161］张运生.内生外部性理论研究新进展［J］.经济学动态，2012（12）.

［162］赵坚.引入空间维度的经济学分析——新古典经济学理论批判［J］.中国工业经济，2009（7）.

［163］郑国.公共政策的空间性与城市空间政策体系［J］.城市规划，2009（1）.

［164］周黎安.中国地方官员的晋升锦标赛模式研究［J］.经济研究，2007（7）.

［165］周业安，李涛.地方政府竞争和经济增长——基于我国省级面板数据的空间计量经济学研究［M］.北京：中国人民大学出版社，2013.

［166］ALLERS, MAARTEN , ELHORST. Tax mimicking and yardstick competition among local governments in the Netherlands ［J］. International Tax & Public Finance，2005，12（12）.

［167］ANDERSSON, FORSLID.Tax competition and economic geography［J］. Journal of Economic Theory，1999，5（2）.

［168］BALDWIN, KRUGMAN. Agglomeration, Integration and Tax Harmonization ［J］. European Economic Review，2004，48（1）.

［169］BESLEY, CASE. Incumbent behavior: vote seeking, tax setting and yardstick competition ［J］. American Economic Review，1995，85（1）.

［170］BRAKMAN, GARRETSEN , VAN MARREWIJK.Locational competition and agglomeration: the role of government spending ［J］. Social Science Electronic Publishing，2002,19（9）.

［171］HAMILTON.Zoning and property taxation in a system of local governments ［J］. Urban Studies，1975，12.

［172］ANNE C, JAMES R JR.Budget spillovers and fiscal policy interdependence: evidence from the States ［J］. Journal of Public Economics，1993（52）.

［173］CASE A. Interstate tax competition after TRA86 ［J］. Journal of Policy Analysis and Management，1993，12.

［174］TIEBOUT.A pure theory of local expenditures ［J］. The Journal of Political

Economy, 1956(10).

[175] EPPLE, ZELENITZ.The implications of competition among jurisdictions: does Tiebout need politics? [J]. The Journal of Political Economy, 1981, 89 (6) .

[176] DIXIT A K, STIGLITZ J E, Monopolistic competition and optimum product diversity [J]. American Economic Review, 1977, 67.

[177] EGGER, SEIDEL.Taxes competition with agglomeration and unemployment [R]. Journal of Controlled Release Official, 2011, 152 (1) .

[178] FREDRIKSSON, MILLIMET. Strategic interaction and the determinants of environmental policy across U.S. States [J]. Journal of Urban Economics, 2002, 51.

[179] GLOMM , LAGUNOFF. A Tiebout theory of public vs. private provision of collective goods [J]. Journal of Public Economics, 1998, 68 (1) .

[180] BUCHANAN, GOETZ. Efficiency limits of fiscal mobility: an assessment of the Tiebout model [J]. Journal of Public Economics, 1972, 1 (1) .

[181] KELEJIAN, ROBINSON. A suggested method of estimation for spatial interdependent models with auto-correlated errors, and an application to a county expenditure model [J]. Papers in Regional Science, 1993, 72.

[182] KIND, et al. Competing for capital in a lumpy world [J]. Journal of Public Economics, 2000, 78 (3) .

[183] KRUGMAN P. Increasing returns and economic geography [J]. Journal of Political Economy, 1991, 99 (3) .

[184] LADD. Minicking of local tax burdens among neighboring counties [J]. Public Finance Quarterly. 1992, 20 (4) .

[185] LANASPA, PUEYO , SANZ.The public sector and core-periphery models [J]. Urban Studies, 2001, 38 (10) .

[186] LUDEMA , WOOTON. Economic geography and the fiscal effects of integration [J]. Journal of International Economics, 2000, 52 (2) .

[187] MA J., Intergovernmental relations and economic management in China [R]. London: Palgrave Macmillan UK, 1997.

[188] MCGUIRE. Group segregation and optimal jurisdictions [J]. Journal of Political Economy, 1974, 82 (1) .

[189] FUJITA, KRUGMAN, VENABLES. The spatial economy:cities, regions and international Trade [J]. American Journal of Agricultural Economics, 2004, 86 (1) .

［190］NAUGHTON B.How much can regional integration do to unify China's markets? ［R］. Stanford: Conference for Research on Economic Development and Policy Research，1999.

［191］Redoano M.Fiscal interactions among European countries:does the EU matter? ［J］. Cesifo Working Paper, 2007, 47 （3）.

［192］REVELLI，FEDERICO. Local taxes，national politics and spatial interactions in English district election results ［J］. European Journal of Political Economy, 1992, 18 （2）.

［193］REVELLI，FEDERICO. Testing the tax mimicking versus expenditure spillover hypotheses using English data ［J］. Applied Economics，2002, 34 （14）.

［194］REVELLI. FEDERICO. Reaction or interaction? Spatial process identification in multi-tiered government structures ［J］. Journal of Urban Economics, 2002, 53 （1）.

［195］REVELLI. On spatial public finance empirics ［J］. International Tax and Public Finance，2005 （12）.

［196］REVELLI，FEDERICO. Performance rating and yardstick competition in social service provision ［J］. Journal of Public Economics, 2006 （90）.

［197］REVELLI，FEDERICO. Spatial interactions among governments ［M］. // AHMAD，BROSIO. Handbook on Fiscal Federalism. Cheltenham: Edward Elgar, 2006.

［198］BALDWIN，FOSLID，MARTIN，et al. Economic geography and public policy ［M］. Princeton : Princeton University Press，2003.

［199］FISHER. Public choice through mobility:the Tiebout model ［J］. State and Local Public Finance，2006 （1）.

［200］SAMUELSON.The transfer problem and transport costs: the terms of trade when impediments are absent ［J］. The Economic Journal, 1952, 62 （246）.

［201］STARRETT D.Market allocation of location choice in a model with free mobility ［J］. Journal of Economic Theory, 1978, 17 （1）.

［202］TERMANSEN. Taxes and regional transfers in a new economic geography setting ［R］ Dublin: ETSG 2005 7th Annual Conference, 2005.

［203］OATES. On local finance and the Tiebout model ［J］. American Economic Review, 1981, 71 （2）.

［204］FISCHEL. Public goods and property rights: of Coase，Tiebout，and just compensation ［R］. Stanford: the Economics and Law of Property Rights Conference held by the Hoover Institution，2000.

［205］ YOUNG，ALWYN. The razor's edge : distortions and incremental reform in the People's Republic of China ［J］. Quarterly Journal of Economics，2000，115（4）.

索引

后记

付梓封存，独个情怀。蹊径别勘，如履险渊。案牍劳形，释卷焕然。

尝在天涯，望尽云天。喜炮花烛孤城远，佺傯相守风雪间。而立年，拙荆乳子，夜夜啼怜；奋笔疾书，曙色盈天。是故，所谓平章，实为著心。幸得良师益友，知遇扶携。辗转千里，不费周章。成全宽勉，感怀之至。

虽苟得登学之利，愧无济世之才。模型推衍，机巧而已；文过饰非，学术之流。自恃了了，盗名之辈。然证理致知，跬步难积。推及实用，浮云万里。

是故，治学为人，固本于先；知行致远，简凡为用。宁不拘人格于庙堂，甘滋民生于草野。世道担当，星辰繁复，当自吾辈启蒙。

作者

2016 年 10 月